中華料理

5000年の文化史

CHINA IN SEVEN BANQUETS

A FLAVOURFUL HISTORY

THOMAS DAVID DUBOIS

トーマス・デイヴィッド・デュボワ 著
川口幸大 日本語版監修
湊麻里 訳

河出書房新社

中華料理５０００年の文化史――目次

中華料理　5000年の文化史

歴史愛好家、そして読者の皆さまへの注意書き

本書は専門家以外の人たち、つまりほとんどすべての人たちのための本である。歴史家仲間は、わたしが長くて複雑なプロセスをいくつかの文章に凝縮するために、いくつかの近道をしていることに気づくかもしれない。正確な学術翻訳は簡略化され、異なるローマ字表記はピンインとして標準化した。詳細な原注や長ったらしい放言は、慈悲も後悔もなく切り捨てられた。このことがこの本の楽しみを奪わないことを願っている。

必要なときだけ漢字を加え、本文のすべてを英訳した。とくに断りのない限り、ほとんどの翻訳はわたし自身のものである。書籍のタイトルは翻訳が難しいので、巻末の「参考文献」の「中華料理の著書」一覧にまとめて掲載した。中国人の名前は、姓が先に来るように中国式に書かれている〔本文および索引では新漢字を用い、参考文献などでは簡体字または繁体字を使用している〕。

レシピの説明には、中国語の原文にある分量と料理用語が使われている。一度しか出てこない度量衡は本文内で換算している。より一般的なものについては、巻末で説明している。

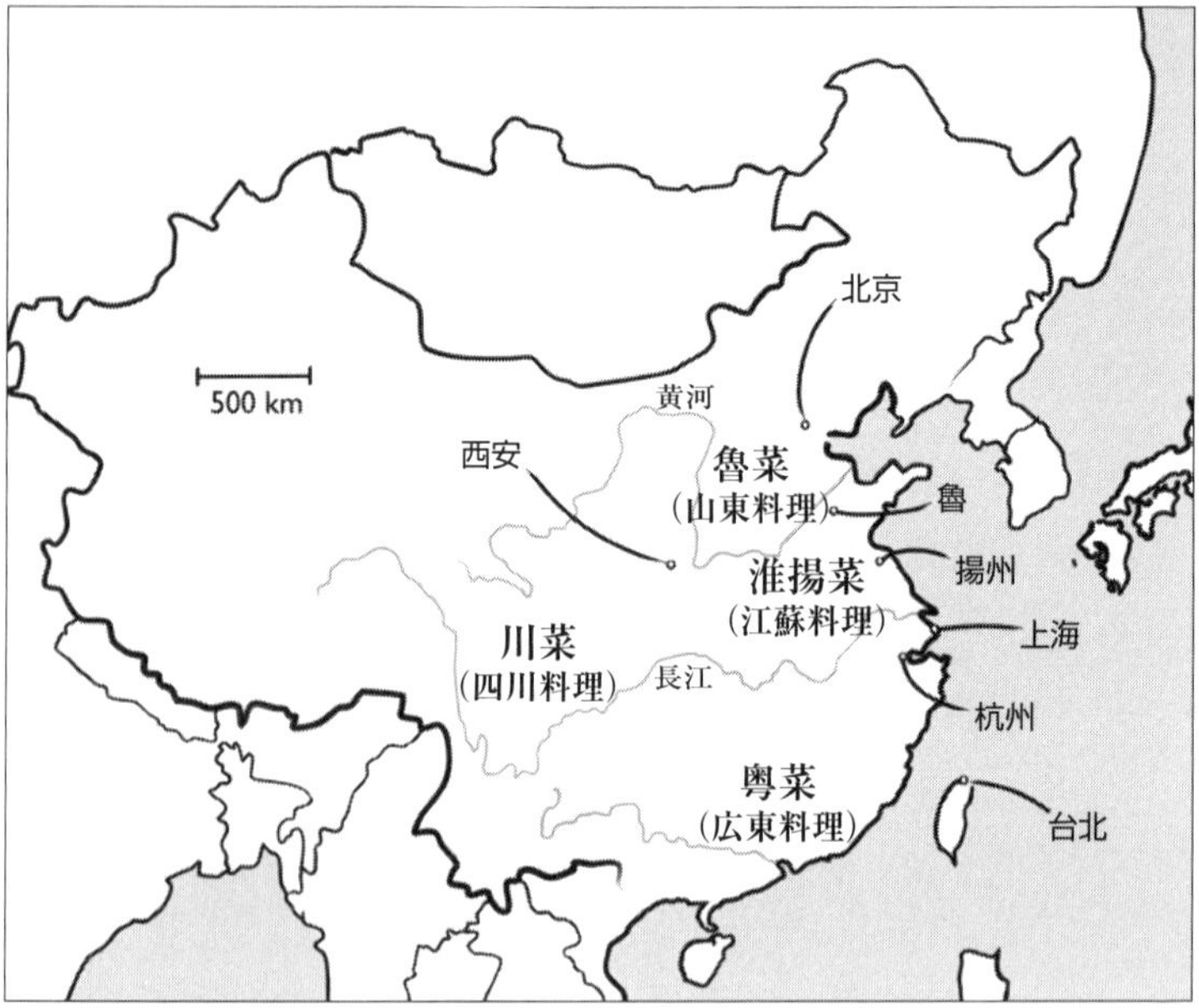

本書の「七つの宴」と中国「四大料理」

はじめに　食の歴史とは何か？

カエルを殺すのに最も都合のいい方法は、それを壁に叩きつけることだ。うまく叩きつければ、カエルは即死するか、少なくとも気絶する。気絶させたら、その間にさっと包丁を振り下ろして息の根を止めてやればいい。カエルにとってはあっけない最期だが、料理人には肉体的にかなりきつい仕事でもある。厨房《ちゅうぼう》では、こうした仕事は一番下の見習いに任されることが普通だ。

近くの水田で捕獲された肉づきの良いカエル一箱分の下ごしらえをして午前を過ごした後、若い料理人はその食材を抱えて、開けた中庭を通り抜ける。この中庭は長年にわたり、数えきれないほどのカエル、ウナギ、鶏、鴨、魚が死を迎えてきた場所だ。料理人はそこから別の部屋に入る。こちらの部屋は、味噌、調味料、酢などが入った容器と、壁一面のオーブン、燻製《くんせい》器、かまどで埋め尽くされている。

その後はどうなる？　皮を剝《は》がれ内臓を取り出された「田鶏」〔カエルのこと〕は、場合によっては細かく刻まれ、塩や豆と混ぜられ、ペースト状に発酵するまで放置される。薬酒に漬け込まれることもある。急速冷凍されてビニールに包まれ、地球を半周する旅に出ることもある。だが、今回は夕食に出すために調理が行われる。地元の珍味として、細かく刻まれ、醤油、酒、ショウガ、ニンニクと一緒に手早く炒められる。

これは普段の夕食ではない。今日の厨房は、特別な手伝いに雇われた人たちであふれかえっている。静かな一角には、歌劇を披露する一座が腰を下ろし、衣装を入念に点検している。家の使用人たちは慌ただしく花を飾り、書を展示するための紙やテーブルを準備している。だが、その中心に置かれるのは「食」だ。この家の主人は美食家として有名で、誰もがプレッシャーを感じながら自分の責務を果たそうとしている。

今晩の食事は単なる夕食ではない。宴《うたげ》なのだ。

中国における食の歴史

カエルを気絶させるという先述の手法をわたしが初めて目撃したのは、一九九〇年代の初頭、沿岸都市の厦門《アモイ》でのことだった。だがこのような光景は、中国の長い歴史上のほぼどんな時点でも繰り広げられていた可能性がある。例の若い料理人は、裕福な商人の家か、あるいは引退した地方役人の家に雇われていたのかもしれない。たとえば、彼が悪名高い美食家の袁枚《えんばい》に仕えていたとしよう。その場合、舞台は一八世紀後半の、中国で最も裕福な地域のど真ん中ということになる。しかし話の細部がいくらか入れ替われば、舞台は中国のどんな場所にも、先史時代から近未来に至るほぼどんな時点にも移動しうる。
本書ではそうした長い歴史を、つまり五〇〇〇年に及ぶ中国の食の歴史をざっと眺めていく。この途方もない時間について理解するのは簡単ではない。わたしたちは大きな枠組みに注目し、何がどうして変化したのか、新たな食べ物や技術がいつ登場したのか、こうした大転換のどの部分が中華料理の本質と言えるのかを見ていく必要がある。大きな枠組みとはすなわち全体像のことだが、全体だけを見るということは、ことわざにある通り「馬上から花を見る」ようなものだ。わたしたちは、食が代々にわたって無数の人生に及ぼしてきた影響についても詳しく見ていかなければならない。例の厨房の見習いはいったいどんな人物で、食は彼の世界をどのように形成したのか？　裕福な人間のために豪勢な料理を作る長い一日の終わりに、彼はどんなものを食べていたのか？　彼の食事は、現在の中華料理として認められているものとどれくらい似ていたのだろうか？　彼はトマトを見たことがあっただろうか？　彼の遠い子孫は、初めて冷蔵庫を見たときや、初めてチョコレートを食べたときに、何を思っただろうか？

先へ進む前に、まずはわたしたちに素晴らしい仲間がいることに感謝しよう。中華料理研究の分野では、ある種の優れた知識が長い年月をかけて生み出されてきたが、本書も次章以降、何世代にもわたる歴史学者や人類学者に知恵を借りることになる。これらの学者の何人かについては、本書巻末の「参考文献」で手短に取り上げる。中華料理に関する著作物のうち、最高傑作と呼べるものは、学問の外から生まれることがほとんどだ。ショーン・J・S・チェンの見事な翻訳による袁枚の『随園食単《ずいえんしょくたん》』、そしてもちろんフューシャ・ダンロップの全作品も、わたしのお気に入りである。

こうした作品は大海の一滴にすぎない。というのも、食に関する中国語の著作物は――学術書、歴史書、素人が書いたもの、専門家が書いたものを含めて――何千年も前にさかのぼって存在するからだ。食は、小説や映画のなかに、科学書や医学書のなかに登場する。農事暦にも登場する。本書では、墓に描かれた壁画から市場細分化の報告書に至るまで、何世紀分もの資料を調べていくつもりだ。

食についてありとあらゆる本が書かれてきたというのなら、手つかずのまま残されていることとは何だろうか。一つは、情報をそろそろ更新しなければならないということだ。中華料理に関する古典書の一部は、書かれてからすでに数十年が経過しているため、読者は中国の経済開放以降の大きな変化から取り残されてしまう。もう一つは、人類学者と歴史学者が対話する必要があるということだ。そうした対話を通じて、食を取り巻く「現在」を理解するための作業を――インタビューを行い、宴会などの場を地道に観察する作業を――、長期的かつ歴史的な変化という問題に根づかせなければならないのである。

大きな視野で考えなければならないのは、食がすべての基本だからである。この世界に、食と関わりのない地域は存在しない。食は普遍的なのだ。極端な話になるが、読者のみなさんも食べ物を食べているだろうし、食べ物なしで生きろと言われたら、きっと不満に思うだろう。フランスの美食家ジャン＝アンテルム・ブリヤ＝サヴァランは、「あなたが何を食べているか教えてくれたら、あなたがどんな人間かを当ててみせよう」という有名な言葉で読者を挑発した。だが、ブリヤ＝サヴァランの主張はむしろ控えめなほうだった。食は文明だ。有能な政府は必ず最初に、国民がきちんと食事をとれる状態を確保する。二人の人間が食事を共にすれば、必ずたちまち小さな社会を作り上げる。食はセンスや地位の象徴であり、料理は絵画や詩にも劣らない芸術の形態だ。食は歴史を突き動かす力、まさしく原動力なのである。

そうだとすれば、中国における食の歴史は、単に食べ物そのものについての歴史にはなりえない。本書では、有名な料理や調理の技法に注目するが、同じくらい重要なこととして、その裏話も明らかにしていく。経済的、社会的な変化の影響を受けて、食べ物がどう生産され、調理され、食べられるようになったかを解説する。本当の意味で中華料理を理解するには、全体像と詳細をどちらも知る必要がある。その両方の視点から、食べ物そのものとそれを消費する社会の五〇世紀という期間を見なければならないのだ。

本書が最終的にたどり着くのは、七つの歴史的な宴である。わたしが「宴」と言うとき、実際に意味しているのは食事のことであり、それが大きいか小さいか、豪華か質素か、本物か作り物かは問わない。今回の七つの宴は、さまざまな資料から集めてきた。二つは、元になる文献に記録されていた実際の出来事である。一つは文学作品から、別の一つは映画から派生したもので、さらにもう一つは、わたしの携帯電話に表示されていた宅配メニューだ。本書では最初に、古代の哲学者の想像から生まれた宴を取り上げる。そして最後に、わたし自身の想像による宴を紹介する。

どの宴も、時代を切り取ったスナップ写真である。中華料理というモザイク画に描かれた、特定の瞬間を具現化したものである。その一つ一つを見れば、社会における食の独特な側面が明らかになる。人間はなぜ、どのようにして食事を共にするようになったのか。どんな人が食事に招待され、どんな人がテーブルの上座に着いたのか。

食そのものに関しては、世界中の博物館で好まれる「モノが語る歴史」のような手法を通じて、それぞれの食事を分析していく。あらゆるモノには物語が宿っている。たとえば、テムズ川の泥に埋もれていたローマ時代の硬貨などもそうだ。

その硬貨は、どこで採掘された金属を素材として、どこで鋳造されたのか。風化した表面にかすかに見えているのは誰の顔なのか。どのような経緯で、発見された場所に落ち着いたのか。それらを突き止める技術と忍耐力のある人がいれば、たった一枚の硬貨から、時代の精神に関する多くのことがわかるだろう。

一九八六年の名著『夕食次第で（Much Depends on Dinner）』で、マーガレット・ヴィッサーがこの手法を食に用いたことはよく知られている。ヴィッサーは、アメリカの食事を代表する七つの食材——トウモロコシ、バター、米、鶏肉《とりにく》、オリーブオイルとレモン（ドレッシング）、アイスクリーム——を調べ、その一つ一つの歴史を先史時代から現在までたどりながら、それらが何億世帯もの家庭に持ち込まれることになった事情を解説した。耳当たりのいい話をするだけでなく、普段ほぼ目につかないような生活必需品の背後にある物語や論争を浮き彫りにすることで、読者に貢献したのである。個々の食材が世界を移動した経緯については、すでに一通りの本に書かれている。砂糖、塩、牛乳、ビール、タラを題材にした本はもちろん、コーヒーや紅茶の本は何冊あるかわからないほど存在する。[1]

少なくとも初めのうちは、本書もそれに近い内容になる。中国がいつ、どのようにして、タマネギ、唐辛子、醤油、赤ワイン、インスタントコーヒーなどの食材と最初に出会ったのか、きちんと理解しておかなければならない。また、昔の調理法にも注目したい。料理のスキルや流儀は、新たな食材と同じように、地域を転々として足跡を残すからだ。本書では、時代に伴う味の変化も追いかける。新しい味が流行すると、古い味はいったん廃れるが、数世代後に再び流行することがほとんどだ。こうして技術を中心に見ていくと、実際のレシピを逆行分析することも必要になるだろう。

だがその前に、食物史研究を駆動する二つの基本的な問いについて、少し立ち戻って検討したい。どこかの特定の時代、特定の場所において、食とは何だったのか。それを作る人、売る人、欲しがる人、消費する人にとって、食は何を意味したのか。こうした問いの背景を知れば、中華料理の歴史を駆け抜けるうえでの重要な視点が得られるかもしれない。

食べ物

食品は、それぞれ異なる経路を通じて「農場から食卓へ」運ばれる。生産者から加工業者へ、さらには中間業者、小売業者、料理人へと渡されて、最後に皿の上に並べられる。この経路をさかのぼる際、出発点として理解しておくべきことは、利益を得る立場にあったのは誰かということだ。古代ローマ人はなぜ小麦を食べていたのか？　一部の食べ物はいかにして世界の主食となったのか？　農場労働者が黒死病の流行前には全粒粉パンを、流行後には白パンを食べていた理由は？　どうして牛乳が缶に入れられ、紅茶の葉がカップ一杯分用の小さな袋に詰められるようになったのか？　細く削られた人参が「ベビーキャロット」として売られるようになったのはなぜか？

質問は違っても、答えは同じだ。それは「お金」である。何らかの問題（都市へいかに食料を供給するかなど）に対する安上がりな解決策が見つかったとき、市場《しじょう》の現状が変わった（労働力が不足している状況で、労働者が食の向上を要求できるようになった）とき、あるいは誰かがどこかの時点で、既存の市場を独占したり新たな市場を創出したりすることで金儲けができると気づいた結果、変化は起こったのだ。

この事実をあまり冷ややかに見ないでおこう。サツマイモについて考えてみるといい。一六世紀以降、新しい食べ物は急増し、世界中に広まるようになった。堅実でカロリー豊富な作物、たとえば、キャッサバ、パンノキ、サツマイモなどは定番の食材となり、局地的な飢餓から何百万人もの人々を救った。こうした食材は、アフリカ、太平洋地域、カリブ海地域の大半において、いまでも食事や料理の基礎をなしている。[2] とはいえ、このことを単純に受け止めるのもやめておきたい。これらの食べ物は、帝国主義という、決して人道的とは言えない企ての産物なのだ。サツマイモをはじめとする高カロリーの作物によって、土着の食の体系は駆逐された。だがその一方で、土地や時間は節約され、結果として市場製品の生産高が向上した。この市場製品というのは、関係者が本当に作りたがっていたあらゆるもの――ゴム、藍《あい》、コーヒー、木材、ブリキなどである。

生産、加工、輸送について詳しく見ていくと、一部の新しい食べ物がなぜ普及したのか、そしてどのような形で普及したのかがわかる。本書において、意外なほど何度も出会うことになる食べ物の一つは乳製品だ。ここ数年、中国は乳製品に夢中になっており、いまや世界最大の牛乳消費国に数えられる。今日の中国人がそれほどたくさん牛乳を飲むのはなぜか？　わたしたちは普段気づきもしないが、飲めるようになったからだ。現代のコールドサプライチェーンはじつに素晴らしい。ウィスコンシン州のスーパーマーケットに、チリ産のラズベリーや、エクアドル産の切り花や、オーストラリア産の子羊のスネ肉が陳列されるのは、コールドサプライチェーンのおかげだ。中国においても、新鮮な牛乳をスーパーマーケットに届ける過程は驚くほど見事である。牛乳は正確なタイミングで運ばれるため、ほとんどの主要都市の消費者に新鮮で冷たいまま買ってもらうことができる。

だが、こうして新鮮な牛乳が配達されるようになったのは比較的最近であり、その実現までには、数十年にわたる投資、技術移転、貿易協定が試みられた。現代の食品産業全般と同じく、中国の牛乳産業は完全にグローバル化している。中国国内でも何百万頭もの乳牛が飼われているが、その餌《えさ》の多くは海外から輸入されている——グローバル化は、牛乳産業を環境的かつ経済的に成り立たせるうえで避けられないことなのだ。この産業はまた、技術にも依存している。牛乳は腐りやすいため、農場から牛乳加工所へ、さらに牛乳加工所から商店までの輸送網は、速く、安く、信頼性が高くなければならない。ほんの二〇年前まで、新鮮な牛乳を配達するなどというのはまったく考えられないことであり、中国の広い地域では、常温保存可能なUHT牛乳で妥協するほかに選択肢がなかった。それ以前は粉乳や缶入りの練乳が存在していたが、もっと前の時代には、牛乳が手に入るかどうかは運次第だった。配給券を持っていれば、毎朝トラックで街へ運ばれてくる牛乳を分けてもらえることもあった。自分で水差しを持っていき、そこに金属のバケツから直接牛乳を注いでもらうのだ。しかし、それがかなわないこともあった。水差しを抱えて辛抱強く列に並んでいるうちに、牛乳は腐ってしまう可能性が高かったからだ。

つまり、「牛乳」とは、単一のものではないということだ。牛乳のような製品の場合、その製造、加工、出荷、保存に関するバックストーリーが違えば、その消費量だけでなく、消費のあり方もがらりと変わってくる。新鮮な牛乳はそのまま飲んでも美味しいが、UHT牛乳や還元乳はそれほど味が良くないことから、製造業者は大量の砂糖を加えて味の違いをごまかすようになった。こうして甘味をつけられた牛乳は、必然的に子供たちを魅了した。[3] 粉乳はお湯に溶かさなければならないため、その時代に育った人々は、温かい牛乳を飲んだり、粉乳を粥《かゆ》に混ぜたりする習慣を身につけた。冷蔵ができない環境では、牛乳をヨーグルトやチーズに加工することで乳たんぱく質を保存する必要があった。こうした乳製品への加工は、中国に——少なくともその一部の地域に——住む人々が何世紀ものあいだ実践していた牛乳の消費法である。

ここで着目しているのは物理的な製造技術だが、同じことは、実際に購入できる食品とその購入方法を決定づける他の経済的要因——計画経済に組み込まれた消費の欠乏や、マス・マーケティングの文化など——についても言える。一九七〇年代のインディアナ州で育ったわたしの子供時代には、食に関して、多くのことが欠けていた。当時はよくわかっていなかったが、コーヒーは不味かった。パンは大量販売されるスライス済みのものと決まっていて、真っ白に漂白され、味もしなければ栄養もなかった。異国の食材は、まったく存在しなかった。覚えているのは、わたしの大好きな叔母が時折りシカゴの中東食料品店へ買い出しに行き、品物をトランクいっぱいに詰めて帰ってきたことだ。瓶入りのタヒニ、袋入りのフラットブレッド、缶詰のひよこ豆、カップ容器に入ったカラマタオリーブ、さらにはガロン缶入りのオリーブオイルを持ち帰っては、まるで戦争中に救援物資を手渡すかのように、教会の駐車場で配っていた。だが、それは昔の話だ。相変わらず小さなわが町には、いまでは三つの大型食料品店があり、どの店にも、かつては貴重だったこれらの商品が並べられている。ちなみに、各店にはスターバックスが併設されていることもつけ加えておこう。

食の流行は、予言の自己成就《じょうじゅ》を引き起こすこともある。わたしは大学のカフェテリアで働いていたとき、サラダバー周辺の氷を隠すために置いていた観賞植物を集めて料理してみたらおもしろいのではないか、と考えた。この植物は見た目がきれいで、新鮮なまま長持ちしたが、食べられると思った人はいなかった。この不思議な植物がじつはとても美味しいとわかったとき、わたしがどれだけ驚いたか想像してみてほしい。やがてわたしは、これを米と一緒に蒸したり、鶏肉と一緒に焼いたり、豚肉と一緒に煮込んだりするようになった。ただし、これを「買う」ことだけは難しかった。冷蔵商品の陳列棚の飾りとして使われている以外に、店で見かけたことは一度もなかった。わたしが知る限り、この異国のめずらしいごちそうは、ちょっとした盗みを働くことでしか手に入らないものだった。……数年後、それが流行し、スーパーマーケットの青果コーナーに登場するようになるまでは。もうおわかりだろう。わたしが見つけた魅力的な植物は、ほかならぬケールだったのだ。

商品の流れを追跡すると、こうした食品をめぐるプロセスが歴史を通してどのように変化したかがわかる。どんな食品を入手できるかということは、わたしたちがスーパーマーケット式の小売の複雑さを考慮しなければならなくなる以前から、それ以外の要因によって決まっていた。新たな交易路が開かれると、新たな外国の食品が持ち込まれるようになることも、既存の食品が安く供給されるようになることもあった。古代都市ローマは、穀物の海上輸入なくしてあれほどの大きさや複雑さに到達することはできなかったが、この貿易もまた、政治的に結びついた商人の大組織に依存していた。[4] 廃棄物を販売するための新たな方法が生み出されると、新たな需要が創出される。わたしがサラダバーの飾りを食べることを覚える以前から、同様のイノベーションを通じて、製造過程で余った粉茶が便利なティーバッグに詰められたり、折れた人参がかわいらしい「ベビー」の形に変えられたりしていた。豊かさの論理には、逆説的な作用もある。ロブスターはかつて北大西洋の定番食材であったため、労働者の契約には、彼らの食事にロブスターを使わないという条件が盛り込まれた。[5] やがてロブスターの希少性が高まると、そうした状況は一変した。しかし、ロブスターをはじめ、ニシン、タラのような海洋種が乱獲されたらどうなるだろうか。遅かれ早かれ、人間の生活だけでなく食をも支える漁業共同体に影響が及ぶだろうし、それが失われることさえあるだろう。[6]

歴史が示すように、需要と供給を一致させる手段の発見によって、数多くの食品が「めずらしいもの」から「ありふれたもの」へと移行した。典型的な例は、ヨーロッパの香辛料貿易である。ヨーロッパ人が腐った肉の味をごまかすためにアジアの香辛料を欲したという通説は明らかにナンセンスだが

（香辛料そのものより新鮮な肉のほうがずっと安かったことを考えればなおさらである）、裕福なヨーロッパ人がナツメグやコショウなどの商品に喜んで大金を支払ったという部分は——少なくとも、コショウが「黒い黄金」と呼ばれていた当初の時代には——、紛れもない真実だ。[7] そうした大金はたちまち貿易の潤滑油となった。大西洋ルートと地中海ルートの切り替わりが生じ、貿易国は新たな同盟や新たな貿易構造を築いた。マラッカ、アデン、イスタンブール、ヴェネツィアといった商業中心地は盛衰を繰り返した。貿易に際して海の安全性は高まり、船の設計の向上のおかげでより長く、より多くの貨物を載せた航海が可能になった。結果として物価が下がり、アメリカ革命前夜には、コショウ、ナツメグ、丁子《ちょうじ》などの品物すべてが西洋の台所に当たり前に置かれるようになった。[8] これは直線的な話ではなかったが——歴史は決してそのようには進まない——、長期的に見て、二つのことは事実である。一つは、流行に希少性が加わると需要が生まれ、この需要自体に、価格をほぼ無制限に押し上げる力が備わるということ。もう一つは、そこに儲けが見込めるなら、誰かが競争相手を出し抜く方法を見つけ、市場に出す製品を増やし、やがてその増加に伴って価格が下がるということ。コショウの話を、砂糖、紅茶、コーヒー、チョコレート、バニラといった他の贅沢品に置き換えてみても、同じことが言える。

スキルや技術も同様に、空間を超えて広がりながら、時間とともに深まっていく。食品関連の技術で言えば、最も基本的なのは農業である。歴史的には、農場での生産量が高まった結果、より少ない土地でより多くのことができるようになった。大規模かつ機械化された現在のモデルとは異なり、人類史の大半で行われてきた農業は、小規模かつ集約的なものだった。土地には限りがあったため、農業に従事する人は、所有可能な範囲からできるだけ多くを搾《しぼ》り取ろうとした。米などの作物は、このやり方にきちんと反応した。水田の世話をすればするほど、収穫できる米の量は増えるからだ。しかし、効率的な稲作農業には、困難な学習がつきものだった。水稲栽培における種まきとは、ただ種を持ってその場に現れることを指すのではない。複雑なサイクルを操って苗を世話し、植え替えた苗が最適なスケジュールで空気、水、肥料を取り込めるよう徹底することもまた必要だったのだ。これは短い時間に習得できるようなものではない。というのはやはり、個人が所有する小さな土地独特の土壌、水、標高、気候に合わせて、既存の技術を改良しなければならなかったからである。

同じく重要なのは、備蓄と加工の技術だ。どれだけ素晴らしい農家でも、収穫物の半分が白カビ、ネズミ、あるいは卑劣な隣人のせいで失われてしまったら意味がない。加工の目的は、損失を防ぐことだけではない。穀物をビールに醸造したり、牛乳をチーズに変えたり、豚肉を塩漬けにしてハムを作ったりすると、味や価値も高まるのだ。こうした技術は世界各地の古代文明で開発されたが、その完成までに数千年が費やされる場合もあった。最も重要な加工の一種は、調味料にすることである。ガルムと呼ばれる魚醤《ぎょしょう》は、古代地中海地域の料理にたんぱく質と風味を添えた。発酵させて酢漬けにした肉、魚、豆、穀物を使った調味料づくりは、初期のアジア料理の基礎となるイノベーションであり、のちにウスターソースやケチャップなどの世界的人気商品に影響を与えた。

風味に関する話題は、最もわかりやすい食の技術である「料理」の話題へと行き着く。本書では、食品処理の最終段階としての料理を丁寧に取り上げ、中国の料理人による食材のさまざまな茹《ゆ》で方、蒸《む》し方、揚《あ》げ方、焼き方を詳しく学んでいきたい。「時代を超えた」中華料理に出会えるものと期待していた読者は、中華料理の技術が時代を経てがらりと変わったことに驚かれるだろう。これは一つに、嗜好が変化したためである。宋《そう》代（一〇世紀から一三世紀）の有名な食通のあいだでは、生肉をマリネにして食べる「膾《なます》」がとくに好まれ、この食べ方は刺身などの和食にも影響を与えたとされる。それ以外の理由には、材料が変化したこと、新たな食品が取り入れられたこと、かまどや調理器具といった基本設備のデザインが刷新されたことなどが挙げられる。料理の高度化は盛衰し、一部の伝統は永遠に失われた。宋代の繊細な美学はモンゴルの侵略によって押し流され、同時に新たな調理法がもたらされた。モンゴル人が去る頃には、嗜好は決定的に変化していた。革命による過激な思想と物質的質素さに象徴される二〇世紀半ばの時期は、高級料理という発想そのものが、堕落した中産階級の悪徳として見下された。中華料理の牽引者たちは国を離れ、その際に、彼らが収集した多くの知識も一緒に持ち去られた。

食の意味

食とは何を意味するのか。この問いについて、まずはエチケットの点から考えてみよう。テーブルマナーはいつの時代も地位の指標であり、その基準は上流階級の人々によって定められてきた。社会では往々にして、人の食事のとり方と、その人の価値観や考え方とを結びつけるような憶測がなされる。かつてエチケットとは、男女別々を保つ、子供を食卓に同席させない、食べすぎたり飲みすぎたりしないといった、慎ましさや礼儀に関するあらゆる基本的な美徳を指すものであったようだ。しかし実際には、そのルールは権力者と、権力者が抑え込もうとする無知な大衆に対して、きわめて不平等に適用されていた。古代ギリシャにおいて、食卓で唾を吐くことは粗野な行為と見なされていたが、身分のある人々には例外が認められていた。社会的境界線の移動に伴い、口を閉じて食べることを求められる人の輪は、高位の貴族から台頭する中産階級へ広がり、最終的には平凡な一般庶民もそこに加えられた。西洋社会の長期的な進化を、すべての人が「文明人」のように振る舞うべきだという要求の民主化だと捉えるのは、決して不合理なことではない。[9]

食文化はわたしたちに帰属感をもたらす。食事制限について考えてみよう。食に関する禁忌のなかには、現実的な起源を有するものもある。たとえばアイルランド民話は、自然界の妖精を怒らせてはならないとの理由で、特定の家畜を食べないよう警告している。注意深く読んでみると、こうした物語には牛海綿状脳症、通称「ＢＳＥ」のような症状が現に暗示されているとわかる。崖に迷い込んで死んだ動物を解体して食べることは、一見すると問題がないように思えるかもしれない。しかし、この動物が感染していて、その肉を食べることが命取りになりかねないと知ったらどうだろうか。ＢＳＥは数十年周期でしか発生しなかったため、こうした知識は記憶しやすく伝承しやすいように、復讐心に燃える妖精や呪われた牛にまつわる民話に変えられたのだ。[10] 宗教的な食習慣は一体感を育み、「食べる」という最も私的な行為を歴史上の神聖な瞬間に結び合わせる。そこには、仲間の信徒たちが時を超え、世界中で同じ食事をとっている姿を想像させる真の力がある。

人は、食に関してさまざまなことを想像する。特定の食べ物を何らかの意味を持つと思われる集団や価値観に結びつけ、異なる味や料理を個人の性格とつなぎ合わせる。実際に食べてやろうなどとは思わなくても、誰もが特定の人を、甘い、辛い、味気ないといった言葉で表現する。中世ヨーロッパ人は、味を身分と関連づけていた。たとえば、土臭いニンニクが労働者階級にうってつけとされたのは、彼らが力を振り絞るためにニンニクを生《なま》で食べていたからである。一方で、社会の上流階層に香りの良いハーブがよく供されたのは、ハーブが空中で繁茂する様から、文字通り神に近い植物と考えられていたからである。[11] 歴史上ほとんどの時代において、素朴な全粒粉パンは農民の食べ物だった。金銭的に余裕のある人はみな、白くて滑らかなパンを欲しがった。黒死病などの人口減少問題によって人件費が高騰すると、労働者は食の改善を要求した。
広告文化を通じて、食のアイデンティティはかつてないほど同族主義的になっている。一九八二年、ユーモア作家のブルース・フェアスタインは、男はキッシュを食べないと宣言した。この言葉をベジ・バーガーやハワイアン・ピザに書き換えると、あなたの知り合いにも、そうしたものを絶対に食べたがらない人がいることを思い出してもらえるだろう。いわゆる「男の中の男」がとるべき食事は何かと尋ねると、たいていの人はステーキだと答える。わたしたちは一般的なイメージによって、牛肉のほうが鶏肉より男らしい——その正確な理由はわからなくても——と教え込まれているからだ。有機栽培のケール、プロセスチーズ、無糖のオートミール、チャプスイを食べるのはどんな人かと尋ねれば、その人の政治、収入、学歴、そしてもちろん民族性に関わる憶測を含んだ、あらゆる答えが返ってくるはずである。
憶測は実際の消費パターンに基づいている場合もあるが、同様に、わずかな事実が固定観念化して生み出される場合も少なくない。アメリカ人は確かにホットドッグやアップルパイをよく食べるが、そのことと、ホットドッグやアップルパイが何らかの神秘的な意味においてアメリカの「精神」を体現していると考えることとは別である。しかし、「国民料理」という発想を通じてわたしたちが信じたくなるのは、まさに後者のような考え方だ。こうした思い込みに陥るとき、わたしたちは、ブランドと個人の性格を明示的に結びつけ、そのうえで、どんな人がどんなものを飲むのかというイメージを——コカ・コーラ対ペプシ、バドワイザー対ハイネケン、デルモンテのジュース対トロピカーナのジュースといったように——世間に浸透させる製品マーケティングの存在を忘れている。[12]
最後に言えることとして、人は世界中のどこにいても目新しさを求め、絶えずそれを獲得している。

食の流行はつねに存在してきたし、次のブームに最初から乗っておくことには、それ自体に比類のない魅力がある。ここにめずらしい食材と、人をふるい分ける機能としての「センス」を加えれば、食を社会的競争の場に仕立てるためのレシピができあがる。貴重なスコッチ・ウイスキーを選び、開栓し、儀式的に提供するという一連の劇全体は、事実上、高級品を入手する力や評価する力をそれとなく示すための行為だ。この行為は、主人と客を「目利き」という共通の絆で結ぶものでありながら、同じ趣旨に沿って引き離すものでもある。というのも、どちらかが一方的に自慢する立場にあっては、絆は成り立たないからだ。古代ローマからリアリティ番組『リアル・ハウスワイフ』まで、裕福な人々の食卓では、似たり寄ったりの光景が見られる。希少性、センス、共通性からなるこの三位一体《さんみいったい》の力は、時代をまたぎ、文化をまたぐというわけだ。

読者のみなさんはもうはっきりお気づきだろうが、食の研究における二つの大きな問い――食とは何か、そして食の意義とは何か――は、実際は同じ過程の二つの側面にすぎない。社会的意義は需要と絡み合っている。つまり、生産はある面では希少性を生み、ある面では不足を解決するということだ。食は決して、出荷価格や、マーケティング計画や、斬新な魚の揚げ方を見つけることだけを問題にしているのではない。食にはこうしたあらゆる影響と、さらに多くの事情が絡んでおり、そのすべては普遍的なことなのだ。

情報源

本書は中国についての本である。そこで、まずはその情報源から詳しく検討しよう。食はさまざまな意味において重要なのだから、本書もさまざまな視点を活用しなければならない。

政治記録などの公式な資料には、事実のあらましが記されている。国政は食から始まり、歴代王朝は収穫高と穀物価格を注視していた。政府は直接的な措置を講じることもあり、その場合には、飢饉に備えて食料を配ったり、戦略的食品産業を構築したり、穀物の輸出や豪華な宴を禁じたりした。中国の商家、輸入業者、食品製造業者による商業記録には、経済界の視点が提示される。これらの資料を読めば、当時の貿易の仕組みや商品の移動距離がわかり、香料諸島への商船の派遣計画やゴビ砂漠を渡る隊商の派遣計画がどれほどの規模のものだったかがわかる。

それ以外の情報は、話の骨格に肉づけするものである。考古学者が見つけた墓や財宝には、歴史のある時点ですっかり凍結された厨房が含まれている。骨や種子といった生物学的遺物は、文書記録がない時代の自然環境や人間環境を明らかにする。絵画や壁画や彫刻には、食べ物が生産され、販売され、調理され、消費される経緯が描かれる。穀物の備蓄法、動物の屠畜法、食卓のしつらえ方、男女がともに食事していたのか否か、店頭の装飾の様子なども見えてくる。文学作品は、社会的環境下での食を描き出す。たとえば、二人の友人がお茶を飲みながらおしゃべりするという物語なら、重点が置かれるのは彼らの会話の中身かもしれない。しかし、その場面に書き込まれる詳細——彼らが食べているもの、店のデザイン、食事の値段など——は、当時を切り取るスナップ写真に等しい。宗教的文章では、儀式における食の役割や、「何をどう食べるか」ということの背後にある複雑な社会倫理が語られる。

本書で用いる情報源のほとんどは、食そのものに関する著作物である。六世紀の『斉民要術《せいみんようじゅつ》』をはじめとする農業文書では、肉、果物、野菜を酢漬けにする方法、乾燥させる方法、保存する方法が手引きされている。回想録の代表である一二世紀の『東京夢華録《とうけいむかろく》』では、当時の市街、市場、料理の様子が詳しく述べられ、女真《じょしん》に侵略され破壊される以前の中世の開封《かいほう》の食事情が語られている。一四世紀の『飲膳正要《いんぜんせいよう》』などの医学書には、さまざまな食べ物の治療特性が書かれ、健康効果と美味しさの両方を最大限に引き出すレシピが提案されている。食に関する名著、たとえば江南料理への愛に満ちた一八世紀の『随園食単《ずいえんしょくたん》』には、数十種の料理が紹介されている。また、特定の料理が発明されたと思しい場所や、地元の農産物、お茶、酒への賛辞、批評家の視点による素晴らしい料理と平凡な料理の見分け方も記されている。

本書には数多くのレシピが登場する。これらのレシピは原資料の記載に沿ってほぼ正確に再現されているが、なかには、原資料の分量や技術的指示がところどころ曖昧だったものもある。なぜ原資料への忠実さを保つのかというと、歴史的なレシピは単なる手引きではないからだ。『斉民要術』などの本は、ある種の簡潔な省略表現で書かれている。明確な手順は省かれ、代わりに、「充分」に塩を加えて塩水を作るとか、「もういいと感じられるまで」魚を調理するとかいった指示が記載されている。こうした本は、すでに発酵用の桶に精通しているレベルの読者を対象としている。現代の「誰でもできる」料理本のように、正確な説明や分量が書かれたものとはまったく別物なのだ。現代の新たな形式のレシピには、読者層の変化が反映されている。中国における現代的な料理書の最初期のものは「忙しい主婦」のために、つまり料理の時間がとれず、おそらくは知識が少ないか皆無のままその仕事を担うようになった人々のために書かれていた。レシピを読めば、その時代に入手可能だった食品や、常識とされていた技術、そして一般の台所に備えられていた器具が見えてくる。商業的な料理雑誌は、憧れを呼び起こす。わたしたちは写真を眺めているだけでも、そこに理想の生活を垣間見る。これらの雑誌は、とくに一九八〇年代の新たな食文化を取り上げる際に、頻繁に用いることになるだろう。

続いて、話題は食そのものへと移る。

本書では、曖昧な説明から詳細を引き出したり、場合によっては実際に調理したりすることで、歴史的な食をじっくりと再現していく。料理技法の進化を充分に認識するためには、ただ楽しむのではなく（正直に言えば、それはとても楽しいのだが……）、完成した一皿を理解し、味わう必要がある。食の本において食を知ろうとしないことは、絵を一枚も見ずにルネサンス芸術の本を読んだり、音を一つも聞かずに音楽理論の本を読んだりすることに等しい。技術的に間違ったやり方でなくても、ひねくれているし、創造性を欠いている。

食物史を語るうえで、料理の再現はきわめて重要だ。料理史家のカレン・ヘスは、一九八一年の彼女の名著において、『マーサ・ワシントンの料理本』という一八世紀の英米レシピ集を理論的に再構築した。ヘスは実際に料理を作ることで、個々の技術に関する誤解を正し、当時は料理の素人ばかりだったという俗説に風穴を開けてみせた。また、中世ヨーロッパや古代世界の悪評高い料理について、ヘスと同様のことを行った人もいる。ユーチューブには歴史的料理の再現を専門とするチャンネルがいくつも存在し、実際に見る価値のあるものも少なくない[13]。

歴史的なレシピをさかのぼる分析には、多少の創造性が求められる。というのも、書かれている内容には現実とのギャップがあるからだ。たとえば、『斉民要術』に掲載されている魚の塩漬けのレシピを再現しようとするなら、まず、六世紀の中国にどんな魚が生息していたのかを知らなければならない。

食材が手に入らなければ、類似の食品を探さなければならない。キョン（小型の鹿の一種）などの肉、長い間失われている香料ペースト、ある特定の山間部のみで栽培されていためずらしい赤米などが入手できないとしたら、それらの見た目、匂い、味をうまく推測しなければならない。多くの場合、これには情報源を組み合わせることが必要である。たとえば、一八世紀の小説『紅楼夢《こうろうむ》』に描かれた料理は、ほぼ同時代の『随園食単』をはじめとする食の文書に記された技術と照合できる。わたし自身は、シェフ、家庭で料理をする人々、アマチュアやプロの食学者から惜しみない助言をもらい、それを大いに活用してきた。また、増え続けている中国の歴史愛好家や料理関連のコスプレ愛好家にも協力を得た。彼らは厨房、宴会、サイバースペースで交流し、食の遺産への愛で絆を結んでいるのだ。

とはいえ、見返りがあれば、どんな困難も価値あるものになる。みなさんは、一世紀前、三世紀前、あるいは二〇世紀前の料理を再現するという本来の興奮を超えて、失われた技術が自分の料理法として身につくのを感じられるだろう。過去の料理人には時間的余裕があった。一方で、現代人には何もかも揃っているようで、忍耐だけが欠けている。いまでは、酢漬けや発酵のような技術は工業生産者に任せるのが普通になった。工業生産者も短く安価な工程を好みがちなため、人工燻液《くんえき》やアルコールやグルタミン酸ナトリウムを使って経時的な味を模倣している。本物を味わったことのないたいていの人は、そこに違いが存在することさえ知らないだろう。

七つの宴

本書の範囲を定めたところで、いくらか話を戻したい。ここで言っておかなければならないのだが、本書ではすべてをまんべんなく検討するわけではない。中国はあまりにも広く、その歴史はあまりにも長いため、全部を網羅するわけにはいかないのだ。代わりに、六つの大きな変化に着目する。この変化とは、古代中国で独特な食の哲学が形成されたこと、近隣や遠方から新たな食材と技術が到来したこと、中国の後期帝国に技術が完成されたこと、二〇世紀初頭に西洋料理と工業的な食料生産が導入されたこと、好況な一九九〇年代に新たな食品や流行が矢継ぎ早に現れたこと、そして二〇〇〇年以来テクノロジー主導によるグローバル化の影響が見られることである。最後の章では、すでに始まりつつある流行から予測を立て、みなさんに未来をちらっとのぞいていただく。

気づいた読者もおられるだろうが、変化のペースが加速すると、章の進みは遅くなる。最初の章では二〇〇〇年間を駆け抜けるが、最後の歴史的な章で扱うのはわずか二〇年間だ。とはいえ、それはなんと慌ただしい二〇年間であったことだろう。

多かれ少なかれ回り道をしながら、各章は最終的に、その時代の精神をとらえる宴に目を向ける。古代からの伝統に関する章では、かつて敬老のために振る舞われていた食事を紹介する。新たな食に関する章では、唐《とう》王朝、殷《いん》王朝、清《しん》王朝の宮中宴会にみなさんをお連れする。後期帝国の高級料理の章では、一八世紀の小説に登場する食べ物に目を向ける。西洋料理との出会いの章では、一九二〇年代の上海で元日に出されていたコース料理をお目にかける。高度成長期にあたる一九九〇年代の章では、食をテーマにした名作映画『恋人たちの食卓』の心温まる家庭料理を見ていく。グローバル化した中国と利便性の結びつきに関する章では、家庭に配達される火鍋の夕食に参加する。最後に、わたしたちが垣間見る未来は、一つではなく三つの食事で終わりを迎える。これらの食事はそれぞれが、今後数年間にたどる可能性のある別々の道筋に対応するものだ。

第1章　肉と道徳について——周の八珍

本書の最初の宴《うたげ》は、宮殿の庭で開かれる。高齢の男性たちが葦《あし》でできた敷物の上に座り、それを若い従者が輪になって取り囲んでいる。その雰囲気には礼節が感じられる。言葉が発されることはほとんどなく、静寂が破られるのは鐘が鳴るときだけだ。

従者が一つ一つ、次々に運んでくる八つの青銅器には、それぞれに手の込んだ料理が盛られている。粘土で包んで焼いた子豚、肉桂《にっけい》とショウガをまぶした羊、犬の肝臓をその脂肪で焼いたもの、酢漬けにした肉、マリネにした肉、アルコール漬けにした肉、米とひき肉の揚げ物。

これらの料理、通称「周《しゅう》の八珍《はっちん》」がいつ、どこで初めて食べられたのかはわかっていない。ただし、その存在を初めて記録したのが誰かはよく知られている。八珍に言及しているのは、儒教の古典のひとつ、『礼記《らいき》』である。

『礼記』の著者は、自分が楽しんだ食事について述べたわけではない。その数百年前に生存していた孔子の生涯を、食を通して語ったわけでもない。八珍は、それよりはるかに遠い過去の食事だった。

孔子が生まれたのは二六世紀前なので、彼を相当古い人物だと思う人もいるかもしれない。しかし、孔子が登場した時点で、中国文明はすでに何千年も前から発展を遂げていた。その遠い昔こそが黄金期であったのだと孔子は言う。彼はつねに、自分は生まれるのが遅すぎたと考えていた。

八珍の宴は、周王国初期の道徳社会の象徴だった。それは失われた時代であり、儒学者が声高に求めていた理想だった。この宴についての記述は、いくつかの点で、食が当時から中国の古代文明を形作るようになっていたことを示すものでもあった。現在の中国として知られる土地が徐々に出現してきた数千年にわたり、何百にも及ぶ新石器時代の文化は青銅器時代の歴代王国と一体化していった。それは、賢明な諸侯、思慮深い哲学者、狡猾《こうかつ》な戦術家の時代として後世に記憶される、ある種の成長期だった。懐古の念を抜きにしても、中国文明の形成が始まった時代であり、中国独自の科学、哲学、宗教の基礎が築かれたタイミングだった。また、中国において包括的な食理論と独特な料理技術が発展した時代でもあり、この理論と技術はどちらも八珍の宴に示されている。

古代の起源

中国を横断した経験がある人なら誰でも言うだろうが、中国は、少なくとも現在の領土は広大である。北から南にかけては、ツンドラから熱帯まで広がっている。西から東にかけては、ヒマラヤ山脈から次第に標高が下がり、密集する沿岸都市に連なる。

中国文化の歴史的発祥地はかなり狭いが、それでもこの範囲には、地形と気候の両面で驚くほど多様な地域が含まれている。その中心地の、さらにまた中心に位置するのは、文化が花開く条件を生んだ二つの川だ。

北部では、青海省の荒涼とした不毛な山々に黄河が源を発する。この川は、蛇行する道を下りながら甘粛《かんしゅく》省、内モンゴル自治区、陝西《せんせい》省、山西《さんせい》省を通過し、河南《かなん》省と山東《さんとう》省の北部中央地域に流れ込み、黄海《こうかい》に注ぐ。黄河は泥の川である。黄色というよりは茶色に近く、西部の山々から広々とした華北平原へ大量の細かな砂を運んでいる。結果として、その流域面積は毎年少しずつ拡大している。

ナイル川やティグリス川と同様に、この豊かな泥川の氾濫原《はんらんげん》は、文明を起こすのに理想的な場所だった。八〇〇〇年前、黄河沿いに定住していた後李《こうり》文化の人々は、石造りの家や道具、そして精巧な陶器を生み出した。[1]彼らはまた、豊かで多様な食生活の痕跡も残した。炭化した種子は、クスクスに似た乾燥地穀物の粟《あわ》が主食であったことを示している。彼らは香草や野菜を育て、野生の豆、アンズ、ナツメヤシ、木の実を採集していた。黒焦げの骨は、後李の人々が、さまざまな動物を——豚、鶏、犬、野生の鹿、狐などを——飼育・狩猟していたことを裏づけている。川ではマゴイやソウギョを釣っていた。さらに内陸にある同様の文化では、いっそう幅広い種類の動物が狩られていた。海の近くに住む人々は、ムール貝やアサリなどのあらゆる貝を満喫した。[2]

南へ下ると、雪を頂いたヒマラヤ山脈に長江《ちょうこう》（「揚子《ようす》江《こう》」と書かれる場合もある）が源を発する。泥を含まない長江は、中国南部の山岳地帯を清らかに流れ、四川《しせん》省の緑豊かな盆地で河港をつなぐライフラインを形成し、湖北《こほく》省と安徽《あんき》省へ進んで、上海市の近郊で海に注ぐ。長江は、江南《こうなん》（「川の南」）という地域へ流れ込む多くの河川の一つだ。貿易と農業で栄えたこの地域は、古くから「魚と米の地」と呼ばれていた。そして実際に、長い間、そのような土地であり続けている。長江付近にある新石器時代の遺跡、たとえば現在の浙江省《せっこう》北部の河姆渡《かぼと》では、初期の水稲耕作や、川魚、貝、亀などを含む豊かな食生活の痕跡が見て取れる。
じつのところ、無傷で見つかった少数の新石器時代の遺跡は、それよりはるかに大規模で、はるかに歴史ある氷山の一角でしかない。中国には、後李と河姆渡以外にも数十の遺跡が存在しており、どれも遺物が発見された当時の村にちなんで命名され、独特な文化の名前の由来となっている。たとえば、北西部には斉家《せいか》と馬家塬《ばかげん》が、北東部には紅山《こうさん》と夏家店《かかてん》が、南東部には陝北《せんぼく》が、現代の成都近郊には宝墩《ほうとん》がある。これらの遺跡は、現在の中国全土に点在するとおぼしき何千もの小集落や小文化の、ごく一部を代表しているにすぎない。最古の集落群はその起源を約八〇〇〇年前にさかのぼるが、少なくとも一つの集落はそれより丸二〇〇〇年も古く、穀物栽培が始まったのはさらにその前である。[3]
短い考察ながら、こうして中国の先史時代の過去をのぞき込むと、いくつかわかることがある。一つは、農業が大きく二種類に分かれ、乾燥した北部では粟を中心に、温暖多湿な南部では米を中心に育てていたということだ。この乾地農法と湿地農法の基本的な違いは、何世紀ものあいだ食生活に影響を及ぼし、今日もはっきりと残っている。
もう一つは、点在していたこれらの文化全体に交流があったことだ。話し合い、学び合い、そしておそらくは取引も、それまで以上に頻繁に行われていた。彫刻入りの翡翠《ひすい》のような貴重な品物は遠くまで運ばれ、最終的には、原石の採掘場所から何百キロも離れたところで見つかるようになった。品物の交換は、アイデアの交換にもつながった。デザインモチーフの美学、彫刻の技術、さらにもっと深遠な何かがたびたび互いを行き来していた。翡翠には彫刻が施され、個人の装飾品に変えられるだけでなく、儀式的な価値のある物体にも変えられた。たとえば、平たい円盤状に彫られ、宇宙の形を表現したので

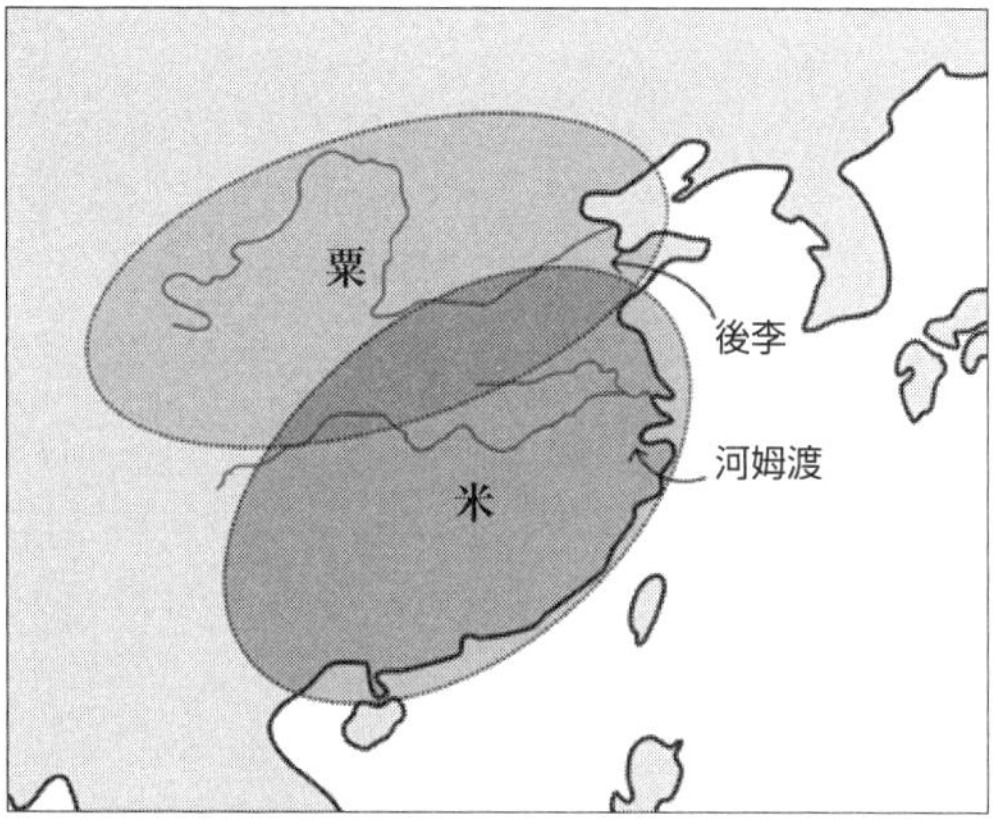

粟と米の栽培地帯（紀元前3000年頃）。北部と南部で育てられる穀類作物の基本的な区分は、今日まで残っている。

ある。こうした先史時代の文化は、自らを取り巻く物理的世界を知り、理解を深めるにつれて、互いと出会い、学び合うようになった。この交流は数千年にわたって広がり、のちの名前で言うところの「中国文明」の基礎を築いた。

食の知識についてもそうだ。この地域の広い範囲では、食べ物の貯蔵、発酵、調理に使われる陶器のような物体がいくつかの特徴的な形を帯びるようになり、水差し、広盆《ひろぶた》、「鼎《かなえ》」という三脚または四脚付きの鍋《なべ》などが生まれた。初期の穀物加工法は、砥石《といし》で穀物を砕いたり、高温の岩で熱したりする方法が中心だったが、やがて蒸す・茹でるという技術に移行した。すでに小麦粉を製粉していた南西アジアとは異なり、古代中国ではこうした湿式調理法が好まれた。[4] いまから四〇〇〇年前には、南部地域で、独特のだるま型をした「釜甑《ふそう》」と呼ばれる蒸し器が考案された。それから数世代のうちに、釜甑は地域全体に普及した。

何を食べるか、それをどうやって食べるかを学ぶことは、この文化交流の一部だった。栽培された作物の種子は、遠くまで運ばれた。人々はまた、風味づけに使える植物と、薬として使える植物の見分け方に関する知識も共有していた。山西省《さんせい》にある新石器時代の村では、貯蔵されていた大量の薬草が発見され、その多くはいまなお中国の薬典に掲載されている。[5]

広大で多様な風景全体に散らばり、政治的統一が構想されるのはそれから何千年も先になるにもかかわらず、新石器時代の何百もの文化は、食をめぐる技術、味覚、慣習に関する共通の手段を開発していた。中国が古典期を迎えると、これらはさらに深く根づいていくことになる。

穀類を蒸すために使われた青銅製の釜甑。これは山西省の出土品だが、同様のデザインの蒸し器は中国全土で発見されている。

文化と料理

狩猟から定住農業への段階的な移行は、多くの人々が共同生活を営むことを可能にしたが、その時点から事態は複雑になった。五〇〇〇年前、北部の農業は、粟と豚を組み合わせて成り立つ農家経済に支配されていた。南部の稲作地域は、早くも専門化した共同体へと発展していた。考古学者の発掘によると、工房、運河、防御が築かれていたことは間違いない。エリート層の墓も見つかったが、これは、社会の階層化が進んでいたことのほぼ確実な兆候と言えるだろう。[6]

数千年の違いはあるにせよ、同様のことは世界中で起こりつつあった。インド、エジプト、メソポタミアなどの古代社会においては、新たな食べ物が豊富になったことで、新たな階層の人々の生活が支えられるようになった。この階層に属していたのは、支配者、官僚、司祭、職人、そしてもちろん軍人などの、農業従事者ではない人々である。複雑な社会の誕生は、そのことが何を意味するのかという新たな内省ももたらした。それは、宗教と哲学が世界的に花開いた瞬間だった。

中国では、この時代の約一〇〇〇年間にわたって、夏《か》、殷《いん》（商《しょう》）、周《しゅう》として知られる帝国が次々に誕生した。もちろん、これは大いに単純化した言い方だ——当時はまだ統一中国という概念が存在しなかったため、各王国はおおよそ平和的な構成国家で成り立っていたというのが正確である。支配的な王国が弱体化すると、既存の敵国同士による戦闘状態に突入した。しかし、王国が一つであったにせよ多数であったにせよ、やがて中国となる場所は、共通の文明意識の高まりによって統一されていった。

競争と文明——その両者は、中国に偉大な思想をもたらした。現代人によって孔子《こうし》と関連づけられている儒学（実際には孔子の何世紀も前から存在していた）は、強い統治者こそ古くからの伝統を大切にし、正しい行動についての厳格な基準を重んじるべきだと説いた。また、宇宙を動かすものは何かという発想も芽生えた。自然と人間を含めたすべての現象は、変化を促す基本的な力の相互作用を原動力としており、その代表が陰陽の流れだとされた。これらは普遍的な力とされたため、政治、惑星、季節、そして人体に生じる周期的な変化などの、あらゆる動的システムの説明に用いられた。こうした基本的な文明の土台には、包括的な食理論や独特な料理技術にも及んでいた。

古典期の中国は、自らの先進性を理解していた。その頃にはすでに、文学、青銅細工、哲学といった文化的業績を強く意識していた。とはいえ、最も重要なのは農業だった。民話では、農業を発明したのは「神農《しんのう》（農業の神）」という神話上の人物だとされている。神農は、穀物の植え方、収穫の仕方、貯蔵の仕方を原始的な人類に教えた。食べられる有用な野生植物を見分けるため、外へ出かけ、一つ一つを試食した。鋤《すき》、暦、医薬を発明した。根本的な意味で、神農はすべての始まりだった。彼は、民間信仰、とりわけ農業従事者の信仰において、いまも重要な人物であり続けている。

農業によって共同体が定住化し、安定した生活を送れるようになった一方で、文明の夜明けを告げたのは料理だった。後世の資料は、この変容を半神話的な言葉で回想している。

古代には、人間の数は少なく、動物の数は多かった。そのため、人間は、鳥、獣、蛇、昆虫を制圧できなかった……人間は、果物、ムール貝、カキ、生肉を食べていた。生肉は臭みを放ち、食べた人は腹を痛め、病気になった。そこへ一人の賢者が現れ、火おこしのための火打ち石の掘り方と、肉の焼き方を教えた。この賢者は燧人《すいじん》という名で、人々から世界の王と噂された。[7]

穀物を水で調理することを民に教えたのは、中国の神話上の賢王である黄帝《こうてい》だった。後世の資料は、「黄帝は釜《ふ》甑《そう》を作り、穀物の調理法を生み出した」と伝え、さらにわかりやすく「黄帝は穀物を蒸して食べていた」とつけ加えている。[8]

肉と道徳

中国初期の哲学者は、食に関する多くの言葉を残した。孔子などの政治思想家にとっての重要な課題は、正しく食べること、つまり、適切な食べ物を、適切な季節に、適切な方法で、適切な仲間と食べるということだった。これは驚くには当たらない。というのも、孔子の学派では社会の礼儀がすべてであり、それは原則として、個人の身分に応じて振る舞うことを意味したからである。また、当時の食が、複雑かつ運動する宇宙の一部とされていたことも理由だった。それぞれの季節、それぞれの健康状態にふさわしい食べ物は決まっており、自然独自の周期を模倣するように食べるべきだと考えられていた。

　中国思想の大半の領域がそうであるように、食理論も政治の影響からは逃れられなかった。古代世界が広く戦争状態にあったことを考えても、自国に平和と繁栄をもたらす秘訣を知ることはきわめて重要だったわけだ。偉大な知識人は宮廷の間を飛び回り、助言を行った。孔子もまた、さまざまな国の王に助言を与えていた。[9]古代中国の偉大な思想家の多くは、その点では同じだった。謎めいた比喩や隠喩だけを語っていた人々さえ、例外ではなかったのだ。

　こうした初期の哲学者は、食について何を語ったのだろうか？　結論から言えば、非常にたくさんのことが語られた。歴史的記述が示すように、実在の王と神話上の王はいずれも食によって身を滅ぼしていた。[10]宴はたびたび王族暗殺の舞台となり、ある王は魚の内部に隠された短剣で殺害された。たとえ食卓のそばで襲われる危険がなくても、王の食事は、統治者としての適性をはっきりと表す象徴だった。規律に欠ける王室の食卓からは、道徳的基盤の弱さがうかがえた。かつての殷王国がたどった運命も同様であり、正史では、殷は人々が酒におぼれたために滅亡し、その放蕩《ほうとう》の気配が天を怒らせたと伝えられる。

　このような堕落を心に留め、道徳心の高い儒学者たちは、後続の統治者に助言を行った。背筋を正して礼節の模範となり、食事を含むあらゆる物事においてエチケットと節度をしっかり意識するよう説いた。後代では、孔子自身が正しい食習慣の手本として支持された。大食家でも禁欲家でもなかった孔子の食習慣は、まさに非の打ちどころがなく、天への敬意と大地の恵みへの感謝をうかがわせるものだったという。知られているところでは、孔子は質素かつ慎重に食事をとり、濃い味を避ける一方で、ショウガをとくに好んだ。自分を怒らせた王子からのもてなしは拒否したが、礼節の価値を理解する貧しい村の主人とは、喜んで素朴な食卓を共にした。

儒学者が食について語るとき、よく話題になったのは肉だ。肉には、明らかに特別な意味合いがあった。ある文書によれば、孔子は他のものを贈られても平然としていたが、肉を贈られると立ち上がって頭を下げ、敬意を表したという。[11]

これは、単に孔子が飢えた哲学者であったというだけの話ではない。周王国（孔子がいた時代）の統治者が「肉食者」と呼ばれたのは、彼らがとくに肉食性だったからではなく、上位の者と下位の者とで供物《くもつ》の肉を分け合う慣習を信奉していたからである。さらに、贈り物として与えられる肉を意味する専門用語まで存在していた。肉は、天と祖先に向けた儀式の供物として捧げられることもあった。つまり、多くの意味において、食事の慣習と宗教的儀式はお互いを映す鏡のような関係にあったのだ。王室の食卓であらゆる食事に肉が使われたのも同様で、きわめて深刻な状況（飢饉《ききん》が続くときや服喪期間など）を除き、儀式には天に捧げる肉が必要とされたからである。[12]

肉は、とりわけ高齢者にとって重要だった。加齢によって衰えていく筋力を養い、食卓では敬意のしるしとなった。儒教における礼節とは、相手の身分に応じて人を扱うことを本質としており、高齢者を敬うこともその例外ではなかった。良い子が親を大切にするように、良い社会は年長者を大切にするというわけだ。儒教の思想家は、そうした理想の証《あかし》を、より啓蒙が進んでいた過去の時代に求めた。具体的には周王国の初期を考察し、この時代を、政府と社会が完璧に調和した黄金期として掲げた。儒教書の三部作（何世紀にもわたって執筆・修正された）には、周の啓蒙的な先人たちの生き方や亡くなり方が、あらゆる側面から説明されている。そこには、高齢者に与えられる特別待遇なども記されていた。これらの書物によれば、古代の若者は質素な食事をしていたが、六〇歳を超える人々には肉が供され、その量は年齢を一〇歳重ねるごとに増やされていたという。幸運にも九〇歳まで生きた数少ない人々は、山盛りの食べ物に追い回されていたようなものだったのだ。[13]

天に捧げる杯

古典的儀式での食について語る場合、もう一つの大きな要素となるのは酒だ。後期の殷王国が酒によって破滅したという物語は、古代の禁欲主義の一種ではなく、度を超えた行為への批判だった。アルコールは実際に、古代中国社会の根幹をなしていた。

作物の栽培化の痕跡と同じく、醸造が行われていた最古の痕跡は、歴史的記録からではなく、物理的発見から得られている。考古学界では長年にわたり、新石器時代の遺跡で見つかった陶器が醸造に使われていたのではないかと考えられていた。最近発見されたなかには、五〇〇〇年前の「醸造キット」もある。このキットは、陶器製の窯《かまど》、漏斗《ろうと》、発酵用の壺《つぼ》で構成され、レシピを裏づける材料——黍《きび》、大麦、ジュズダマ、塊茎《かいけい》——も残されていた。他の遺跡では、蜂蜜、モモ、スモモ、ナツメヤシから作られた果実酒や、スイートクローバー、ジャスミン、大麻《たいま》の種子からなる薬品用のレシピも見つかっている。[14]

古代の醸造が実際どのように行われていたかは、正確にはわかっていない。おそらくは、さまざまな方法が同時に用いられていたのだろう。アジアや太平洋地域を眺めてみると、穀物を発酵させる方法は多種多様に存在する。代表的なものは、発芽した穀物をスターターとして利用する方法、野草や樹皮に含まれる天然酵素を利用する方法、人間の唾液を用いる「口噛《くちか》み」法などだ（それ以外にも、発酵と超自然世界との間に見出された結びつきから、数多くの儀式的な方法が派生した）。

四世紀のある作家は、当時の数千年前には存在していた醸造の手順を、次のように記した。

「米粉と、いろいろな草や葉を混ぜ、葛《くず》という植物の汁と合わせる。これを卵ほどの大きさの生地《きじ》にして、葦《あし》の陰に一カ月置いておくと発酵する。この（発酵した）生地を米と混ぜると、酒ができる」[15]

つまり、こうした最古の方法は、貯蔵中に腐った穀物が勝手に発酵することを発見した人の嬉しい驚きを再現したにすぎない、とも言えるわけだ。新石器時代の醸造キットの中身——二つの壺と一つの窯——は、調理済みの穀物から最初の「ビール」が作られた可能性を示唆している。これは「固体発酵」と呼ばれる製造過程で、もち米を発酵させた「醪糟《ラオザオ》」の作り方と同じだ。わたしの地元のスーパーマーケットで入手できる市販のスターターには、リゾプス・ニグリカンスやリゾプス・オリゼという菌類が含まれている。どちらも自然界に広く生息し、とくに雑草や収穫された穀物によく見られる。残り物のパンに生える粉状の黒カビとしてご存じの方もおられるだろう。[16]

わたしは醪糟《ラオザオ》の発酵法を用いて、考古学者に発見された混合物を作ってみた。材料は黍《きび》、大麦、ジュズダマである。塊茎の代わりには、ヤマイモと呼ばれる細長いヤム芋をすりおろして使った。結果は、まさに嬉しい驚きだった。古代の麦汁《ばくじゅう》はもち米より天然の糖が少ないため、完全な発酵には時間がかかったものの、完成品には醪糟のような甘い香りと独特の味わい、そして滑らかな舌触りが感じられた。現在も中国の一部で作られている、大麦を主原料とした「酸粥《さんがゆ》」のようでもあった。食べて酔う人はいなかっただろうが、それでも、この発酵した混合物は古代人の味覚を楽しませたことだろう。腐敗しにくく、消化もしやすかったはずである。

全谷醪糟——発酵穀物（先史時代）

全谷醪糟《ぜんこくろうそう》の料理法は、まず等量（各二分の一カップ）の黍、大麦、ジュズダマ、刻んだヤム芋を、水に三時間浸す。*

浸していた水を捨て、材料を混ぜ合わせたものをきれいな水ですすぐ。平鍋で三〇分、または大きな粒が人差し指と親指で潰せるくらい柔らかくなるまで蒸す。

蒸した穀物の汁が扱いやすくなるまで冷めたら、スターターとして市販されている米麴《こめこうじ》（麦汁二カップにつき一袋）を入れてよくかき混ぜる。ガラスまたは磁器の碗に詰め、真ん中に大きな空気穴を開ける。ラップで覆い、暖かい場所に約四八時間置いておく。オートミールくらいの粘度が保たれるように、必要に応じたタイミングで水を数滴加える。発酵時間は温度と湿度によって変わる。酒の香りが感じられたら、できあがりの合図だ。うっすらと生えた黒カビは、発酵が進みすぎている証拠である。完成した醪糟《ラオザオ》は瓶に入れ、ガスが抜けるように軽く蓋《ふた》をしておけば、冷蔵庫で保存できる。

＊発酵は生物学的過程であり、有機穀物と塩素処理されていない水を使うと最もうまくいく。発酵させた穀物はお粥に加えてもよいし、蒸しパンのスターターとして使ってもよい。

紀元前一〇〇〇年代の後半には、中国最古の文書記録である儀式用の甲骨《こうこつ》文を通じて、さまざまな種類の酒が区別されていた。たとえば、香草を使った鬯酒《ちょうしゅ》、もち米や粟を主原料とした酒醸《チューニャン》、アルコール度数一〇％から一五％の完全発酵濾過《ろか》ワインである果酒《かしゅ》（酒精強化されていないブドウ酒に近い）などに分けられていたのだ。粘土製の陶器に代わって青銅器が鋳造されるようになると、飲酒のための道具はますます精緻化した。青銅の酒器は、かつての陶器の形――高さのあるカップ、底の広い瓶、三脚のついた球根状の鼎《かなえ》など――に似せて作られた。しかし、青銅は粘土よりはるかに希少で高価な、まさに王族の品だった。王族の墓は、こうした貴重な青銅器の宝庫である。このことが示すように、酒の文化は社会的に重要であっただけでなく、地位や宮廷生活にも大きな影響を及ぼしたのだ。

肉と同様に、酒は儀式的な生活において重要な役割を担っていた。酒と肉は、天と祖先への捧げ物として不可欠な二品だった。酒はまた、結婚式や葬儀で見られる世俗的な儀式の主役でもあった。肉を捧げることと同じく、正式な飲酒の儀式も地位と忠誠を示すものだった。儒教の三礼に数えられる『礼記』には、友人同士の飲酒の儀式に関する作法が、次のように記されている。

> 主人と客は、三度会釈《えしゃく》し合う。階段までたどり着いたら、三度、先を譲り合う。次に、主人が階段を上る。客も上る。主人は、まぐさの下に立ち、北を向いて二度会釈する。客はこの階段を西側から上って、まぐさの下に立ち、北を向いて会釈を返す。主人は腰を下ろし、盆から「爵《しゃく》」を取り上げ、この杯を清めるために階段を下りる。客は主人の後に続く。主人は再び腰を下ろし、礼儀正しく言葉を述べ、客はそれに応える。[17]

酒が重要視されたこととは対照的に、泥酔は公的に軽蔑された。殷を倒した後、周王国はことあるごとに、酪酊した先人たちを嬉々としてこき下ろした。とくに非難されたのは、最後の殷王だ。彼は飲酒に夢中になり、快楽を慎むことを拒んだ。邪悪かつ冷酷な心の持ち主で、死を恐れなかった。殷で悪事を働き、その滅亡を案じなかった。すると、香ばしい香りの生《い》け贄《にえ》は天には昇らず、大衆の怒りと泥酔した役人の臭気だけがそこへ届いた。

青銅製の大釜（殷代、紀元前13～11世紀）。この古典的な三脚以外にも、青銅器はさまざまな形に鋳造され、料理用の鍋や盛りつけ用の鉢、酒杯、儀式用の器として利用された。

　こうして、天は殷に愛情を示すことをやめ、この王朝を破滅させた。[18]

　この一節は、周みずからが定めた飲酒制限からの引用である。後世の評論家によれば、仰々しい飲酒の儀式はアルコールを全面的に禁じるためのものではなく、飲酒に対して「堅苦しい」という感覚を植えつけるためのものだったそうだ。いささか非現実的な主張ではあるが、儀式に細心の注意を払うことで飲むペースが遅くなるため、すべての関係者は自制心を失うことなく一日中飲酒できるようになったのだという。[19]

理屈はこのくらいにしておこう。実際、中国初期の飲酒文化は広く浸透していた。孔子自身も飲酒を楽しんでいたとされるが、度を超えていたわけではなかった。酩酊する自由を公然と求める人もいた。『詩経《しきょう》』に集められた民間の詩では、宴と飲酒が同じ次元に置かれ、酒盛りが人生と友情の祝祭として、また喪失と渇望の痛みを和らげる薬として描かれている。[20] 一世紀の作家の許慎は、語呂合わせを多用して酒を定義することにより、その二面性を表現した。

「アルコール」（酒）は「成就」（就）を意味する。人間の本質的な善悪を明らかにするものである。吉凶を生むという点では、「生産」という意味にもなる。

古代、儀狄《ぎてき》は無濾過の酒を発明した。禹王《うおう》はそれを味見し、絶品だと感じた。そこで、禹王は儀狄を追放した。[21]

五味

道徳や儀式と並ぶ最後の要素は、食は宇宙の本質を映し出すという発想である。この発想は、何をいつ食べるべきかという理論全体の源となっている。中国初期の宇宙論の基本概念は、宇宙の原動力は目に見えないエネルギーの相互作用である、というものだ。この作用は、陰と陽、闇と光、女性と男性、寒さと暑さなど、対立するエネルギーの多種多様な循環に見ることができる。黒と白が渦巻く太極図《たいきょくず》（陰陽のシンボル）に象徴されるように、これらの対立するエネルギーは調和して活動し、お互いを生み出している。同じ理屈は、木、火、土、金、水からなる「五行《ごぎょう》」、別名「五化《ごか》」とも関連がある。五行の各相は、成長（木が火をおこすなど）や破壊（水が金を錆びさせるなど）の循環を通じて、他の相を生み出したり、他の相から生じたりしているのだ。陰陽が普遍的な二元性を支配しているのと同様に、五相は五つの要素に分かれる現象——五惑星、人体の五臓、五色、五方位など——と相関している。新たな王朝が前の王朝を正当に倒したことを示すため、必ず新しいシンボルカラーを採用していたのも、五相の理論によるものだ。[22] 同様の思想は八卦《はっけ》や六十四卦《ろくじゅうしか》などでも表現されるが、自然かつ予測可能な変化の循環という五行の考え方に沿っている点では、どれも同じである。

食は、この壮大な宇宙論の基本だった。五穀——米、粟《あわ》、黍《きび》、小麦、大豆——は、年間のさまざまな時期や、さまざまな病気と関わっている。中国医学における「五味」——酸味、苦味、塩味、辛味、甘味——は、風味づけの手段としてではなく、五臓を刺激し、気の流れを整え、体内のバランスを回復させる方法として登場する。『周礼《しゅらい》』では、こうした自然のエネルギーが医学的な食事と結びつけられている。

どの季節にも疫病がある。春には胃炎が、夏には疥癬《かいせん》が、秋には悪寒と熱が、冬には咳と上気道炎が流行する。五味、五穀、五薬を使って、これらを治そう。五気、五声、五色を使って、発症から改善までの様子を見よう。[23]

同書の社会的エチケットについて論じる部分では、王につき添う四人の医師の一人である食医の役割が概説されている。その仕事は、王の食欲を増進させること以上に、王の食生活のバランスを保ち、王自身のバランスをも整えることにあった。

（食医は）六穀、六飲、六膳《ぜん》、百羞《しゅう》、百醤《しょう》を扱い、調和させる。春は穀物、夏は羹《あつもの》、秋は醤《ジャン》、冬は飲を中心にすべきである。すべての味を調和させるにあたり、春は酸を、夏は苦を、秋には熱を、冬には塩を多めにすること。すべてを正しく一致させるにあたり、牛肉にはもち米を、羊にはもち粟《あわ》を、豚には黍《きび》を、犬には大粒の粟を、野生の雁《かり》には小麦を、魚には野生米を合わせること。[24]

食医の任務が示すように、当時の中国では医学理論がすでに発展しており、人体は宇宙を映す鏡であるという概念がその中心に置かれていた。季節の変化と同様に、人体も活動的な平衡状態が理想とされた。『黄帝内経《こうていだいけい》』などの初期の医学書は、人体を「気」のエネルギー循環によってできる渦《うず》として理解し、気はその種類に応じて決まった経路を流れていくとした。病気になるのは、このエネルギーが過剰になったり、不足したり、滞ったりしたときだ。正しい食べ物を正しい時期に食べることでその均衡は保たれるが、間違った食べ物はすべてのバランスを崩す原因になる。

健康的な食事のバランスを理想に掲げることは、安定した王国の象徴でもあった。食医が王族の健康のために味つけを調整するように、統治者は王国内の異なる社会的勢力間でバランスが保たれるよう努める。政治問題の解決が、料理の味つけを変える程度の簡単なことではなかったとしても、「五味の調和」という比喩は、政治が理想とする公正さとバランスを表現する際によく使われる。[25]

技術と料理

このような理論はさておき、当時の人々は実際に何を食べていたのだろうか？

幸運にも、中華料理の誕生は、もう一つの偉大な発明と時期的に重なり合っていた。その発明とは、文字である。中国の古典料理が大きく花開いたことで食の語彙《ごい》が生まれ、基本的な料理や技術を表す文字が新たに作られたのだ。そうした文字のなかには、他と比べて見たままの意味が強いものもある。「炙《しゃ》〔あぶる〕」という字は、牛肉、豚肉、羊肉、魚の調理法である串焼きを指しており、「火」とその上にある「肉」で構成される。この焼き方以前には、肉を皮ごと調理し、その過程で毛皮を焼き払う「炮《ほう》」という技法が使用されていた。

「羹《こう》」という字は、もともとは若い羊を表す「羔《こう》」と美味しさを表す「美」を合わせたものであり、そこに穀物や野菜が入っていてもいなくても、肉の煮込みを指していた。現在では濃厚なスープを指すのに使われるようになったが、本来は肉料理という意味合いがもっと強かったのだ。ある後世の資料は、羹《あつもの》を「肉にその汁を合わせたもの」と単純に定義している。それ以外の説明は、やや信頼性に欠ける。言語学者の王力は、羹を現代の豚の角煮《かくに》になぞらえた。別の資料は、羹を肉の煮汁そのもののことと定義している。また別の資料は、煮汁があるものを羹、煮汁が少ない肉を「臑《さい》」という別の料理だとして区別している。[26]

「醢《かい》」という字は、手、皿、瓶を表す部分で成り立っていた。醢は、干し肉と穀物のスターターを塩漬けにする料理で、漬けた後の肉と穀物はどちらも食品として利用される。ローマのガルム、タイのナンプラー、あるいは今日のインドネシア料理に使用される驚くほど辛いエビ味噌に近い。醢の汁は「醢《ひしお》」と呼ばれ、調味料として重宝された。

二世紀の儒学者の鄭玄《じょうげん》は、醢の作り方を次のように述べている。

醢の調理にあたって、まずは肉を乾かし、次に細かく刻んで、穀物、麴、塩と混ぜ合わせる。これを上質な酒に浸して、瓶の蓋を閉めれば、一〇〇日後には完成する。[27]

つまり、醢は発酵製品であり、今日の中華料理を彩る無数の醬《ジャン》の古い祖先なのだ。一二世紀の『浦江《ほこう》呉氏中饋録《ごしちゅうきろく》』のレシピでは、味噌がスターターとして使用され、その製作手順がより具体的に書かれている。

造肉醬——肉醬の調理（宋）

造肉醬《ぞうにくしょう》の料理法はまず、質の良い肉を四斤《きん》取り、骨と腱《けん》を取り除く（そして細かく刻む）。味噌を一一分の二斤、砕いた上質な塩を四両、潰したタマネギを椀一杯分、花椒《ホワジャオ》、ウイキョウ、ミカンの皮を五銭から六銭ずつ用意する。すべての調味料を肉と酒に混ぜ、お粥《かゆ》ほどの粘り気が出たら、発酵瓶に詰めて密封する。瓶は、日中の最も気温が高い時間帯に太陽の下で寝かせ、一九日後に開ける。肉が乾燥しすぎている場合は、酒を足す。味が足りない場合は、塩を加える。瓶は（紙の上から）泥で包んで再び密封し、太陽に当てつづける。

これと似たような発酵肉を見つけるのは、いまではきわめて難しくなっている。その理由の一つは、時間のかかる発酵が、より迅速な方法——アルコールに漬けた干し肉から調理を始めるなど——に取って代わられたことだ。現在もレストランのメニューには「壇子肉《ダンズーロウ》」という料理が並んでいるが、これは実際には、豚バラ肉の大きな塊を醬《ジャン》と一緒に蒸した料理である。現代の壇子肉も間違いなく時間のかかる料理だが、調理に要するのは三時間で、三週間というわけではない。壇子肉にとって本来重要なのは、保存の工程だった。四川省に伝わる調理法の一つは、揚げた豚肉の大きな塊を溶かした脂肪のなかに閉じ込めて保存するというものだ。この過程で、肉は無酸素環境で熟成するが、発酵はしない。それ以外の湿式発酵の料理、たとえば豚骨と唐辛子を発酵させて作るペーストなどは、いまなお南部や南西部の山地に暮らす少数民族に受け継がれている。わたしは以前、貴州《きしゅう》で一〇〇日間発酵させて作られた「腌《ヤン》酸肉《スアンロウ》」を入手した。その味と食感には、短時間の塩漬けや酢漬けには出せない複雑さがあり、塩漬け白菜と発酵キムチの違いのようなものを感じられた。

古代中国では、どんな肉を醢《かい》の材料にしていたのだろうか？ 種類は多ければ多いほどよい、と当時の人は考えていたようだ。ある宮廷儀典書は、最低でも「一二〇缸《こう》〔かめ〕の醢」を用意し、各容器には塩漬けにしたさまざまな肉を入れるよう述べている。豚、牛、羊、鶏、犬、ウサギ、鹿、キョン、魚のほか、多種多様なカタツムリなどの軟体動物も含まれていたらしい。最も格の高い醢は、最も大型の動物から作られていた。代表的なものは、調理済みまたは生の豚肉を大きな塊に切り分けて作る醢（醢《かい》豕炙《ししゃ》）、調理済みまたは生の牛肉から作る醢（醢牛炙《かいぎゅうしゃ》）、鹿やキョンの背肉を使った醢などだ。これらに加えて、ウサギの肉と野菜を組み合わせた醢、発酵させた野菜を動物のスープに入れて作る酸味のある醢、カタツムリの肉を材料とする醢、塩漬けにした魚の卵で作る醢などのレシピも存在していた。生魚の切り身を発酵させた「鮓《さ》」もこうした古代料理の一つだが、この鮓が日本の名物料理の原型に近かったと書くと、寿司好きな読者には興味深く感じてもらえるかもしれない。

完全に乾燥した肉が、丸ごと調理される場合は「脯《ほ》」、最初に細長くスライスする場合は「脩《しゅう》」と呼ばれた。脯はあらゆる大型の狩猟動物から作られ、鹿、大鹿、猪、キョンなどが材料になった。肉、野菜、果物を乾燥させる方法は基本的にはどれも同じで、風通しの良い棚、または瓦屋根の上で日干しにされていた。複数の資料によれば、風で乾かした脩はショウガと肉桂《にっけい》のペーストで味つけされていたようだ。古代の教師は脩の束を給料として受け取っていた時期があるため、アジアの大半の地域では、卒業する生徒が教師に干し肉を贈る風習がいまなお続いている。

肉にまつわる話は多い。それはなぜだろうか？　ここで話題にしているのはエリート層の――もっと言えば、王族の食卓であるという点を踏まえれば、肉は単なる贅沢《ぜいたく》品ではなかったからだ。肉は儀式の必需品だったのだ。血の犠牲は天にふさわしい捧げ物であり、公式行事には儀式がつきものだった。客に食事を出す儀典では、肉の量だけでなく、動物の種類の数まで指示されていた。宴で供される醢の量は、威信を示すものとして、客の地位に正比例していた。王の食事には、六〇種類の醢が並べられた。名誉ある客には、五〇種類が用意された。[28] 王室の食事に関するそれ以外の事柄と同じく、醢を供する厳格な決まりは、王室職員の専門部によって保たれていた。

野菜は、ほとんどの場合、肉料理とのバランスを取るための付け合わせとして登場する。だが興味深いことに、その種類は明記されていないことが多い。孔子がある農家に立ち寄り、肉なしの羹《あつもの》で質素な食事を済ませたときのように、肉なしで羹が作られるのは言及に値するほどめずらしいことだった。王子（孔子に奉公させようと、象徴としての肉を贈った人物として記憶される）の贅沢なもてなしを断ったばかりだった孔子は、この貧しい一家が彼らの身分以上に礼儀を理解していたとして、喜んで食事に加わったと述べている。

野菜の役割は他にもあった。みじん切りにして酒に漬けたものは「齏《さい》」と呼ばれ、丸ごと漬けたものは「菹《そ》」と呼ばれた。[29] とはいえ、どのように切り分けようとも、あるいは切り分けなくても、野菜は主役にはならなかった。

秩序と贅沢

初期の中国社会で食事の礼儀が重視されていたことは、本物の食事や空想上の食事について、数多くの注目すべき点があることを物語っている。儀式の手引書には、正式な国家行事における食事の作法が具体的にわかりやすく指示されている。どんな挨拶を行うべきか、誰がどこに立ってどの方角を向くか、そしてもちろん、どのように食事を出すか。ここでは、ほんの一部ながら、当時の食卓に関する大まかなルールを紹介しよう。

どんな場合でも、(もてなしのために)料理を運ぶ際のしきたりは次の通りである。骨付き肉は左側に、薄切り肉は右側に並べる。飯は客の左側に、煮込み料理(羹)は右側に配置する。ひき肉と焼いた肉は外側に、漬物と醬《ジャン》は内側に置く。ネギと蒸したネギは端に、酒とスープは右側に配膳する。干し肉や味付き肉の切り身を盛りつけるときは、肉の折り目を左に向け、端が右にくるようにする。客の階級が(主人より)低い場合、客は飯を持ち上げ、(自分が受ける栄誉を)辞退しなければならない。次に主人が立ち上がり、客の言葉(辞退の申し出)に反対する。その後、客は自分の席に戻る。[30]

この記述の後、ようやく食卓でのエチケットが見えてくる。

飯を丸めてはいけない。どの料理も急いで食べてはいけない。(スープを)がぶ飲みしてはいけない。食事中に音を立ててはいけない。骨を嚙《か》み砕いてはいけない。食べた魚を元に戻してはいけない。骨を犬に投げつけてはいけない。（欲しいものを）ひったくってはいけない。飯を広げてはいけない。箸を使って黍《きび》を食べてはいけない。スープを飲み干したり、そこに調味料を加えたりしてはいけない。客が調味料を加えたなら、主人は調理に不手際があったことを詫びるべきである。醢《かい》をすすってはならない。客が醢をすすれば、主人は充分な味つけができるほど醢を買えない貧しさを詫びなければならない。柔らかく汁気の多い肉は嚙みちぎっても構わないが、干し肉は嚙みちぎってはならない。[31]

公式の記録が後世に伝えているように、当時の料理の数、順序、配置はすべて正しく守られていた。またこの記録からは、古代の宮廷を支えるために必要とされた裏方の作業も明らかになっている。周の時代には、王室専門の食医や酒造家以外にも、王の食事を用意する者が三〇〇〇人も存在した。言うまでもなく、そのうち五〇〇人近くは厨房の係だった。[32]

この人数はあまりにも多すぎると思う人もいるかもしれない――彼らの仕事の規模が理解されるまでは。たとえば、儀式上の決まりとして、公式訪問には大量の調理済み食品と生肉を持参しなければならなかった。最高位の訪問には、以下のようなものが含まれていた。

饔《よう》（雄牛、羊、豚を一頭丸ごと）と調理済みの動物の部位一式が、九つの鼎《かなえ》（儀式用の青銅器）に飾られる。鼎は西側の階段に置かれ、重要な順に北から南へ並べられる。雄牛、羊、豚、干し魚、腸、胃、生肉、生魚、生乾きの肉までが並んだ後、牛肉の羹、羊肉の羹、調理済みの穀物が入った三つの鼎も同様に並べられる。東側の階段には、未調理の肉が入った七つの鼎（調理済みのものと構成は同じで、生魚と干し肉を除く）が贈り物として置かれる。これらに加えて、八皿の醢《かい》、八皿の各種穀物、六皿の動物のスープが、いずれも正確に配置される。[33]

これは、儒教の三大教典に数えられる『礼記《らいき》』からの引用である。続く節には、この豪華な贈り物をどのように渡し、どのように受け取るべきか、誰がお辞儀をし、誰がじっとしているべきか、主人は客を出迎えるために階段を何段下りるべきか、誰が最初に広間に入るべきか、などが書かれている。実際の食事に関しては、食卓での儀礼的な振る舞いが重点的に指示される。それはたとえば、誰がどこに座るべきか、どの皿を左に置き、どの皿を右に置くべきか、誰が片手で茶碗を持ち、誰が両手で茶碗を持つべきか、各段階でどんな歓迎の言葉を述べるべきか、といったことだ。

こうした料理を実際に誰が食べたのか、まして、その味はどうだったのか、どうあるべきだったのかについては、一切触れられていない。食の価値は、贈り物の礼儀で決まるのであって、それに続く宴の豪華さや楽しさで決まるわけではなかったからだ。調理済みの食品と生肉とが区別されていることを除けば、食べ物の調理法に関する指示はほとんど見当たらない。

当時の食事は、それほど味気ないものだったのだろうか？　儀典書に料理を重視するよう求めるのは酷なことだが、一部のメニューを見ると、中国初期の美食家がすでに贅沢になっていたことがわかる。食卓での謙虚さが語られる一方で、中国の古典料理そのものはきわめて精緻化していたのだ。

こうしたメニューの一つ目は、故人の好きだったもの、好きだった食べ物などを思い出させることで、霊を呼び戻すという葬儀の慣習に由来している。以下の「魂の召還《しょうかん》」は、南部の楚《そ》王国の民謡集から引いたものだ。亀などの食材が含まれるのも、そうした南部の嗜好を反映してのことである。

魂よ、戻りたまえ！　なぜそんなに遠くへ行ってしまうのか？

あなたの家族は、あなたを称えるためにここにいる。美味しい食事も取り揃えている。
米、黍、早生小麦、小麦。すべて黄色い粟を混ぜてある。
苦味、塩味、酸味、辛味、甘味。あらゆる風味を添えた料理。
よく太った牛のあばら肉は、柔らかく、肉汁たっぷりに調理してある。
酸味と苦味が調和した、呉式の羹。
亀の煮込みと子ヤギの焼き物には、ヤム芋のペーストを添える。
酸味のある醬《ジャン》を合わせたガチョウ、鴨の煮込み、鶴の唐揚げ。
鶏肉の蒸し煮と、亀の煮込みは、風味を損なわない味つけを施した。
米粉と蜂蜜の揚げ餅、麦芽糖のお菓子。
羽根つきの杯で供される蜂蜜酒。
氷で冷やした、濁りのない酒。
着色されたさじと、発泡酒[34]。

南部の楚王国のもう一つのメニューは、やや遅れて成立したもので、寓話的な会話の形式をとっている。会話の相手は道楽好きの王子で、彼は病にかかっているが、薬を飲んでも回復しない。王子を元気づけようと、客たちは彼に、世界に存在する七つの大きな喜びを思い出させる。音楽、馬車、宮殿と庭園、狩猟、海を眺めているときの心地よさ、文学――。リストの冒頭には食も挙がるが、ここに驚くべき事実がある。客たちの真の目的は、じつはこうした過大な喜びこそが王子の苦痛の原因であることを、そして、より賢明な生活を受け入れることでしか治療にはならないことを、彼に認めさせることだった

厨房の一場面（紀元前１世紀）。墓所に彫られたこの絵には、羊、牛、豚、犬が屠畜される様子と、料理人が食材を切ったり、混ぜたり、調理したり、干したりする様子が描かれている。一番下の段には漬け込み用の樽が並ぶ。上部には、亀、鳥、魚、ウサギ、豚の頭が吊るされている。

のだ。しかし、その過程で、わたしたちは本当の意味での「贅沢な食卓」を垣間見ることになる。

若い雄牛の下腹部の脂身には、筍《たけのこ》と葦《よし》の芽を添える。

太った犬の肉は、山の苔《こけ》類と一緒に煮込む。

苗山《びょうざん》の米、安湖《あんこ》の野生米。

丸めても崩れないが、一口食べれば溶けていく。

伊尹《いいん》は肉を炒め、易牙《えきが》は調味料を混ぜる。

熊の手の羹《あつもの》、香辛料を効かせた醬《ジャン》。

魚の薄い背びれの焼き物、新鮮な鯉のひき肉で作った醢《かい》。

秋を思わせる黄色のジャコウソウ、白くみずみずしいアカネ。

口直しのための蘭《らん》の花の酒。

キジの料理、飼い慣らされたヒョウの胎児。

小さく一口、大きく一飲み、それは雪を溶かす熱湯のようだ。[35]

両者が想像上のメニューであることを踏まえても（ただし、ヒョウの胎児が珍味であったことは事実だ[36]）、これら二編の詩は、高度化しつつあった中国の食文化や、貴重な食材を芸術的に調理して豊富に提供するという料理の理想を示している。誇張された豪華さから視線を外せば、そこにはバランスへのこだわりが同時に存在していたことを理解してもらえるだろう。五味と五穀を調和させ、湖の幸と山の幸とを組み合わせ、秋の酒と春の蘭とを季節的に釣り合わせているという点で、これらの詩にはある種の優雅さが感じられる。

気ままな贅沢のなかにも、センスと論理があったのだ。

周の八珍

ここで、八珍《はっちん》の宴を再現するときがやってきた。

まずは、その場に誰がいたのかを確認しよう。八珍について記録した『礼記《らいき》』によれば、これは古代の王が高齢者を敬うために振る舞った食事だった。[37] 注意してほしいのは、高潔な高齢者や、出席に値する高齢者には限らない、ということだ。資格は年齢だけだった。ある宴では平民が、別の宴では引退した役人がもてなしを受けた。

『礼記』以外の食に関する儒教の公理は、宴の雰囲気を再現する手がかりになる。孔子自身は黙って食事をしていたそうだから、会話はあまりなかったと考えてよいだろう。音楽は高く評価されていたので、近くにある青銅の鐘から、何らかの上品な旋律が流れていたかもしれない。[38]

物理的な環境についてはどうだろう？　当時の壁画には、敷物の上に座り、低いテーブルを囲んで食事をする人々が描かれている。料理や酒は青銅器か、その特徴的な形に似せて作られた安価な陶器で出されていたようだ。または、馬王堆漢墓《まおうたいかんぼ》で発見された豪華な漆《うるし》の食器一式のような、天然素材が使われていた可能性もある。

皿の材質が何であれ、その数は大量だ。現代の「大皿盛り」、つまり出された料理を食卓で分け合う方法とは異なり、正式な食事の出し方は、個々の皿や椀に少量ずつを盛りつけるというものだった。箸はすでに一般的に利用されていた。

いよいよ、八珍がテーブルに運ばれてくる。それぞれの料理については、詳しい記述がある。

淳熬（古典時代）

醢を炒め、陸稲の飯の上にかける。溶かした脂をすくって一緒に添える。これを淳熬《じゅんごう》と呼ぶ。

ご存じの通り、「醢《かい》」はさまざまな意味にとれるが、ここでは塩漬けにした肉を指しているようだ。先述の発酵させた肉醤《にくしょう》のように細かく刻むか、小さな角切りにするか、あるいは丸ごと漬け込んで、コンビーフのような食感を出す。肉の種類は指定されていないが、華やかさを求めるなら、牛肉、豚肉、鹿肉、野生の狩猟動物の肉に勝る選択肢はない。漬物にした肉は溶かした脂で炒められ、その脂は食卓に並ぶ前にも料理に加えられる。このレシピには、北部での栽培に向いていた陸稲の種類が明記されている。

淳母（古典時代）

醢《かい》を炒め、黍《きび》の上にかける。溶かした脂をすくって一緒に添える。これを淳母《じゅんぼ》と呼ぶ。

淳母は淳熬《じゅんごう》と同じ料理だが、こちらはもち黍の上にかけて供される。

炮（炮豚）（古典時代）

炮豚《ほうとん》を調理する際は、まず若い豚や羊の内臓を取り除き、その空洞にナツメを詰める。葦《よし》で包み、さらに粘土で覆ってから、直火で焼き上げる。粘土が完全に乾いたら、外側の覆いを砕いて、焦げた皮を濡れた手で剝く《む》。表面に米粉のペーストをたっぷり塗り、溶かした脂で全体をよく揚げる。揚げた後は、取り出して薄切りにする。調味料も用意する。肉を青銅の鼎《かなえ》に入れ、その鼎ごと、湯を張った大きな鍋に浸す。三日三晩、弱火で煮込み、醢《かい》と酢漬けを添えて供する。

「炮」という名前は、動物を皮ごと丸焼きにする旧来の方法と同じである。こちらの改良版では、皮が焦げないよう葦と粘土の覆いによって守られ、新鮮なナツメを詰めることで風味と水分が追加される。炙《あぶ》り焼きなら皮を剝くだけで充分だが、肉はさらに調理され、揚げてから二重鍋で三日間じっくり煮込まれる。一緒に供される「醢」は、ここでは塩漬けの野菜とその汁を指している。

擣珍（古典時代）

擣珍《とうちん》を調理する場合は、まず牛、羊、大鹿、鹿、キョンから同じ大きさの肉片を取る。このとき、背骨のすぐ横のヒレ肉だけを使う。肉をまんべんなく叩き、薄膜を取り除く。肉を加熱し、皮を剝いで柔らかくする。

「叩かれた宝（珍）」と題されたこの料理は、どんな切り身の肉を使用するかが指定されている唯一の料理だ。結合組織をきれいに取り除いて加熱された赤身の肉とあるが、具体的な方法は書かれていない。後世の著述家は、この指示について、加熱済みの肉をすりこぎでよく叩き、醢汁を混ぜるという意味に捉えた[39]。より正解に近い解釈は、六世紀の『斉民要術《せいみんようじゅつ》』に記された貯蔵法から得られるのではないかとわたしは考えている。

度夏白脯——秋の干し肉（北魏《ほくぎ》）

度《ど》夏《か》白脯《はくほ》は一二月（臘月《ろうげつ》）に作るのが望ましいが、一月、二月、三月でも構わない。牛肉、羊肉、鹿肉の赤身を使用する。脂肪や不純物を含む肉は保存に堪えない。薄く切り、水洗いしながら血抜きし、水が透明になったら止める。土器を塩で洗い、新鮮な塩、砕いた花椒《ホワジャオ》、肉を入れる。二日後に肉を取り出し、直射日光を避けて部分的に乾燥させる。半乾きの状態になったら、肉が引き締まる程度に棒で叩く。粉砕するまで叩いてはいけない。この方法には、餓死した羊や牛の肉のほか、脂肪の少ない子牛や子羊の肉も適している。羊肉を使う場合は、特有の臭みが消えるまで全体をぬるま湯で洗うこと。[40]

類似点は、肉に脂肪を含んではならない（それゆえ、この料理には冬から春先にかけての脂肪の少ない動物か、餓死した動物を使うのが最適とされる）という繰り返しの注意と、肉を叩けという指示である。赤身の肉でなければならない理由は、ただ漬けたり干したりするのに向いているからであって、加熱調理のためではない。うまく火を通したければ、むしろ多少の脂肪は必要だ。後者のレシピを参考にすると、搗珍の調理手順を次のように解釈し直すことができる。

牛、羊、大鹿、鹿、キョンから同じ大きさの肉片を取る。このとき、背骨のすぐ横のヒレ肉だけを使う。肉をまんべんなく叩き、薄膜を取り除く。肉に火が通ったら、乾燥している部分をすべて取り除き、柔らかくする。

ここで明らかに省略されているのは、塩についての記述である。塩は、風味づけに重要なだけではなく、天日乾燥させる前の肉の繊維をほぐすのにも不可欠だ。

漬（古典時代）

漬《し》を作る際は、殺してすぐの牛から肉を取り、薄切りにする。繊維をすべて取り除き、上質な酒に漬け込む。翌朝には、醢、酢、スモモの汁で風味づけして食べられる。

醢《かい》を漬ける長い工程とは異なり、この料理は肉を柔らかくして風味がつく程度まで置いておけば充分だ。レシピにも、新鮮さが命だと明記されている。このレシピは歴史的に蒸留が始まる以前のものであるため、殺菌効果があるというよりは、肉をビールに漬けたときのような軽い発酵効果があった。肉は、火を通さないまま供される。[41]

熬（古典時代）

熬《ごう》の調理においては、まず牛肉を用意し、薄膜を取り除く。葦《よし》の台に並べたら、肉桂《にっけい》、すり潰したショウガ、塩のペーストを塗って乾燥させる。羊、大鹿、鹿、キョンの肉でも同様に調理できる。肉を戻して食べたければ、醢《かい》で湿らせる。乾燥させたままでよければ、食べる前に肉を叩く。

熬の基本となるこの肉の乾燥法はかなり普遍的なもので、どちらかと言えば特有なのは香辛料くらいだろう。干し肉の調理法は、現在の雲南省や東南アジアで見られる。これらの地域では、干した牛肉を叩いて繊維をほぐし、千切りにして唐辛子や香辛料と混ぜている。

肝肯（古典時代）

肝肯《かんけん》の調理では、犬の肝臓をその大網《だいもう》脂肪で包み、直火で焼く。外側に火が通れば完成だ。犬の肝臓には調味料は必要ない。水に浸しておいた米と狼の胸部の脂も加えて、粥《かゆ》を作る。

大網脂肪とは、内臓を覆う網状の脂肪のことである。フランス料理などでも同様に、テリーヌを湿らせるために使われる。犬肉と狼肉というのは、間違いなく、他に勝るもののない象徴的な組み合わせだ。

糝（古典時代）

糝《さん》を作る場合は、まず牛肉、羊肉、豚肉を同量にして混ぜる。細かく刻み、二倍量の米と混ぜる。これをだんご状にして揚げる。

山東省の一部では、「糝」と呼ばれる別の料理――牛肉の出汁で作った米粥――が現在も食べられている。本来の料理では、糝はスープに入れて供されていたのかもしれない。

これまでに見てきたすべてを踏まえれば、八珍の宴のほぼ全体が肉で構成されていることに驚く人はいないだろう。結局、肉は古くから贈り物として供され、高齢者に振る舞われていたのだ。高齢者を敬う王室の宴で、肉以外の料理が出るはずがない。

八珍とは単なる肉料理ではなく、最も価値の高い種類の肉――鹿、豚、羊、そして「動物の筆頭」とされる牛の肉――の料理である。さらに注目してもらいたいのは、八珍の記録において言及されていない内容だ。鳥や魚に関する記述はないし、植物や穀物に関する記述も少ない。とはいえ、この宴自体が特別に豪勢なものというわけではない。香辛料や風味については触れられていないも同然だ。付け合わせの料理についても書かれておらず、醢《かい》の記述はないに等しく、酒の記述は皆無である（これは、醢や酒が存在しなかったということではなく、書き留める価値を見出されていなかっただけのことだ）。公的な贈与の作法とは違い、動物の数は重要ではない。大半のレシピでは、ある肉を別の肉に置き換えることが可能だった。まとめると、八珍の宴は、社交の場というより儀式の場としての度合いがはるかに高かったことがわかる。この宴の目的は、高齢者に上質な肉をできるだけたくさん食べてもらうことであり、それ以上の細かなことはあまり重要ではなかった。

周の八珍には、これまでに見てきた古代中国の食文化のすべてがきわめて簡潔に要約されている。それはたとえば、食べ物の贈与によって表現される社会内の道徳的結びつき、人生のさまざまな時期にふさわしい食事を規定する宇宙論、のちに世界有数の美食の伝統へと発展した独特の味や技術などである。しかし、一つの大きな謎は残されたままだ。この宴は本当に開かれていたのだろうか？　それはわからない。周の八珍を記録している書物は、何世紀にもわたり繰り返し編集された末に完成したもので、大昔の伝聞が繰り返されているにすぎないからだ。

ただし、その遺産ははっきりと残されている。孔子が退いて長年経ってから、彼の思想は政治的正説として後続の政府に徐々に受け入れられ、敬老は道徳的な社会で求められる行動になった。のちの王朝は、高齢者のための宴を毎年開くようになった。ある時代の慣習では皇帝みずから腕まくりをして料理を振る舞い、別の時代の慣習では王朝は宴を開くのみで費用は地元民が負担した。[42]しかし、実際の行事がどのように変化しようとも、敬老のための宴を開くという発想が根づいていたことは確かである。

わたしたちはいまなお、儀式の場で表現されたこの種の郷愁を見かけることが少なくない。「本物の」中国文化（それが厳密には中国の長い歴史のどの時点を指しているのかという問題はさておき）を復興させようという最近の流行においては、村での飲酒儀式といった昔の風習を豪華に演出するものがある。行事によっては、愛好家が当時の衣装を着用し、儀式における宣言や動きを演じて、その動画をソーシャルメディアにアップロードすることもある。一部の参加者にとって、こうした儀式の魅力は、歴史的なコスチューム・プレイをするというロマンにしかない。だがそうでない参加者、とくに教養ある若者などは、儒教的な中国を見た目だけ真似るのではなく、むしろその本質と思われるもの——つまり自然や社

周の八珍は、高度なエチケットと礼節を表現する場だった。しかし招待客の多くは、それを無料の食事としか思わなかったようだ。

会に対する畏敬と感謝の念――を再現しようと、新たな儀式を生み出してきた。

同様の価値観は、より伝統的な村の儀式にも見られる。わたしは以前、孔子の生活と執筆の拠点から何千キロも離れた、中国南端の雷州《らいしゅう》半島で三日間行われる大規模な寺廟の儀式を見物しに訪ねたことがある。この行事の見どころは、何時間もかけてくねるように進む大行列だった。そこには、衣装を着た子供、二隊のマーチングバンド、香をたく何百人もの人々が参加していた。村の寺院に祀られている神々の像が、椅子かごに乗せられて運ばれていった。集団の先頭近くを歩くのは年老いた男性たちで、全員が揃いの中折れ帽をかぶり、濃紺の長衣を着ていた。彼らにどんな特別な地位や職務があるのかとわたしが見物客に尋ねると、「お年寄りだからですよ」という答えが返ってきた。それだけで充分な理由だった。寺廟の宴では、その老人たちが最初に着席し、もてなしを受けていた。

遺産はもう一つある。ほとんどの読者は、それを注文はしないまでも、見たことがあるはずだ。周代の宴が歴史の彼方へ消えてしばらく経っても、「八珍」という型は残った。八は縁起の良い数字であるため、「八珍」は何らかの希少かつ貴重な品々を表す決まり文句となった。孔子の数千年後には、中国の著述家がこの言葉を利用し、北方八珍、杭八珍、北京八珍などと語るようになった。といっても、それらは有名な料理の呼称であって、ほかに含意はなく、古代の儀式ともまったく関連はない。現在も、豆腐や粥などの「珍」とつく料理を注文すれば、出てくる品数は間違いなく八品だ。

第2章　シルクロードと公海——中国に到来した新たな食

本章の舞台も、宮殿のような場での公式な催し物である。客たちは緊張しながら直立不動の姿勢をとり、低く長いテーブルの座席に案内されるのを待っている。若者から中年、そして老人まで、この客たちは「自分の尾を焼かれる」ためにここにいる。

最初の宴から、時間は一〇世紀進んだ。髪型や服装が変わった。装飾も変化した。この部屋には、優美な磁器や重厚な土器の像、高価な織物、金箔《きんぱく》仕上げの仏像、銀で鋳造した花形の鉢などがいくつも置かれている。音楽家の集団は、以前とまったく違う楽器で斬新な音楽を奏でている。だが、食ほど劇的に変化したものはない。

今度の宴は五八の料理で構成され、一皿ずつ運ばれてくる。数品の羹《あつもの》は、現在から遠く離れた過去の料理を連想させるが、それ以外はほぼすべてが新しい。大量のバター、蜂蜜に浸した菓子。鳥肉のミルク煮、骨髄を詰めたソーセージ、パン、麵、団子。一部には手の込んだデザインが施され、ハートや曼荼羅《まんだら》の形にしたもの、並べた生地《きじ》を使用人の列に見立ててかたどったものなどがある。そして、お茶も用意される。

この「焼尾の宴《しょうび》」は、二〇〇〇年に及ぶ料理の進化の真っただ中を切り取ったスナップ写真に等しい。中華帝国が東西に働きかけ、新たな文化の波を吸収すると、そのたびに新たな食材、新たな技術、新たな美的影響がもたらされ、この国の料理を変えていった。本書における二番目の宴は、孔子の時代の人々の想像を超えたものであったはずだ。当時の博識な参加者にとっても、ほんの数世紀後にどんな食べ物が出されるかを知ることは難しかったのではないだろうか。

相次ぐ波

中国が初めて統一されたのは、紀元前二二一年のことである。数世紀にわたる戦争状態の末、秦《しん》という王国が勝利した。秦は、西洋の大半の言語に「チャイナ」という名称が普及するだけの期間は存続したものの、すぐに打ち倒された。しかしこの時点で、統一中国の理念は定着していた。

精力的な中華帝国は、その発祥地である黄河沿岸から、まもなく貿易と征服に乗り出した。その過程で、新たな食べ物や、新たな食べ方を取り入れていった。本章では、中国の食に影響を及ぼした三つの連続した波を紹介する。その三つとは、中央アジアとモンゴル世界へ続くシルクロード、東南アジアとの海上貿易、そして一六世紀に到来した「新世界」の作物のことである。これらの文化交流によって、中国には仏教、イスラム教、キリスト教が伝わった。同時に、茶、多収米、唐辛子が持ち込まれ、今日の中華料理に不可欠と言える技術、香辛料、菜園いっぱいの新たな野菜がもたらされた。このような交

粘土で作られた穀物庫と家畜小屋のミニチュア。儀式用に墓所に置かれていたもので、死者が来世でもしっかり食べられるようにという願いが込められている。（漢代、紀元前202～紀元220年）

流を通して、中国の食の地平は根本的に拡大した。食べ物を美味しく、健康的で、有益なものにするための新たな方法が開拓された。新たな交流のたびに、その食の世界は広がっていったのだ。

シルクロード

征服を果たした秦をすぐに打ち負かしたのは、ローマ帝国とおおよそ同じくらい長く存続した漢《かん》という王朝だ。漢王朝は、中国と中央アジアとの長年にわたる関係の起点であり、シルクロードという空想的な名前で知られる一連の文化的・貿易的つながりも、その一部に含まれていた。だが、香辛料を積んだラクダの隊商の夢想的なイメージを別にすれば、この関係は必ずしも有益なものとは限らなかった。中国の視点では、西の辺境は重要な軍馬の供給地だったが、同じ理由でつねに脅威となっていたからである。したがって、漢が西方に大規模な軍事基地を移し、中央アジアの奥地に要塞と集落を築いたことは驚くには当たらない。

その影響は二つの方向に及んだ。漢帝国が西に向かう一方で、中央アジアの文化的影響も別の方向に進んでいた。仏教が中国に初めて伝わったこの時期、その運び手である勇敢な伝道者たちは現在のアフガニスタンの仏教王国から東方へやってきて、科学、芸術、医学という新たな分野をもたらした。漢王朝の滅亡後しばらく経っても、こうした西洋との結びつきは中国の商業力や軍事力に伴って強化・希薄化を繰り返し、唐《とう》の時代に最盛期を迎えた。唐（六一八～九〇七年）は、今日のシルクロードの代名詞ともいうべき王朝である。

シルクロードは、中華料理に新たな食材をもたらした。漢代の資料によれば、中国の菜園には以下の

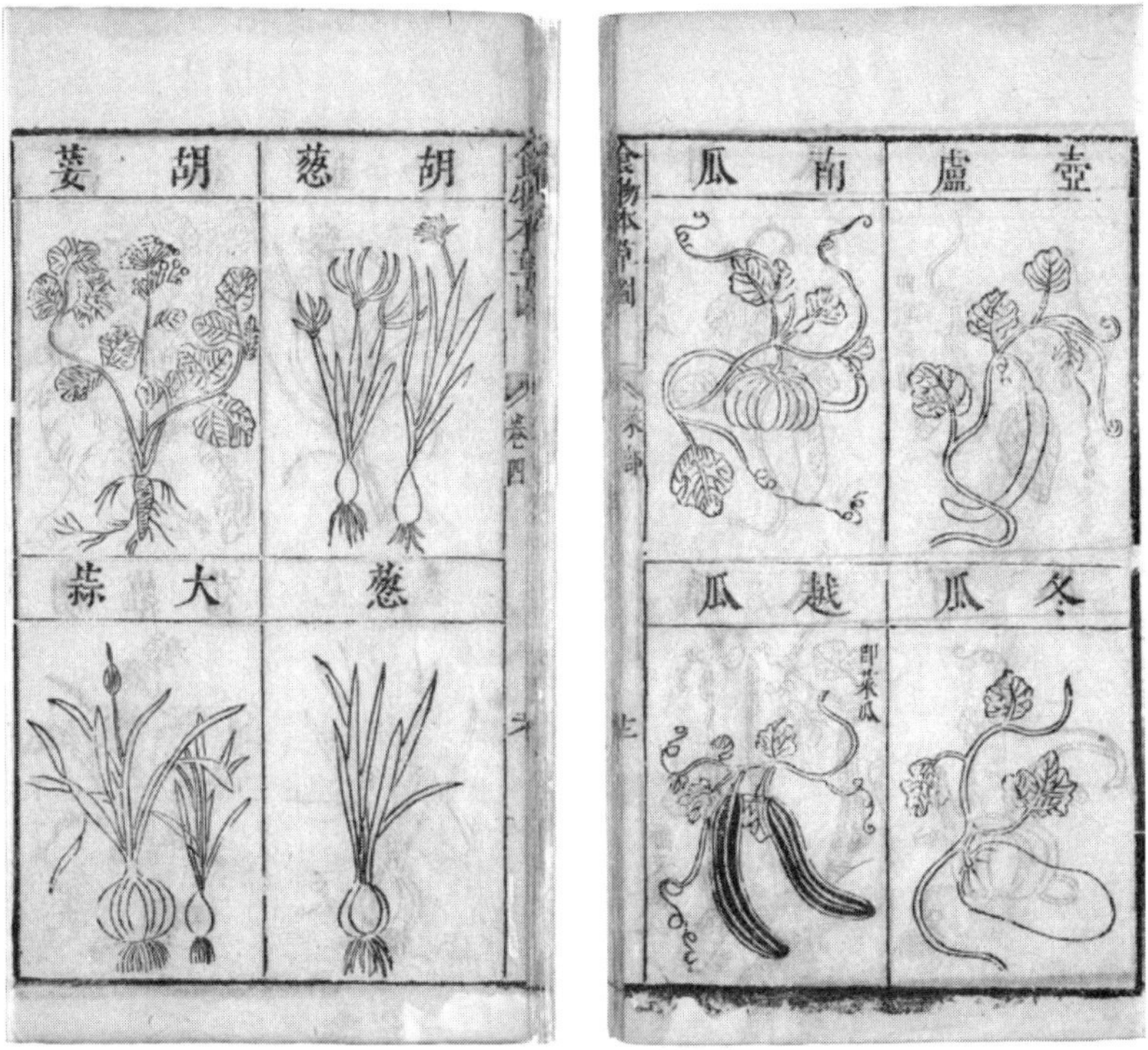

ますます拡大する中国の菜園。食用の動植物をまとめた1691年の百科事典『食物本草会纂』には、何種類ものタマネギ、ウリ、豆、ニンニクが紹介されている。だが、少なくともこの版には、唐辛子はまだ登場しない。

ものが新たに加わった。ブドウ、ザクロ、クルミのような作物、そして新たな品種のウリやメロンも、この時期に中国に到達した。アルファルファ、カラシナ、カブ、タロイモ（でんぷん質の塊茎）などの新しい野菜もシルクロードを通じて供給され、いずれも中華料理に欠かせない材料となった。

おそらく最も重要だったのは、新たな香辛料である。シルクロードが開かれたことで、中国は初めてタマネギ、ネギ、ニンニクに出会った。これらは画期的な食材だった。

この時点まで、中華料理はもっぱら味噌と酢を使って風味づけされていたからだ。香辛料のなかでも最も頻繁に言及されたのはショウガと、英語で「スーチュアン・ペッパー」（四川山椒《しせんさんしょう》＝四川のコショウの実）と呼ばれる香辛料、すなわち花椒《ホワジャオ》である（花椒は四川特有のものでもコショウの実でもないため、この英名は二重に誤っている）。タマネギとニンニクはたちまち中国の台所の必需品となり、これらの到来によって、当時の料理は、現在一般に認識されている中華料理へと大きく近づいた。

　同じく初めて文献に登場したコリアンダーは、中国では「胡荽《フースイ》」と呼ばれる。「胡」という接頭辞は「蛮族」と訳される場合もあるが、実際は外来のもの、もっと言えば中国西端を越えた地域からやってきたものという意味でしかない。弦楽器の「二胡《にこ》」（西域《さいいき》のバイオリン）がそうであるように、「胡」とつくものを見れば、その起源が中央アジアにあることは明らかだ。これは食べ物にも当てはまる。当時の資料では、時折り、ブドウが「胡葡萄《フーブータオ》」と呼ばれている。直訳すれば、ニンジンは「西域のダイコン」（胡蘿蔔《フールオブー》）、クルミは「西域の桃」（胡桃《フータオ》）、コショウは「西域のカラシ」（胡椒）ということになる（ちなみに「胡説《フーシュオ》」、すなわち「胡の言葉」とは、「でたらめを言う」という意味だ）。

「胡」の地域からは、乳製品の摂取という新たな習慣も伝わった。北方や西方の隣人に影響を受けた中国の農民は、雌馬、牛、羊をはじめとする多様な動物の乳を乾燥させ、発酵させて、酸味をつける方法を学んだ。乳製品と中国が関連づけて考えられることは少ないが、この時代において乳製品は二つの理由からきわめて重要だった。一つ目に、中国初期の王朝には、自身が異民族の血を引いている王族がめずらしくなかったことだ。王室との結婚や外交が実現すると、ウイグル、チベット、ソグドなどの慣習や嗜好が宮殿に持ち込まれた。そのため政府の役人も乳製品の価値を理解しており、その技術を積極的に庶民に広めようとしたのだ。二つ目は、宗教上の理由である。儒教時代の儀式で肉の犠牲が求められたように、仏教の経典には乳製品を儀式に使用することが明記されている。そして、当時は仏教が熱心に信仰されていた時代だった。

中国の菜園はますます複雑化していった。続く数世紀の間には、トウガン、シロウリ、キュウリ（当初は「胡《フー》」の瓜と呼ばれていた）などの新しいウリが加わった。ナス、レンコン、さまざまな豆類や葉野菜――古くは「菘《ソン》」の名で知られていた白菜など――も増え続けた。唐の太宗帝《たいそうてい》はセロリの酢漬けを好んだ。[1] ホウレンソウはペルシアから伝わったと考えられている。ヒマワリは貧困層にとって頼りになる食料だった。唐に初登場した新しい果実、たとえば、マンゴー、ザボン、ココナツ、オリーブ、ナツメヤシ、メロン、ミカン、リュウガン、ライチなどは、中世における中国の気候が温暖化しつつあったことを反映している。同様の食材にはサトウキビもあるが、唐代には、六〇〇年代半ばにインドから伝わった技術を用いて、サトウキビが白砂糖に精製されていた。

とはいえ、あらゆる変化が遠方からもたらされたわけではない。各王朝は、食の景観を変容させる政策を導入した。短命の隋《ずい》王朝は、米を最も信頼性の高い穀物として評価し、南部の米を北部の軍隊や都市に届けるための運河を建設させた。以降の一五世紀間、この運河は中国の南北を結ぶ主要路となった。他の王朝は稲作の辺境を北部地方にまで広げたが、これは単に生産量を増やすのではなく、人口水準を引き上げる政策でもあった。

国内貿易の発展は、既存の食品の新種を増やすきっかけにもなった。『斉民要術』を読むと、「五穀《ごこく》」という古代の発想が六世紀までにいかに進化したかがわかる。この短い文書は、九七種類の粟《あわ》や三六種類の水稲をはじめ、一五種類以上の基本的な穀物に言及しているのだ。食用の穀物に加えて、搾油《さくゆ》できる種子も新種として紹介された。唐の都には植物油の専門市場があり、他の多くの都市も同様だったと思われる。

穀物の新たな食べ方も考案された。古代中国では蒸す・茹でるという湿式調理法のみが使われていたが、新たな交流を通じて製粉技術が持ち込まれると、同時にパン、ケーキ、菓子の分野が開拓された。これらはいずれも、「餅（ビン）」に分類される食べ物だ。異国生まれの餅は、たちまち中国の主食となった。実際に異国のものとして「胡餅《フービン》」と呼ばれていたのは、生地を大きく丸め、ゴマをトッピングして焼いた酵母パンだったとされる。餅は平たく丸められ、さまざまな調味料や肉を上に散らして焼かれる場合もあり、これらは「攤《タン》」と呼ばれた。「古楼子《グーロウズ》」という屋台の食べ物は、バターで湿らせて豆鼓《とうち》と花椒《ホワジャオ》をまぶした大きな胡餅の上に、半生の羊肉一斤《きん》を載せるというものだった。その後、肉に火が通るまで全体を窯《かまど》で焼き上げるのだ。家庭においては、一枚の皿に餅を積み、もう一枚の皿に新鮮な野菜を盛って客を迎える慣習があった。餅は焼いたり、揚げたり、蒸したり、茹でたりして作られた。バターを材料とするさくさくした餅、肉を詰めた塩味の餅、蜂蜜や砂糖に浸して着色した甘い餅などもあった。[2]

初期の餅は発酵させずに、薄いパンケーキ状に作られるか、大量の油を加えて柔らかくされることがほとんどだった。以下に紹介するのは清代のさくさくした餅のレシピだが、同様のレシピで、ゴマ、肉、ミント、ニラなどを使う餅も作られていた。

到口酥——「食べて味わう」クリスプ（清）

到口酥《ダオコウスウ》の調理法は、小麦粉一斤、ゴマ油一斤、砂糖七両を溶かして混ぜる。細長い形に延ばし、指でつまんで短く切り分け、それぞれに松の実を一粒ずつ載せる。窯《かまど》に入れ、低温で焼く。[3]

パン、麵、餃子を載せた盆を運ぶ料理人。（遼代の墓の壁画、10世紀〜12世紀）

例外は「饅頭《マントウ》」、初期の資料では「発饅頭」（発酵饅頭）と呼ばれていた蒸しパンである。現在、この雪のように白いパンは中国北部全域の主食となっており、その最も簡単かつ一般的なレシピは、小麦粉、水、乾燥酵母を活性化させるための少量の砂糖で構成される。清代の同じ資料に記された本来のレシピでは、中国人にとっていっそう馴染みのあるもの――醪糟《ラオザオ》が使われる。醪糟とは、先の章で説明したように、古代の手法で発酵させた米のことだ。

常熟饅頭（清）

常熟饅頭《じょうじゅくマントウ》を作る際は、小麦粉一斗、発酵米一斤、もち米二分の一升を半生の粥状になるまで煮る。椀一杯分のぬるま湯を加えて混ぜる。蓋《ふた》をして、冷やすか、体温程度に保温する。一晩経つと、すでに膨らんでいるはずだ。箕《み》〔ざる〕を使って水切りし、棒でかき混ぜる。一方向のみにかき混ぜ、逆向きにはしないこと。かき混ぜた後は、三つに分け、三人でこねる。生地が次第に膨らんだら、成形して具を詰める。蒸し器に入れ、（膨らませるために）蓋をする。二五分後、一つを取り出し、水に浸してみる。浮き上がってくれば、そのままいつでも蒸すことができる。[4]

製粉革命によって授けられたもう一つの食品は「湯餅《とうへい》」、すなわち「麵」である。唐代の頃には多くの麵が出回るようになり、そのいくつかは『斉民要術』でも説明されている。平たくて幅の広い餺飥麵《はくたくめん》は、ローラーで延ばすのではなく、手で押して作られていた。これは、山西省の名物料理である「揪《じょう》片《へん》」とよく似た作り方だ。

餺飥（北魏《ほくぎ》）

生地を親指の形に丸め、長さ二寸に揃える。皿に水を張り、その皿の側面に生地を押しつけて、薄く延ばす。熱湯でさっと茹でる。この麵は白い光沢が魅力的なだけでなく、味も食感も素晴らしい。

さらに細く繊細な「銀絲《ぎんし》」という麵も同様に作られており、こちらはニラほどの長さと太さに押し延ばされていた。小麦粉を蒸した餅を豆の大きさに手際よくちぎって作る、ハンガリーのチペトケ風の麵

1930年代の上海で饅頭が売られる様子。

もあった。冷麺、長麺、誕生日用の特別な麺もあった。具入りの団子は「餛飩《こんとん》」という名前で文献に登場するが、現在「餃子《ぎょうざ》」と呼ばれているものは見当たらない。だが、敦煌《とんこう》の洞窟では、餛飩と餃子の両方が手つかずの状態で見つかっている。[5]

小麦粉以外にも、羊の皮を薄くスライスして作る麺や、小麦粉とでんぷん質の山芋を合わせるレシピが存在した。後者については、中国風のニョッキと呼ぶのが正確だろう。

山薬麺——山芋麺

山薬麺《さんやくめん》の材料は、小麦粉六斤、卵白一〇個分、ショウガ汁二合、豆粉四両。これらを、茹でて潰してペースト状にした山芋三斤に加える。細い麺になるように千切りにし、熱湯で茹でる。大きめの羊の胸肉三枚を別に用意し、角切りにする。これを麺と一緒に茹でると、肉の美味しい出汁が出る。[6]

また、製粉米粉を使った「糕《こう》」の調理法も考案さ

1930年代の北京で、麺が手切りされる様子。形の整え方や切り方は、6世紀の餺飥の説明とほとんど変わらない。この写真は、北京の工芸に関するヘッダ・モリソンの記録の一部である。

れた。糕というのは、もち米にナツメヤシなどの具を詰めて蒸した菓子のことである。レンコンなどの塊茎から抽出されたでんぷんが、増粘剤としてだけでなく、餅や麺の材料としても食卓に並ぶようになったのもこの頃からだ。

この時代には、茶の登場という注目すべき出来事もあった。植物のチャは中国原産だが、漢代になるまで普及していなかったのだ。茶は南西部の四川省で最初に飲まれるようになり、何世紀もの間、地域特産品としての魅力を保っていたとされる。その全国への広がりは当初は仏教と結びついており、僧侶が瞑想中や長時間の読経中に眠気覚ましに飲んでいたことが知られる。飲料としては、初期にはオレンジの皮、炒った米、さらにはタマネギなどの風味を添えて淹《い》れられていた。ただし、砂糖は加えない。どちらかといえば、中国の新しい習慣では、お茶は塩と一緒に飲まれていた。

唐代までに、茶の美学では、茶そのものに重点が置かれるようになった。仏教との結びつきは、茶に純粋性という魅力をもたらした。著述家の陸羽《りくう》もこれを後押しし、彼の八世紀の著書『茶経《ちゃきょう》』は、茶の鑑賞という分野を切り拓いた。陸羽の著述を通して、茶は単なる東洋の商品ではなくなり、それを調達してすするまでの過程が芸術の域に高められた。同様に重視されたのは、茶葉の正しい準備、淹れるタイミング、水の選択、そして道具や茶器の配置であった。[7]

このような深いレベルで茶が美的に鑑賞されるようになると、僧侶、道教の隠遁《いんとん》者、自由奔放な詩人たちと茶の結びつきはさらに強まり、茶はほとんど別世界の娯楽として神秘化された。唐の詩人の作品では、茶は単なる日常生活からの逃避を超えて、それに対する解毒剤として描かれる。酒と同じく（のちほど詳しく見ていこう）、茶は俗世間から逃れるための、ある種の芸術的な手段として表現されているのだ。九世紀の詩人、劉禹錫《りゅううしゃく》の作品に見られる、最後の行の対照的なイメージに注目してほしい。劉は山で仏教の僧侶たちと茶を飲んだ後、茶の包みを家に持ち帰るという悲劇について考えている。

僧侶たちが言うには、その素晴らしい味わいは、静かな隠遁生活を楽しませてくれる。豊かにひらひらと舞う茶葉は、歓迎される客となる。
僧侶たちは、わたしの職場に小包を送ってくれるだろう。
しかし、煉瓦《れんが》造りの井戸や銅の窯によって、その個性は損なわれてしまうはずだ。
さらに悪いことには、蒙山《もうざん》や孤竹の春茶は
白土の中に密封され、赤い印を押されて、埃《ほこり》だらけの道を運ばれる。
乳白色のつぼみの清涼な味を知りたければ、
雲の合間で眠り、岩の上に座り込む者でなければならない。[8]

こうした地上の暗喩――白土、埃だらけの道、職場の煉瓦造りの井戸など――はいずれも、重たい日常生活の象徴である。仏教において「紅塵《こうじん》」という言葉でたとえられるように、これらはすべて虚飾であり、最終的には無に帰すのだ。詩人と同じく、茶は自然の自由な空気のなかで育てられる。その本質を知ることができるのは、俗事を捨てた者だけだ。

驚くには当たらないだろうが、この種の洗練された趣味は安くはなかった。一四世紀の画家の倪瓚《げいさん》は、著書『雲林堂飲食制度集《うんりんどういんしょくせいどしゅう》』の中で、香りの良い蓮花茶《れんかちゃ》を準備して淹《い》れるまでの工程を概説している。銀の茶器や面倒な指示に関するその記述を読むと、劉禹錫の言うようなものが「質素な隠遁者たちの汚れなき世界」であったとは、到底思えなくなる。

蓮花茶（元）

明け方の早い時間、朝食前に、池の中から蓮《はす》の花を摘んでくる。雌しべを手で取り除き、それぞれの花いっぱいに茶葉を詰め、麻紐《あさひも》で縛って一晩そのまま置く。翌日になったら茶葉を取り出し、紙の上で乾燥させる。これを三回行う。三日目に茶葉を銀製の瓶に詰め、蓋《ふた》をしっかり閉める。

茶を淹れる際には、銀のやかんに湯を沸かし、カニの目のような小さな泡が出るまで待つ。茶葉を別の鍋に入れ、やかんの湯を少量加えて、すぐに蓋をする。やかんを再び火にかけ、沸騰する音が聞こえてくるまで熱したら、その湯を茶の入っている鍋に入れる。やかんを火から下ろし、再びゆっくり湯を沸かす。この味は極上だ。

シルクロードの新たな食材、味、技術のすべてが揃うのが、焼尾《しょうび》の宴だ。唐の宮廷で催されていたこの宴は、本来、皇帝に初めて自己紹介を行う高官を歓迎するためのものだった。

まずは、初歩的な疑問から——なぜ「焼尾」なのかを考えてみよう。どうやら、この宴に変わった名前がつけられている理由は、当時も完全にはわかっていなかったようだ。一一世紀のある作家は、いくつかの可能性を挙げている。

こんな言い伝えがある。虎が人間に生まれ変わろうとすると、尾だけが残ってしまうため、それを焼き切ってからでないと人間にはなれない。また、新しい羊が群れに加わったときには、その尾が焼かれるまで他の羊から仲間として認められない。さらに、魚が龍門をくぐり抜けて龍に生まれ変わるときには、その尾を稲光で焼き切って変身するとも言われる。[9]

つまり、どの説を受け入れるかにかかわらず、「焼尾」はある種の再生と、偉大な何かへの参加を表しているということだ。唐の宮廷で祝宴に迎えられた新人高官にとって、それは最上位の学問的エリートの輪に加わること、一生の念願が成就することを意味していた。

名前以外に、焼尾の宴のことはほとんど記録されていない。これは最高位の新人高官の加入式であったのだから、皇帝に忠誠を誓う儀式がその中心に置かれたことは間違いないだろう。それ以外の詳細、たとえば、音楽は流れていたのか、食事はどのように出されたのか、人々はどこにどうやって座っていたのかなどは、唐の美学に関する一般知識から推測できる。その美学は、陶器や絵画、壁画に残されている。

唐の芸術家は、宴をモチーフにした作品を数多く残した。墳墓の壁面や敦煌《とんこう》の洞窟にある壁画には、宴で食事をする人々と、それを取り囲む男女の音楽家が描かれていることが多い。この音楽家たちは、笛、葦《よし》でできた楽器、琵琶《びわ》、琴などのさまざまな楽器を演奏している。また、礼服を着た踊り子が片脚で飛び跳ねながら、長い片袖を空中で振るという独特なポーズが描かれた絵もある。宴の食事自体は、小皿が並べられた低いテーブルの上に出される。客は敷物の上ではなく、低い長椅子に座る。宴に付随するこうした多くの物事——楽器、舞踊、家具など——は、食品と同じく、中央アジアとの長きにわたる交流の影響を強く受けていた。

何より重要なのは、実際のメニューの一つが現存することだ。七〇九年、韋巨源《いきょげん》という名の客が、焼尾の宴の全五八品を書き留めた。ところどころ、理解できないほど芸術的な料理名も混ざっているが、その内容は後世の注釈からある程度想像できる。

焼尾の宴（七〇九年）

「金の一皿」。個々の皿で調理されたバター菓子、または新鮮なチーズ。
「曼荼羅《まんだら》」。曼荼羅の花の形に焼かれた具入りの菓子。
「黒ゴマのクリスプ」。蜂蜜に浸してよく揚げた菓子。
「バラモンの背の高い菓子」。生地を蒸したり重ねたりして作るインド発祥の菓子。
「紅の側室」。赤く着色した菓子。
「七折」。層状の菓子とみられる。
「金の鐘」。鐘の形に焼かれたバター菓子。
「黄色の皇太后」。米または粟《あわ》を、卵や動物性脂肪と一緒に調理したもの。
通化《つうか》の柔らかいソーセージ。羊の髄を牛の腸に詰めて蒸したもの。

「光明焼き《こうみょうやき》」。活きたままのエビを直火焼きしたもの。

縄金の二四個の団子。それぞれが二十四節気に対応する色や形をしている。

鴨の出汁に入れた麵。

肉を薄切りにして結び、風寒させたもの。料理人の包丁さばきが試される。

「風に溶ける」油餅《ゆへい》。繊細な揚げパン。

同名の薬用植物とは関係のない「金銀花の薄片」。カニの肉と味噌を筒状に巻いて蒸し、切り分けたもの。

もち米を丸めて揚げたもの。

蛤《はまぐり》を使った羹《あつもの》。冷やして出される。

唐安餅《とうあんへい》。唐安県発祥の具入り餅の一種。

「水晶の龍と鳳凰《ほうおう》」。もち米にナツメヤシを詰め、中身が出てくるまで蒸したもの。

二種の材料を混ぜた餅。花びらのような形をしている。

「玉露《ぎょくろ》」。花の形が刻まれた、歯応えのいい餅。

「漢宮棋《かんきゅうき》」。詳細は不明だが、将棋の駒ほどの大きさの小麦粉麵とみられる。

「長寿粥」。薬効のあるスープ。薬草やゴマをペースト状にしたものだった可能性もある。

「天花饆饠《てんかひちら》」。天花茸を詰めた中央アジアのパン。

「賜緋含香《しひがんこう》」。笹の葉に包んで蒸した赤いもち米で作る、香辛料の効いた団子。

「甜雪《てんせつ》」。蜂蜜のように甘い、歯応えのいい菓子とみられる。

「八角《はっかく》」。月餅のような形に作られる菓子。

「素蒸音声部《そじょうおんせいぶ》」。蓬萊《ほうらい》の仙人とその従者を小麦粉で形作ったもの。

「白龍《はくりゅう》」。桂魚《けいぎょ》の羹《あつもの》。

魚の卵を詰めた、黄色い粟のパン。

「鳳凰《ほうおう》の胎児」。魚の白子か、鶏の体内にある状態で火を通した卵とみられる。

羊の胃袋に火を通したもの。薄く切り、冷やして食べる。

「逡巡醬《しゅんじゅんしょう》」。焼いた羊肉の中に魚または魚醬を詰めて火を通したもの。

羊乳チーズを詰めた、丸ごと一尾の魚。

塩で味つけした肉や魚に丁子油と酢をかけたもの。

「葱酢鶏《そうさくけい》」。生きたままの鶏をかごの中で焼き上げる。鶏は喉が渇き、酢を飲む仕組みになっている。

呉興《ごきょう》の魚を塩で味つけしたもの。

「西河《せいか》」産の豚肩肉を香辛料で味つけし、肉団子にして蒸したもの。

「赤羊」のひづめと羊肉。

「升平炙《しょうへいしゃ》」。三〇〇頭分の羊と鹿の舌を使った料理。

「八仙《はっせん》」。冷たいガチョウ肉の盛り合わせ。

「雪嬰児《せつえいじ》」。カエルの骨抜き肉に豆粉をまぶして揚げた料理。

羊乳で調理した「仙人」の鶏肉。人間の母乳を使っていたという説もある。

鶏肉と鹿肉の冷たい料理（または、粥であった可能性もある）。

冬眠中の脂肪を蓄えている熊を狩猟し、その肉や手を塩で味つけして蒸したもの。

「早朝《そうちょう》」。兎肉の羹《あつもの》。

「冷却肉汁」。ジャコウネコの肉を加熱し、冷凍し、解凍して、冷たいまま煮こごりのように供する。

「箸春《としゅん》」。箸の幅に角切りにしたウズラの肉。

「温と冷」。ロバの肉を酒に浸し、とても柔らかくなるまで蒸したもの。

丸ごと茹でた子牛。

「五つの動物」。羊肉、豚肉、牛肉、熊肉、鹿肉、あるいはそれ以外の五種の盛り合わせ。

「模様入りの料理」。羊の肉、腸、内臓に豆粉をまぶして焼いたもの。

「過門香《かもんこう》」。厳選食材を薄切りにし、沸騰した油にさっとくぐらせたもの。

「天花《てんか》雲夢《うんむ》肉《にく》」。肉、脂、香辛料を巻いて、重しを載せてから焼き上げたもの。

「紅羅《こうら》」。鶏の血液、羊乳、牛乳をサイコロ状に固めた冷たい料理。

「遍地《へんち》錦《きん》」。カニまたは魚を、鴨の卵黄、羊の脂、焼いた亀と一緒に調理したもの。

「蕃体間糸《ばんたいかんし》宝相肝《ほうそうかん》」。動物の肝臓を成形した料理とみられる。

挽肉と鶏卵をスープで蒸し煮にした「素晴らしい」肉団子。


これらの空想的な名前の料理は、焼尾の宴で慣習的に出されていたコース料理だったのかもしれないし、特定の宴のために選ばれた豪華なごちそうだったのかもしれない。唐の王族が混血の家系であることを物語るように、焼尾の宴は、孔子時代の人々が想像したようなものとは何もかも違っている。この違いが示すのは、中央アジアとの交流がいかに意義深く、中華料理の様相を一変させたかということだ。

まず、新たな食材から見ていこう。この宴の最も顕著な特徴は、大量の乳製品だ。バター菓子にせよ、羊乳や牛乳での煮込みにせよ、半数近くの料理が乳製品を主役に据えている。肉に関しては、北方の田

中央アジアの味覚、技術、食文化に影響された「焼尾の宴」は、皿の上のシルクロードであった。

舎からそのまま持ってきたようなメニューが並ぶ。豚肉はほぼ姿を消したが、代わりに羊肉が中心となり、牛肉、鹿や熊などの狩猟動物の肉、さらには数種の鶏やガチョウの肉も部分的に使われる。魚介類の量は少なく、その料理の一部は保存食である。穀物について言えば、定番の粟や米は脇役に収まっている――というのも、この宴における「真の英雄」は、多くの焼き菓子、ケーキ、麺類に見られる小麦粉なのだ。

　このごちそうは、視覚的にも贅沢だった。提供される料理は、花、ハート、仏教の象徴のような形に整えられていた。多くの動物は丸ごと焼かれていたが、そのドラマチックな演出は、「渾羊《こんよう》」をはじめとする同時代の他の料理と共通していたに違いない。渾羊はダーダッキン〔ターキー（七面鳥）にダックとチキンを詰めて焼いた料理〕に近い宴会料理で、骨抜きしたガチョウにもち米を詰め、それをさらに羊の体内に詰めて丸焼きにするというものだ。[11] 焼尾の宴は色彩豊かだった。唐の料理人は遊び心のある色使いを好み、花や葉を用いて、たった一皿の中に色とりどりの層を生み出していた。「貴妃紅《きひこう》」という菓子は、柿の粉で深紅《しんく》に着色されていたらしい。だが、味についてはどんなことが言えるだろうか？　料理の名前を見ても、味の手がかりはほとんど得られない。また、一般的な香辛料――花椒《ホワジャオ》、ショウガ、肉桂《にっけい》、ナツメグ、ディルの種、オレンジの皮――は味覚のためだけでなく医療目的にも使われていたため、一つの料理が一つの味だけで味つけされていたとは考えにくい。普段は正確な『斉民要術』も、牛の脚や羊の脚を丸焼きにする際の指示において、調味料にはまったく触れていない。ただしつけ焼きの場合は、刻んだタマネギと豆板醤《トウバンジャン》と塩で簡単に漬けておくよう勧めている。[12] 情報をすべてまとめると、この食事は豪華であると同時に、いささか味気なかったようである。

海路

中国の拡大は南方へ、そして海の方向へも進んだ。魚介類は古くから中国人の食生活の一部だった。海沿いや河川沿いにあった新石器時代の共同体は貝や魚を集めていたが、保存技術や貿易の発達に伴い、魚介類の辺境はさらに内陸へ広がった。文献は何十種という魚に言及し、どの種も名前の漢字に魚偏の部首があることで識別されている。たとえば、「鰽《ぼう》」という字が指しているのは、チョウザメと思しき大型の魚である。一〇世紀の資料によれば、この魚は「重さが数百斤あり、骨は食べられるほど柔らかく」、四川省江陽の河川に生息していたという。[13] 虫偏の部首は甲殻類（エビは「蝦《か》」）と軟体動物（カキは「蠔《こう》」）を表し、それらが実質的には「海の虫」であることを明示している。国内市場がいっそう発達すると、魚介類に対する美食の意識も高まった。

海はまた、陸路のシルクロードと同様に重要な貿易ルートでもあった。唐代などの外向的な王朝時代には、海上貿易を通じて中国と朝鮮半島、日本、東南アジアが結ばれた。結果として文化の移動が起こり、日本は文字、仏教、衣装などの大陸文化を（中国からだけでなく朝鮮からも）大量に取り入れることに成功した。

西方への陸路が開かれたときと同様に、日本や朝鮮との海上貿易や、それ以外の海路も中国の食に影響を与えた。日本料理の大半もこうした文化交流から生まれ、新たな食材だけでなく、漬物、調味料、調味ペーストを作るための風味や技術が伝えられた。南方向けの貿易は、中国と現在のインドネシア諸島を結び、そこからインド洋沿岸の港を経由して、最終的にはペルシアへ達した。このルートに沿って、中国の商人たちは、貴金属、陶器、絹を積んだ船を定期的に往復させた。彼らが持ち帰った貴重な品々のなかには、異国の木材、芳しい香料、香辛料などが含まれていた。これらの外国製品はもともとは医薬品であり、一〇世紀の『外国薬局方』を埋め尽くすほど大量に存在していた[14]。中国の香辛料貿易は、各王朝の海境に対する考え方によって盛衰を繰り返した。しかし、一四〇〇年代の最盛期には、中国における香辛料の需要はヨーロッパに匹敵するほどだった。中国の商人は港湾都市マラッカでスマトラ産のコショウを買い、杭州《こうしゅう》に持ち帰って三倍の値段で売っていた[15]。丁子《ちょうじ》、メース、ナツメグ、香木に引き寄せられた商人たちは、「香料諸島」ことモルッカ諸島へ、そしてバンテン、アンボン、アチェといった貿易の中心地へ集まった。オランダとスペインが登場し、お互いを排除するために争うようになったのは、そのずっと後のことである[16]。

しかし、最大の変化をもたらしたのは、もっと日常的な食べ物——すなわち、米だった。米は言うま

1637年の『天工開物』の図版。田を耕し、そこに種をまき、水を引くという、稲作における労力のかかる工程が描かれている。

でもなく、中国にとって目新しいものではなかった。最初に文字で記録される数千年前、新石器時代の村々では早くも稲田が作られ、パッチワークのように整備されていた。米は一般に畑作作物よりも生産性が高いため、歴代政府はその普及を強く望み、南部の米をはるか北方まで移動させることを奨励した。

バリなどの地域にある緑豊かな棚田のイメージから、稲は熱帯で栽培されるものという印象を持つ人もいるかもしれない。しかし、この作物が実際に必要とするのは水だけであり、その量は生育期の初期に稲田を冠水させるほどでなければならない。泥だらけの苗が人間の腰の高さまで育つ頃、水は流出し、収穫期には固く乾燥した地面の上を歩けるようになる。

米には何百もの品種が存在する。特定の土壌で育つように改良されたものもあれば、干ばつや害虫に強いものもある。短粒種のジャポニカ米は濃厚で粘り気があるため、ボールのように丸めることができる。タイのジャスミン米は長粒種で、ふっくらしている。もち米（中国語で「糯米《ヌオミー》」。偶然にも、わたしの隣人が飼っているジャック・ラッセル・テリアと同じ名前だ）は製粉して形を整えれば、噛《か》み応えのあるデザートにもなる。

　米についての最も基本的な問題は、生育に時間がかかるということだろう。六世紀の『斉民要術』によれば、米は発芽するまでに八〇日、その芽が成熟するまでにさらに七〇日かかり、合計で一五〇日から半年弱が必要だとされている。だが一〇世紀には「百日黄《ひゃくじつこう》」という品種が植えられるようになり、その後まもなく、六〇日間で成熟する品種も登場した。

　このような早熟米とその栽培技術を生んだのは、現在のカンボジアに存在していた中世国家のチャンパである。宮廷の記録には、この新たな作物が初めて中国に到来した経緯が説明されている。

　真宗帝《しんそう》（在位九九七～一〇二二年）は、農業に深い関心を寄せていたため、チャンパの米が干ばつに強いことや、インドの緑豆《りょくとう》が高収量かつ大粒だとして評価されていることを知るに至った。これらの品種を手に入れることを目的に、（チャンパやインドには）貴重な品々を携えた特使が派遣された。彼らがチャンパで二〇石（ブッシェル）の米の種子を入手すると、それ以来、チャンパ米は中国のほぼ全土で栽培されるようになった。中央インドからは、二石の緑豆の種子が持ち帰られた。現在栽培されている緑豆が、皇室の菜園に植えられていたものから始まったのかどうかは定かではない。秋に最初の収穫が行われると、真宗は側近を呼び寄せて味見をさせ、チャンパ米とインドの青豆についての詩を詠んでいた。[17]

　誇張のしようもなく、この変化は非常に大規模なものだった。新種の早熟米のおかげで、主要な食用作物の栽培期間は一五〇日から六〇日へ短縮された。つまり、同じ広さの土地から二・五倍の食料を得られるようになったのだ――あるいは、その土地を利用して、何か別のものを育てることも可能になった。結果として、都市は二倍の大きさに成長し、食料栽培以外の仕事に従事する人々が二倍の人数に増えた。中国の人口重心が、乾燥した北部平原から湿潤な南部山地へ移ったのは、早熟米によるところがある。そしてまた、中世の中国こそが地球上で最も裕福かつ、最も洗練されていて、最も進歩的な場所だったとよく言われる背景にも、早熟米が関わっている。[18]

コロンブス交換

最後の大変化の波は、商業的変化と政治的変化の二つに分かれてやってきた。商業的変化とは、中国がようやくヨーロッパとつながったという変化のことである。両者の交流は海路によって実現した。ヨーロッパの商人や宣教師が陸路のシルクロードを通じて中国に到達することもないわけではなかったが、実際の貿易を成り立たせていたのは、東方への海上航路だったのだ。ヨーロッパ人が大量に中国を訪れるようになったときには、その反対向きの航路が利用された。これは、アメリカ大陸にあるスペインの新植民地を経由して西へ進み、そこからフィリピン、マラッカ、日本、そして最終的に小マカオ（当時のマカオ島、現在はマカオ半島）へ達するというものだった。

ヨーロッパとの貿易を通じて、中国には多くのものが持ち込まれた。銀、キリスト教、そして言うまでもなくアヘンもそうだ（いずれも中国に以前から存在していたが、ヨーロッパ人はその供給を大幅に拡大した）。これらと比べて目立たないが、同様に重要だったのは、生命の源となるトウモロコシである。メキシコの文明を何世紀ものあいだ支えていたトウモロコシは、スペイン人によってマニラに移植され、当初は動物の飼料として使われた。フィリピンにいた中国の商人たちは、この新たな作物を、自分の故郷である中国南部の海岸地方にさっそく持ち帰った。すると、トウモロコシはその丘陵地帯に完璧に適応した。それ以外の新世界の作物、たとえば、ジャガイモ、ピーナッツ、カボチャ、サツマイモなども、すべて似たようなパターンで移植され、ゆっくりと、あるいは迅速に、地方全体へ広がった。

こうした新世界の作物が熱烈に受け入れられた理由は、その信頼性の高さにあった。中国の農民は、多様化すること――つまり、使い道のない余った土地で非常用の作物を育てることが、災害への備えになると知っていた。[19] しかも、トウモロコシはほぼどんな場所でも栽培できる。塩分が多かったり砂の多い土壌でも、険しい丘の斜面でも、洪水が多い平原でも、同じようによく育つ。つねに豊作とは限らないし、わたしの経験から言っても、コーンミールを主食にするのはかなり退屈だが、トウモロコシを植えておけば飢える心配がずっと少なくなるのは事実だ。太い茎は動物の飼料としても理想的で、いざというときは簡易ベッドの材料にもなる（これもまた経験者の意見だ。何十年ものフィールドワークには、素晴らしい学びがある）。何億人もの中国の農民はこのことに納得し、亜熱帯から北西部の乾燥地帯に至るまで、あらゆる地方でトウモロコシを植えるようになった。一八〇〇年には、ほぼすべての省でトウモロコシの栽培が始まった。

地味ながら、干ばつ時には生命線になりうるサツマイモも、同様の道をたどった。新たな作物によって中国の人口はさらに激増し、一八世紀にはかつての三倍になった。だがそれだけでは終わらず、新たな作物と人口増加の影響は、南部の山地、内陸の高地、そして満州の広大な平原へと辺境を広げることになったのである。

トウモロコシはどのように料理に使われていたのだろうか？　大学院生だった一九九〇年代の後半、わたしは中国北部の村で一年間を過ごした。この村では、通年の農業がトウモロコシを中心に回っていた。一家は春にトウモロコシを植え、晩夏に収穫する。晩秋には、どの家の中庭でも、金色に輝くトウモロコシの芯《しん》がきちんと並べられて天日干しされ、初冬には、そのほとんどが上質な粉に変えられていた。朝は必ず、一杯のトウモロコシ粥《がゆ》から始まる。塩や調味料は入っておらず、サツマイモの塊が数個か、前日の残り物の固い饅頭《マントウ》が添えられているだけだった。その一年間に、わたしはトウモロコシを主食とする生活へのあらゆる感情を味わった。曖昧な気持ちが憎しみに変わったかと思えば、突如として、トウモロコシのすべてに深い愛情が湧いてきた。天津《てんしん》に戻ったとき、わたしの背負っていたリュックサックには、何冊ものノートとコーンフラワーの大きな袋が詰まっていた。

トウモロコシはグルテンを含まないため、単体ではまとまらない。主要な料理書に登場しないのも、おそらくはそうした制限があるせいだろう。『調鼎集《ちょうていしゅう》』という一九世紀の詳細な料理書には、想像できるあらゆる種類の穀物、豆、根菜のレシピが掲載されているが、トウモロコシを使ったものは掲載されていない。

とはいえ、トウモロコシはきわめて普遍的な食材であったため、各地でトウモロコシ粉をケーキやパンに調理する独自の方法が考案された。トウモロコシを使った郷土料理は、それよりはるかに古い時代のレシピをアレンジして作られていた。中国北部全域で見られる窩窩頭《ウォーウォートウ》は、密度の高い円錐《えんすい》形のトウモロコシパンである（豆粉などの他の穀物で作られる場合もある）。蒸した小麦饅頭と同じく、伝統的な窩窩頭は、塩や砂糖での味つけを一切しない（ごく最近、家庭では栄養価と味を高めるために加糖粉乳が加えられるようになった）。それ以外の変形としては、焼いたり蒸したりしたトウモロコシに、ナツメヤシ、カボチャ、塩味の野菜、肉などを詰めた餅がある。トウモロコシに小麦粉を混ぜ、蒸して糕《こう》（もち米などを蒸した菓子）にしたものや、揚げて餅にしたものもある。南西部の貴州省や雲南省で見られる粑粑《バーバー》という餅は、トウモロコシ粉ともち米を混ぜ（あるいは在来種のもちトウモロコシを使って）、粘り気のある生地を油で揚げるか、トウモロコシの外皮の中で蒸した料理だ。

トウモロコシが中国の人口増加を加速させる新たな作物であったとすれば、新世界からのもう一つの輸入品は、のちに料理の様相を変えることになった。その品物とは、唐辛子《とうがらし》である。唐辛子は中国にたどり着いた時点で、すでに世界中を渡っていた。初期の資料では「海椒《かいしょう》」と呼ばれているが、これは唐辛子が旧来の陸路からではなく、海路から入ってきたことを意味している（二種類の経路があると、用語も次第に複雑化してくる。この時期の輸入品には「胡《こ》」ではなく「番《ばん》」が使われていたが、「番」とは本来インドを指す言葉だった。したがって、当時の輸入品の一つであるトマトは「番茄《ばんか》」、すなわち「外国のナス」と呼ばれていた。といっても、実際には、ナス自体も外国原産なのだが――）。

唐辛子は当初、体内の余分な水分を排出してくれる薬として、また高価な塩の風味を備えた代替品として重宝された。歴史家の曹雨《そうう》が現地の資料で言及されている場所をたどった結果、唐辛子は中国沿岸部の浙江省《せっこう》から、徐々に内陸へ移動し、西部や南部へ進んでいったようである。生唐辛子、乾燥唐辛子、粉末の唐辛子は、湖南、貴州、江西、そしてもちろん四川の料理にとって欠かせない材料となった。だがその一方では、漢族でない少数民族や、重慶《じゅうけい》の荷車引きや港湾労働者をはじめとする労働者の食生活と関わりつづけた。ニンニクと同様、唐辛子が社会に広く受け入れられるようになったのは、ようやく二〇世紀に入ってからのことである。[20] だが一九世紀後半から二〇世紀初頭の『素食説略《そしょくせつりゃく》』には、すでに当時からよく使われていたらしい調味料についての、最初期のレシピが掲載されている。

辣椒醤《ラージャオジャン》――唐辛子の醤（清代後期）

辣椒醤には、晩秋の唐辛子を使う。赤色のものを選び、吊るして乾燥させる。明るい赤色のもの、黄色が混ざったもの、うっすら緑色をしたものなら、醤《ジャン》を作るのに適している。唐辛子七斤《きん》、細かく刻んだ人参三斤、炒めた塩一二両を均一になるまで混ぜ、水を加えて、好みの濃さに調える。これを豆腐づくり用の粉砕機にかけて、ペースト状にする。陶器の瓶に入れて保存すれば、腐らずに長持ちする。粥《かゆ》に加えると、食欲をそそる辛さがぐっと増す。[21]

辺境を食する

二つ目の変化、つまり政治的な変化は、陸から到来した。それは、北方辺境の向こう側からの相次ぐ侵攻である。中国は異民族による長期間の統治を二度経験しており、最初はモンゴル人に、その後には満州族に支配された（他にも小規模な多民族王国は存在していたが、当面は取り上げない）。この二度の侵攻は、やがて元朝《げん》（一二七一〜一三六八年）と清朝《しん》（一六四四〜一九一二年）という二つの完全な中国王朝に姿を変え、合計で三世紀半にわたって政権が維持されることになる。いずれの王朝も、その統治下にあった中国に深く永続的な影響を及ぼしたが、それは食に関しても当然例外ではなかった。

異民族による支配の結果、中国は征服者の文化に融合し、その進行中に服従させられた他の民族の文化にも融合した。モンゴルの元朝は、その首都を大都《だいと》（現在の北京）に築く際、才能と美学を備えた中国人設計者をイスラム世界全土の技術者および職人と団結させた。[22] 数世紀後、この都市では再び目まぐるしい変化が起こり、満州の清朝に広く支配されていた人々を代表する慣習、寺院、服装、言語が取り入れられた。

元朝と清朝の統治者は、少数の異民族である彼らが、それよりはるかに大多数の中国人を支配していることを自覚していた。そこで、駐留軍、商人、役人という形で外部から多くの人間を招き入れることにより、課題を克服した。こうして招かれた異民族は、独自の言語、慣習、嗜好を中国に持ち込んだ。それが最も顕著に表れていたのが北京だった。北京は広大な帝国の首都であると同時に、中国の農業、満州の森林、モンゴルの大牧草地という三つの世界が交差する場所に位置していた。この三つの世界はいずれも、北京の食料源だった。元代の一世紀前、北京は大遼国《だいりょうこく》という北方の王国の一部だった。半農半牧民族である遼《りょう》の人々は、魚や野鳥、あらゆる形態の牛乳、そして「緑豆汁《ドウジー》」という発酵豆の酸味あるスープなどを食事としていた。このスープは今日も北京の食卓に並び、「後天的に得られた嗜好」の概念を体現している（つけ加えると、わたしはこの食べ物が大好きだ。温めて提供される濃厚なザワークラウトの汁を想像してみてほしい）。だが、そうした食生活を圧倒的に支えていたのは肉だった。熊、羊、豚、ウサギ、イノシシ、魚、ガチョウなどが、牧畜または狩猟され、蒸したり干したりして食べられていた。遼《りょう》の食物ピラミッドの頂点に君臨していたのは、毗狸《ひり》という大型で脂肪質の齧歯《げっし》動物だった。この動物はきわめてめずらしく、味も良かったため、王族以外の食卓に出すことは禁じられていた。[23] 清《しん》代の北京は肉の巨大市場であり、モンゴルの放牧地から大移動させられてくる何万頭もの牛や羊もそこで売買されていた。大きな商人は、この北京へ続く「黄金の道」から巨額の利益を得ていた。市内に入るほとんどの動物が最後にたどり着くのは、イスラム教徒地区にある屠畜場、通称「牛街」だった。[24]

北京の世界主義は、食べ物だけでなく、その食べ方にも表れていた。作家の徐凌霄《じょりょうしょう》は、著書『旧都百話』において、北京の羊肉鍋とその原点である牧羊を次のように結びつけた。「羊肉鍋は、寒い季節に最もよく食べられるごちそうだ。肉屋で食べるといちばん美味しい。これは一種の郷土料理で、北方の牧畜民の慣習を改良した食べ方である」[25]。モンゴルの影響は、ヨーグルトやミルクティーから、小麦粉の揚げ麺を蜂蜜シロップに浸した「沙琪瑪《シャーチーマー》」に至るまで、他の北京の屋台料理にも見てとれる。

詐馬の宴

ならば、元《げん》朝の宮廷ではどんなものが食べられていたのだろうか？　他の王朝と同じく、元にも最高級の宴が存在し、「詐馬《さば》の宴《うたげ》」と呼ばれていた。まずはその名前から見ていこう。「詐馬」に「馬」という字があることから、この催しは馬に関連していると考えるのが自然だろう。なんといっても、元の統治者たちは牧畜民だった。彼らの軍隊や生活様式のすべては、馬に乗ることで成り立っていたのだ。宴は屋外で開かれていたため、その余興として馬術が披露されていたのだろうと推測できる。最初の「詐」についてはは謎が深い。この単語は「器用な」という意味にも解釈できるが、今も昔もほとんどの場合には、不正行為や詐欺《さぎ》という意味が基本だ。

だが、元朝自体がそうであったように、この催しの名前もじつは外来のものだった。一部の学者によれば、「詐馬」はペルシア語で鮮やかな服を意味する「ジャマー」に由来するという。鮮やかな服を揃って身につけることは、宴に関わる実際の慣習の一つだった、というのがその理由だ。別の学者は、この名前がモンゴル語の「ジュマ」からきていると主張する。ジュマとは、毛皮や内臓を取り除かれ、調理される準備が整った動物のことである。どちらが正しいにせよ、大半の学者の間で一致しているのは、これは中国名ではないということ、「詐欺的な馬」という名前になったのは単なる偶然だということだ。[26]

「卑劣なポニーのピクニック」と呼べるのを心待ちにしていたわたしにとっては、残念な話である。

実際のところ、詐馬の宴は一種の外交行事であり、モンゴル人はこの行事を利用して北方の王公に忠誠を求めていた。強い印象を与えることも目的の一部だったのだから、すべてが壮大に計画されていたことは間違いないだろう。広々とした草原に、何百ものユルトや、何万頭もの馬、牛、ラクダ、羊が散らばっている場面を想像してみてほしい。

この催しは、政治家で書家の周伯琦《しゅうはくき》をはじめとする同時代の人々の作品に記録されている。そうした描写によれば、詐馬の宴は三日間にわたって盛大に行われ、数千人が出席した。高位の役人、同盟国の王公のほか、皇帝が比類なき富と権力を見せつけて取り込みたい相手、威圧したい相手なら誰でも、名誉ある客として迎えられた。宴は「ヤサ」の厳かな朗読から始まる。ヤサとは、チンギス・ハンが定めた神聖な国法のことで、金色の箱に収められて会場へ運ばれた。その後、お楽しみの時間がやってくる。舞踊、曲芸、コンテストが繰り広げられ、ごちそうが大規模に振る舞われた。詩のなかで、周伯琦はこう記している。

一〇〇〇人の役人が、近くからも遠くからも集まってくる
大宴会で、三日続けて酒に酔う
一万頭の羊がきれいに食べられ、一万杯の酒が注がれる[27]

中国語において、「万」という単語は「多い」の遠回しな言い方にすぎないことが多いが、この場合は数字としてかなり正確である可能性が高い。皇帝は、その富を大々的に誇示する恩賜《おんし》の品——キジの羽根で華やかに飾られた馬、色付きの絹のリボン——に見合うように、何万頭という動物の料理を食卓に並べさせた。ラクダのこぶ、熊の手、羊の丸焼きなどが出され、雌馬の馬乳酒やブドウ酒は氷で冷やした壺《つぼ》に注がれて供された。元朝で新たに加わった酒の一つは焼酒《シャオジウ》、すなわち「加熱した酒」だ。これ

は中国初のアルコール度数が高い酒である。李時珍《りじちん》は、その新たな蒸留工程を次のように説明している。

焼酒は旧来の方法では作られない。この方法が生まれたのは、ようやく元代になってからのことだ。強い酒と酒粕を壺に入れ、蒸して蒸気を出し、器具を使って露を集める。酸味のある古酒でも同じことができる。そうした酒を使う場合は、もち米やうるち米、黄粟《あわ》や黍《きび》、小麦と一緒に容器に入れ、七日間発酵させてから蒸す。すると、水のように透明で、きわめて風味の強い露に覆われる。[28]

満漢全席

清《しん》朝は元《げん》朝よりも長く存続した。その満州族の統治者たちは、中国にふさわしい君主となるために多大な労力を費やした。だがその一方では、個別のアイデンティティの維持にも努めていた。独自の言語や宮中服の使用を続け、故郷の満州を巡回する数カ月間の旅に出かけた。[29]

元朝が積極的に異民族を登用して官僚に充てていたのに対し、清朝は漢族の利益とのバランスがとれるよう細心の注意を払った。政府や軍においては漢族の役人と満州族の役人の定数を設け、宮廷文書では両方の言語を使用した。重要な皇帝の詔勅《しょうちょく》が石に刻まれる場合には、たいていモンゴル語とチベット語の訳が追加された。

一方では融合し、もう一方では距離を置く。これら二つの傾向から生まれたのが、「満漢全席《まんかんぜんせき》」と呼ばれる催しである。後で見ていくように、この催しは大いに神話化されてきた。一部には、これを人種間の融和の象徴だと――すなわち、偉大な国家の統合を表す「多国籍料理」の形態だと考える人もいる。もちろん、それはまったくのナンセンスだ。

満漢全席の起源はかなり明確だ。モンゴル人と同じく、満州族は長年にわたり、国内外での交渉を支える手段として宴を利用していた。清朝初期の康熙帝《こうき》は、盛大な宴の光景を利用するのがとりわけ得意だった。清王朝の若き皇帝だった頃、彼は北東辺境のモンゴル人の忠誠を確保するため、年に一度の宴を開くようになった。この催しは、満州族の間で慣習化していた「嗜肉《しにく》」を手本としたもので[30]、モンゴル人の招待客を楽しませるにはうってつけだった。

モンゴルの王は都へやってくると、故郷に幸運を持ち帰るのだと言って、いつも食べ物を持ち帰った。食べ物を運ぶのに適した器がなければ、ためらうことなくそれを高級な衣服で包んだ。食べ物やその汁によって、衣服の精緻な縫い目や糸が汚れても気にしない様子だった。

一七一三年、康熙帝は自身の六〇歳の誕生日を祝して盛大な宴を開いた。そこに招かれた一〇〇〇人の客は、全員が六〇歳以上だった。このように高齢者をもてなすという発想を、前章でも見たことを思い出してもらえるだろう。康熙帝は、ただ自分が高齢になったことを示そうとしたのではない。高齢者への敬愛という儒教の基本的な命令に応じることで、儒教的な君主としての自身の適性をアピールしようとしたのだ。そのメッセージは、彼の中国人の臣民に向けられていた[31]。二つの独特な文化、二つのまったく異なる行事。清の統治者たちは、帝国内に散らばる多様な民族集団の忠誠を勝ち取るにあたり、食をどう利用すべきかを熟知していた。客自身の慣習に従ってもてなす、という方法を知っていたのである。「満漢全席」と呼ばれる宮中行事にも、その名前の通り、二種類のメニューが存在していた。

最初の満漢全席が催された時期は定かではない。宮廷の記録を見ると、早くも一六八七年には「満州族と漢族」の宴が別々に開かれ、一七六三年のある行事によって満漢全席の基準が設けられたようである。[32]袁枚《えんばい》と同時代のある人物は、揚州《ようしゅう》で催された満漢全席に言及し、満州族の役人用と漢族の役人用の個別のメニューについて述べている。[33]

これらの宮廷宴会は、宮廷の儀礼に関わる公式の宴会であったため、きわめて精緻に準備が行われた。一八三九年の『光禄寺則例《こうろくじそくれい》』には、知られている限り最初の公式メニューが記録されており、宴席が六等級に分かれ、各等級の「満席」「漢席」には別々の料理が必要であることが説明されている。いずれの説明も細かな指示から始まり、装飾やテーブルセッティング、使用する皿や水差しの数、さらに天幕、布、薪《たきぎ》の割り当てまで、宴席の等級に合わせて決められている。各メニューには、料理と食材の概要も示されている。[34]

漢席（一八三九年）

最高級の漢席を構成するのは、厳選された定番の料理である。それはたとえば、鶏の煮込み、ガチョウの煮込み、鴨の煮込み、鮑《あわび》のような異国の珍味、鹿筋やシイタケといった薬用食材、各種の新鮮な果物、野菜の漬物（カボチャ、ナス、大根）などだ。しかし、圧倒的に多く使われていた食材は豚である。漢席の料理には、豚の脂身、塩漬けにした豚の肉、腎臓、足、胃袋のほか、豚肉の団子や饅頭《マントウ》まで登場する。豚バラ肉の煮込みには「方子肉《ほうし》」と「東坡肉《ドンボーロウ》」という二種類の調理法があり、それぞれの方法で北の味と南の味が表現される。筍《たけのこ》、海藻、細長い山芋などの野菜料理は、すべて豚肉と一緒に調理されていた。あるいは、「豚肉がこれらの野菜と一緒に調理されていた」と言った方が正確かもしれない。

というのも、以下の一覧表を見ればわかるように、漢席の主役となる食材はやはり豚肉だったからである。

漢席（一八三九年）

「ガチョウの白煮《しらに》」　三椀につき一羽
「鶏の白煮」　一椀につき一羽
「小閤《しょうかく》」　豚の腸一つ、豚肉一斤、豆粉六両
「焼肉」　豚肉一・八斤
「白肉《はくにく》」　豚肉一・八斤
「ナマコと肉」　ナマコ一両、豚肉七両
「豚の胃」　豚の胃二分の一斤
「鴨の羹《あつもの》」　鴨二分の一羽、ウリの種一銭、杏の種一銭、松の種一銭、豆粉二両
「豚足」　豚足一つ
「鮑《あわび》と肉」　鮑一両、豚肉一両
「筍《たけのこ》と肉」　筍四両、豚肉六両
「海苔《のり》と肉」　海苔二両、豚肉六両
「東坡肉《ドンボーロウ》」　豚肉一二両
「鹿筋と肉」　鹿筋二両、豚肉六両
「肉団子」　豚肉六両、豆粉二両
「豚の腎臓」　豚の腎臓二個

「山芋と肉」　豚肉四両、山芋一斤
「卵の蒸し菓子（糕）」　鶏卵五個
「鶏の煮込み」　鶏肉二分の一羽
「香茸鴨《こうたけ》」　シイタケ一両、鴨二分の一羽
「塩煎肉《えんせん》」　豚肉一二両
「方子肉《ほうし》」　豚肉一二両
「魚」　重さ一斤のものを一尾
「赤梨と黄梨」　それぞれ一二個
「棠梨《ずみ》」　一五個
「生のブドウ」　干し柿、日干しのデーツ、ナツメ、クリ：それぞれ椀一杯分（二斤）
「包子《パオズ》一二個」　一個につき小麦粉二両、豚肉五銭
「花巻《はなまき》一二個」　一個につき小麦粉二両、ゴマ油三銭
「饅頭《マントウ》一二個」　一個につき小麦粉二両、ゴマ油三銭、白砂糖三銭
「ナスの醤《ジャン》」　一両
「キュウリの醤」　一両
「コールラビの醤」　一両
「十種の香草《こうそう》」　一両

上記の主要な食材だけでなく、それ以外のあらゆる食品についても、宮廷厨房の給仕長による記録が

残されている。厳しい倹約の方針から、これらの食材は一銭の端数まで計量されることもあった。

漢席の食材

たんぱく質

豚肉　九・四斤

豚の腸　一個、豚足　一本、豚の腎臓　二個、豚の胃　二分の一個

鴨　一羽、鶏　一と二分の一羽、ガチョウ　三分の一羽

魚　一尾（一斤）

卵　五個

野菜

一両　鮑、シイタケ

二両　鹿筋、海藻

四両　白菜、マコモタケ

一斤　山芋、ニンジン

でんぷんと粉

豆粉　一・二斤

水溶き片栗粉　四両

一銭　ウリの種、杏の種、松の種、発酵米

精白小麦粉　四・八斤

風味づけ

黄ニラ　五束
ネギ　一斤
ニンニク　五片
花椒　一銭
コショウ　四分
スターアニス　五分
ゴマ油　七・二両
コリアンダー　四両
ショウガ　一両
塩　六両
醬　四両
酢　八両
砂糖　三・六両
その他
燻製用の紙　二分の一枚
紅花の花びら　一枚
ナスの醬《ジャン》、ウリの醬、コールラビの醬

右記の食材一覧を見れば、当時の漢席の味がはっきりと想像できる。これらの肉たっぷりの料理は、圧倒的な量のネギ、ニラ、ニンニクと、それを補助するショウガで風味づけされていた。塩はあまり大量には使われておらず、最低でも九キロの肉が盛られたテーブルに対して、必要な塩はカップ三分の二、醤はカップ半分程度だった。ガチョウや鶏の「白煮」などは、まったく味つけされていない状態で食卓へ運ばれる（『調鼎集《ちょうていしゅう》』に掲載されている別のレシピでも、「白煮」は単なる水煮であることが確認できる）。多くの客は、それらを各テーブルに用意された漬物やコリアンダーと一緒に食べていたに違いない。この漢席には香辛料はほとんど使われておらず、総量が一銭の花椒《ホワジャオ》を全テーブルに割り当てると、それぞれの量は小さじ一杯程度になる。コショウはそのわずか半分だ。

　以上の詳しい説明では、かなり重要な点が一つだけ省略されている。それは、この豪華な料理が何人前として想定されているのか、ということだ。『光禄寺則例』に書かれているように、これらの食材は「一席」あたりの配分だが、「席」という言葉は行事全体を指すこともあれば、一人分の食器一式を指すこともある。そのどちらの意味になるのかは、単にメニューを考えることにはとどまらない、重要な問題だ。満漢全席などの国家行事は、いつの時代も、儀式化された礼儀作法の実践の場だった。古代の王が高位の客に振る舞うことを義務づけられていた、五〇種類の醢《ひしお》を覚えているだろうか。そうした形式的な「気前の良さ」を見せることは、清代も変わらず理想とされていたようである。『光禄寺則例』をもう少し詳しく探ってみると、これらの食材が実際に一人前の量であったことが確認できる。[35]

満席（一八三九年）

満席は漢席とはまったく異なり、ほぼすべてが小さな餅《べい》と、小麦粉を揚げた料理で構成されていた。

満席（一八三九年）

四色の玉露霜《ぎょくろそう》（焼き菓子）　四八個
四色の梅花酥《ばいかそ》（具入りの、さくさくした白い焼き菓子）　四八個
四色の翻餡餅《ほんあんべい》（具入りの白い焼き菓子）　四八個
白蜜印子《はくみついんす》（白蜂蜜と卵の焼き菓子）　四八個
卵のペストリー　四八個
黄色と白のおやつ　五〇個
松の種の餅菓子　二皿分、四八個
紅白の饊子《サンズ》　三皿分、八・八斤
ドライフルーツ　一二皿、季節の新鮮な果物　六皿

漢席と同じく、満席のメニューにも詳細な食材一覧表が付されていた。

満席の食材

たんぱく質
　卵　一〇〇個
油
　バター　一二斤
　澄ましバター　一五斤
でんぷんと粉

精白小麦粉　一・二斤
豆粉　八斤
粟　三升
風味づけと着色料
白砂糖　一八斤
白蜂蜜　三斤
上質な杏《あんず》の種　一〇斤
紅花水《べにばなすい》　二斤
ホウレンソウ　一〇束
クチナシの花　八両
藍《らん》　二両
アルカリ　一両
緑塩　八両
煉瓦《れんが》型の塩　六銭
その他
燻製《くんせい》用の紙　五枚
食卓用の紙　一五枚

もちろん、満州族は普段から砂糖菓子を常食していたわけではない。満州族の伝統的な食生活は肉、とくに豚肉が中心だったが、魚や鹿もよく食べられていた。彼らの毎年恒例の宴会は肉の祭りに等しく、たらふく食べる以外の行為は無作法と見なされた。清朝の成立以降も、皇族の故郷である吉林省《きつりんしょう》は、鹿の生肉や乾燥肉、尾や腱《けん》を宮廷に年貢として納め続けた[36]。

清代の満席は宴会料理に近く、一一世紀前の唐代の「焼尾《しょうび》の宴」同様に、驚くほど大量のバターを使用する。具体的には、一人前あたり二七斤である。たんぱく質は肉ではなく、一人前あたり一〇〇個の卵に由来する。味つけのおもな材料は、九キロを超える砂糖と蜂蜜だ。ホウレンソウと花々は、細かく刻まれて汁を搾《しぼ》られ、料理に彩りを添える。花を煮た水は、バラの花やオレンジの花を煮た水が中東のお菓子に使われるのと同じく、香料であった可能性が高い。単一の料理として最大のものは、およそ一三・六キロの重さがある「饊子《サンズ》」という揚げ麵だ[37]。

餅菓子は、満州の郷土料理である「餑餑《ボーボー》」の変形版だった。甘さや具材をいくらか調整すれば、満席の主役であるこの料理を、『調鼎集』に掲載されている以下のレシピで再現できるかもしれない。

満州餑餑（清）

満州餑餑《まんしゅうボーボー》を作るにはまず、外側の層用に、精白小麦粉一斤、豚脂四両、熱湯四両を均一になるまで混ぜる。力を入れて生地を練っていくが、この力は強ければ強いほどよい。内側の層用に、精白小麦粉一斤と、豚脂二分の一斤（生地が硬ければもっと多めに）混ぜ、硬くもなく柔らかくもない程度に、滑らかになるまで練る。外側の層を折り畳むようにして、二つの生地を大きなブロック状にまとめる。小さく切り分け、クルミなどの具材を包んで焼き上げる。すると、月餅《げっぺい》のような見た目に仕上がる。ゴマ油で揚げても構わない。一部の生地を揚げ、もう一部の生地を焼けば、重い餑餑と軽い餑餑ができあがる。

時代を経て、満漢全席は、精緻に管理された外交行事から料理の一種へと変化した。「八珍《はっちん》」という名前が一つの形になったのと同様に、「満漢全席」という名前は、対照的ながら等しく豪華な二種類のセットメニューを指すようになった。

満漢全席にはさまざまなアレンジ版があり、それらは地方自治体、ホテル、観光局、テレビ番組、有名シェフなどによって考案されてきた。だが、ここでは一八六八年の料理書である『調鼎集《ちょうていしゅう》』に出てくるものを見てみよう。他の料理書と同じく『調鼎集』においても、この宴は「満席」と「漢席」に分けられ、さらに重要度に基づいて「一級」と「二級」に分けられている。『調鼎集』のメニューの出典は手書きの文書であることから、これらは間違いなく一九世紀のメニューだと考えられる。宮廷宴会ほどではなかったにせよ、少なくともきわめて高級な宴席だったようだ。この文書にはレシピも含まれているが、名前からは内容を想像できない料理が多いことを考えると、レシピの存在は重要になるだろう。

満漢全席（一八六八年）

まずは満席から始めよう。旧版で見たようなバター入り焼き菓子が並ぶ食卓とは打って変わり、この時代の満席は「肉屋」そのものだった。以下に挙げた二五品には、丸ごとの豚、丸ごとの羊、子豚の焼き物、蒸し物、粕蒸《かすむ》しなどが含まれる。鶏や鴨の焼き物と蒸し物、「香鴨《こうおう》」、哈爾巴《ハルバ》（動物の腿《もも》や下腿の関節）の白煮や焼き物、焼いた羊の蒸し物もある。当時の宮廷の食習慣を反映してだろうか、牛肉は使われていないことがはっきりとわかる。[38]

満席（一八六八年）

「丸ごとの豚」　赤豚または白豚（焼き豚または蒸し豚のこと）、頭と足を添えて供される

「丸ごとの羊」

「子豚の丸焼き」　生体量で八斤

「鴨の吊るし焼き」　一組

「子豚の白蒸し」　油餅を添えて供される

「鴨の白蒸し」　一組

「爬小猪《はしょうちょ》」

「香鴨《こうおう》」　醬油、花椒、クミン、クローブ、ソーセージと一緒に

「子豚の粕《かす》蒸し」　油餅を添えて供される

「哈爾巴《ハルバ》の白煮」　六斤、干蒸しにしたり、焼いたりする場合もある

「鶏の吊るし焼き、または胡蝶鶏《こちょうけい》」

「哈爾巴《ハルバ》の焼き物」　六斤、干蒸しにする場合もある

「鶏の白蒸し」

「焼いた羊の白蒸し」　半身または丸ごと

「松の種と煮込んだ鶏」

「紅白の胸叉《きょうさ》」　五斤

「あばら肉の焼き物」　一点につき六斤

「あばら肉の白煮」　六斤

「紅白の捜娄《そうろう》（ジャコウネズミ）」　四斤
「紅白の臓物」　肝臓、腸、豚の骨髄
「羊の照式《しょうしき》[39]」
「羊の脳」　肉団子、ハム、ナマコを添えて
「豚の脳の焼き物」　同右
「羊の胃、ニンニク、筍《たけのこ》、肉（おそらくはハム）の炒め物」
「羊の尾の粕漬《かすづ》け」

味についてはどうだろうか？　このメニューは宮廷の儀礼書に命じられたものではないので、旧版のように正確な食材表が添えられているわけではない。その代わり、『調鼎集』には実際のレシピが残されている。当時の他の書物と同様に、それらのレシピは説明的で、料理人の経験と判断に依存している。だが、旧版の退屈な料理に比べれば、ここで基準とされているのは味であり、同時に見栄えの豪華さでもあることは明らかだ。「肉を焼く」という単純な発想の裏に隠された、複雑な調理の手順に注目してほしい。

挂爐肉（**肉の吊るし焼き**）（清）

挂爐肉《けいろにく》はまず、短いあばら肉二斤、豆ペースト一椀、潰したスターアニス二銭、さらに適量の酢を醤油に混ぜる。鍋の上に鉄の棒を四本置く。酢入りのペーストを肉に塗り、その肉を棒の上に載せる。ネギの白い部分を四本から五本入れ、皿で鍋を覆って密閉する。煙と油が漏れ出てきたら、肉を裏返し、ペーストを重ね塗りして、ネギを加える。皮が黄金色になるまで、この作業を何度か

繰り返す。味を良くするため、最後に細かい塩をまぶす。

鶏、ガチョウ、鴨の肉は、最初に茹でて火を通しておく。その肉に、糖蜜または蜂蜜を塗る。鍋に脂油かゴマ油を入れ、黄金色になるまで肉を炒める。吊るし焼きの肉と同様に、塩を振りかけて均一にまぶす。炒める前に、茹でた肉は冷まし、それから糖蜜や蜂蜜を塗ること。炒める際は低温で、肉の内部までしっかりと温める。[40]

漢席の変化も同様に著しい。その豪勢なメニューは、すべてが豚肉中心だった初期のものから、異国の食材を中心とするものへと生まれ変わった。言及されている料理には、四種類の燕《つばめ》の巣、五種類のフカヒレ、さらにはナマコやカタツムリを使った料理などがある。はるかに少なくなったとはいえ、豚肉の料理も存在する。豚の胃も、それ以外の部位を使う「文武《ぶんぶ》肉」などの料理も見られる。また、この時代には鴨や鶏の料理が多く、羊の煮込み料理も二品含まれている。[41]

漢席（一八六八年）
「金銀」の燕《つばめ》の巣（卵黄、鶏皮、ハム、筍、ウズラの卵、魚の塩漬けを添えて）
フカヒレと野鴨（豚肉の薄切りを添えて）
「糊刷《こさつ》」のフカヒレ（薄切りハムと一緒に鶏のスープで煮込んだもの）
ツバメの巣（鶏の羹《あつもの》を添えて）
フカヒレ、ターサイ、鴨の舌、ハム、鶏肉の煮込み
ツバメの巣の団子（鮑《あわび》を添えて）

フカヒレと蟹餅《かにもち》（豚肉、ハム、筍を添えて）
十錦《じっきん》のツバメの巣（薄切りの豚肉とハムを添えて）
フカヒレと薄切り肉（豚肉、ハム、筍、鶏皮を添えて）
ツバメの巣と「カタツムリ」（野生の鶏または鴨の薄切り、ハム、鶏皮、白魚の団子、家鴨の肉の薄切りを、カタツムリのように巻き上げたもの）
八珍ナマコ
亀の皮の焼き物（豚肉とハムを添えて）
ナマコの薄切り
夾沙鴨《きょうしゃおう》
ナマコの薄切り、鶏肉、ハム、炒めた豆腐の細切りを添えて
八珍鴨（ハム、ジュズダマ、蓮の種を添えて）
ナマコと野鴨の羹《あつもの》
骨を抜いた野鴨と家鴨の煮込み
ナマコの団子（角切りの山芋、豚肉、鶏肉、筍を添えて）
煮込んだ鴨、塩漬けの鴨、鴨の生肉
細切りの鶏肉、ジュズダマ、薄切りの豚肉の煮込み
鴨の舌とターサイの煮込み（ハム、鶏肉を添えて）
薄切りにして煮込んだ鶏（松の種を添えて）
関東鶏《かんとうけい》（ハムと冬筍《トンスン》を添えて）

羊肉とカボチャの煮込み
鴨の煮込み、またはニンニク炒め
羊の鍋焼き
鶏の赤煮
ツバメの手羽先《てばさき》
骨を抜いた鶏と蘇州《そしゅう》風の鶏の煮込み
豚脚の煮込み
松仁鶏《しょうじんけい》
「金銀」の豚脚（皮と肉をカリッと焼いたもの）
荔枝鶏《れいしけい》
茹でてから塩味を足したハム
薄切りのハム、鮭、筍、鮑《あわび》
カタクチイワシの団子
熊足の煮込み
チョウザメの煮物または炒め物
薄切り（食材不明）のスープ煮
ウミガメの煮込み
面条魚《めんじょうぎょ》と筍とハム
鹿筋、干しエビ、カボチャの煮込み

白身魚の餃子
白身魚の団子（魚の腹の部分をよく炒める）
鮑《あわび》、豚肉、薄切り筍の炒め物
カニの鍋焼き
カニとターサイの炒め物
文武肉《ぶんぶ》
豚肉と春雨の炒め物
群折肉《ぐんせつ》（薄切りの豚肉、干し豆腐、炒めた豚肉を一緒に蒸したもの）
豚足と松の種の和え物
ハム、豚の腱、豚の皮の煮込み
薄切りにした豚バラ肉の煮込み
生のムール貝、ハム、豚肉の薄切り、筍、鶏肉の煮込み
乾燥ムール貝、豚肉、ニンジン、豚肉団子の煮込み
ムール貝と豚肉の煮込み
乾燥ムール貝、豚肉、鶏肉、筍の炒め物
豆腐餃子
松の種と角切りハム入りの豆腐団子
豆腐、松の種、ハム、豚肉の煮込み
豆腐、杏の種、ハム、鶏肉の煮込み

キノコ豆腐、ハム、筍、鶏皮の煮込み
ツバメの巣と凍り豆腐の煮込み
六月の凍り豆腐（凍り豆腐の食感を模した煮込み豆腐）
炒り豆腐、干しエビ、豚ひき肉の煮込み
細切りの干し豆腐と塩漬けのピーマンの和《あ》え物
細切りのズッキーニと塩漬けのピーマンの和え物

肉の吊るし焼きと同じく、これらの料理の多くは『調鼎集』にレシピとして登場する。そのレシピを見れば、一九世紀の厨房において漢席がどのように解釈されていたかがわかる。

文武肉（清）

文武肉《ぶんぶにく》においてはまず、ハムと豚の生肉を角切りにする。とろ火で煮込む。

茘枝鶏（清）

鶏の胸肉を目玉くらいの大きさに切り、茘枝《れいし》（ライチ）の形にする。ネギ、酒、コショウを入れた塩水でさっと煮て、取り出す。ここに、薄切りの発酵ショウガ、角切りの山芋、季節に応じて筍を加える。全体を混ぜ合わせ、手早く熱湯にくぐらせる。食卓に出す前に再びさっと湯に通し、竹と春菊の葉を添える（現代の同名の料理とは違い、この「茘枝鶏」には本物のライチは入っていない）。

焼鹿筋丁――角切りにした鹿筋の煮物（清）

焼鹿筋丁《しょうかきんてい》を作る際は最初に、乾燥させた鹿筋を鉄の棒で叩く。柔らかくなるまで茹で、黄色い皮をすべて取り除く。鹿筋には、硬い部分と柔らかい部分が混ざっている。硬い部分を切り離し、残りを再び茹でる。

煮込むにあたって、火を通した筋を角切りにする。同じく角切りにした鶏肉、筍、ニンジン、豚油、醬油、酒、豚の脂身と一緒にとろ火で煮る。

優れているのは味ばかりではない。このメニューには、新たに入手可能になった食材に関する貴重な情報があふれている。一覧表の最初に登場するのは、じっくり煮込まれ、もちもちとした食感のスープに仕立てられたツバメの巣だ。この巣は、ツバメが生息する断崖の岩肌から採取された本物の巣であり、明《みん》代には薬用食材として流行した。当時も今も、最高級の燕の巣は東南アジアから輸入されている。[42]

このメニューには、フカヒレ、ナマコ、カニ、干しムール貝など、宮中の漢席にはほぼ存在しなかった外来の魚介類も豊富に含まれている。宮中のメニューに魚介類が存在しないのは、清の初期における、その征服が完全ではなかった時代の歴史的な名残と考えてよいだろう。満州族は北方から侵入し、明軍を南方の沿岸部を中心とした地域まで追いやったが、その一掃は困難だった。この問題を打開するため、清王朝は海岸を封鎖し、魚介類の供給をほぼ全面的に阻んだのである。だが、一八六八年のメニューが生まれる頃には、そうした政策はすでに遠い過去の記憶となっていた。現に、こちらのメニューに登場する魚介類は、中国の海岸線全体を網羅している。ナマコとムール貝は渤海《ぼっかい》湾の北方水域に、カニ、サメ、干しエビはおそらくもっと南方の水域に由来する食材である。鱒《ます》は中国北部の河川に生息しており、チョウザメは満州の河川で見られることが有名だ。

『調鼎集』には、二〇品目の魚のレシピが、旬の時期別に整理されて掲載されている。黄河鯉《こうがこい》のような大きな魚は、蒸し煮、焼き物、炒め物にされたり、穀物を醸造させた粕《かす》に漬けられたりする。また、漢席のメニューに登場する「面条魚《めんじょうぎょ》」のレシピも多数ある。小さくて脂っこい、スプラットに似たこの魚は、揚げ物にされることがほとんどだ。『調鼎集』に記された七種のレシピを見ると、清代の料理書における調理の多様性と、その実用的かつ簡略化された手順が同時に見えてくる。

面条魚——七種の調理法（清）

この魚は、八月から翌年の二月まで手に入る。

煮る（煨《わい》）細切りのハムと一緒に煮る。（または）薄く切って、ソース状になるまで煮る。（または）細かく切って、豚足や鴨肉と一緒に煮る。（または）細かく切って、野菜と一緒に煮る。

蒸す（蒸）きれいに洗い、醤油、酒、酢、ショウガの汁、ネギ、豚脂と一緒に蒸す。

炒める（炒）細切りにして、豚脂と、乾燥させた薄い食材（おそらくは干し豆腐）と一緒に強火で炒める。

焼く（焼）きれいに洗って乾かしてから、白酒（アルコール度数の強い蒸留酒）と豆粉をまぶし、油、酒、塩、豚脂で炒める。その後、ハムや鶏肉の細切りと一緒に焼く。

揚げる（炸《さ》）頭と尾を取り除き、小麦粉をまぶして揚げる。（または）骨を取り除き、豆粉、塩、酒をまぶして揚げる。（または）酢と油で揚げる。

薄切りにする（膾《なます》）頭と尾を取り除き、冬筍と細切りの鶏肉と一緒にスープに入れて供する。

酒に漬ける（酔）さっと揚げて水気を飛ばし、骨を取り除いてから、白酒の酒糟、炒り塩、ネギの花と一緒に漬け込む（つまり、「酔わせる」ということ）。

とはいえ、一八六八年のメニューは始まりにすぎない。「八珍」の発想と同様に、満漢全席はセットメニューから選択可能なメニューへと進化した。つまり、レストランや地域の料理人がふさわしいと思われる料理を好きなように詰め込める「空箱」となったのだ。

結局、「中華」料理とは何なのか?

料理とは、革新性と真正性との終わりなき闘いである。現代の純粋主義者は、大衆がそれを美味しいと考えるかどうかにかかわらず、ピザにパイナップルを載せたり、パエリアにチョリソーを加えたりする発想そのものをただちに否定するだろう。彼らの多くは、そうした嫌悪すべき料理のリストに、国外へ離散した中華料理――たとえば、悪評高い「左宗棠鶏《さそうとうどり》」など――を加えたがるはずだ。しかし、これらの特定の料理に関して、あるいは文化的伝統の所有や利用に関しての一般的な考えを別にすれば、食はつねに進化するものであり、それゆえに食の真正性を追求するのは本質的な愚行であるということを、誰もが認めざるをえない。

現代人によって中華料理と見なされているほぼすべてのもの、つまり食品や、風味や、技術は、もともとは別の場所からもたらされた。「胡瓜（キュウリ）」や「番茄（トマト）」のように、その起源を名前に留めている食品もある。だが、そうでない輸入品――タマネギ、麵、唐辛子など――もまた中華料理にとって欠かせない食材であり、これらを中国語以外の名前で呼ぶことはどこかおかしいと感じられるほどだ。

第3章　喜びの庭——中華帝国の高級料理

わたしたちの前に広がるのは、洗練された富の光景だ。手入れされた中庭、優美な柵、贅沢に飾られた居間などで構成された住宅である。その一室に入ると、小規模な家族の集会が開かれている。一〇人ほどの親族とその女中たち、せわしなく行き来する厨房《ちゅうぼう》の使用人たちの姿が見える。その静かな中心にいるのは一家の夫人であり、彼女の周囲には、強力な親愛と礼節の力が漂っている。

立ち寄って新年の乾杯を済ませた後、若い男性たちはここから撤収する。残された一家の夫人は、部屋にいる女性親族と女中たちの注目の的となる。

これは、女性のための行事なのだ。

この行事では、歌劇歌手やプロの語り部が登場し、噂話やなぞなぞが語られる。参加者の間で花を順番に回し、音楽が止まったときに花を持っていた人が酒を飲んで冗談を言うというゲームも行われる。

夫人は最初に選ばれ、孫悟空《そんごくう》が地獄で小便をしているという冗談を披露する。使用人の寝泊まりする部屋には、繊細な餅菓子とドライフルーツの入ったかごが届けられる。疲弊した演者には、温かい食べ物が用意される。

客はゆったりと食事を楽しむ。寒さをしのげるように、杯に注がれた酒やポットに入った熱いお茶が運ばれてくる。その後も、皿に盛られた軽食や各種の料理が夜通し提供される。冬の代表的なメニューは、旬のタロイモを潰した餅、冬筍《とんすん》と塩漬けハムの料理、ウズラの煮物、鹿の蒸し物などだ。餃子の皿が登場すると、新年は幕を開ける。

夜が更けると、客は温かい鴨粥と甘い杏仁茶で暖をとってから、外へ出て花火を楽しむ。[1]

中国における後期の帝国

中国の二〇〇〇年にわたる帝国時代は歴史家によって大まかに区分されているが、本書ではその最後の時代を「中華帝国後期」と独自に呼ぶことにした。それ以前の時代は唐代《とう》に絶頂期を迎え、九六〇年頃に終わった。後期の中華帝国はさまざまな点で大きく異なり、政治、経済、文化に持続的な変化をもたらした。その間、中国の食は次第に精緻化し、まもなく美食文化が花開いた。

最初に検討したいのは、なぜ中国の新たな食文化が、その時期に、そのような特殊な形で発展したのかということだ。もうおわかりの方もいるだろうが、答えは「お金」である。

唐《とう》王朝の滅亡には、統治者の交代以上の意味があった。宋《そう》と呼ばれる新王朝のもと、中国はその後八〇〇年ほど続くことになる経済・商業革命の始まりを迎えたのだ。税制と通貨供給の改革によって活気づいた中国経済は、どこまでも成長した。人口も六〇〇〇万人から一億人へ増加し、前章で取り上げたような高収量作物がその流れを後押しした。中華帝国後期は、産業革命前の技術が勝利した時代であり、農業、金属加工、金融が高度化した時代だった。もちろん、すべてが順風満帆だったわけではなく、この時代はかつての四王朝の興亡に伴う混乱と流血にさらされつづけていた。しかし長い目で見れば、その進歩の軌跡のおかげで、後期の中華帝国はきわめて豊かな場所になったのである。[2]

こうした変化によって、中国の食には、長期にわたる二つの影響が生じた。その一つは、中国の国内外における貿易の発展だ。農民や職人は成長する国内市場向けに物品を生産し、商人は遠い外国の品物をますます多く持ち込むようになった。専門の商人は信頼性の高い貿易網を構築し、茶、発酵調味料、酒、乾燥ハム、果物、米、香辛料などを中国の国内外へ出荷した。食品貿易をより円滑に、より広く、より有利に進めるためのあらゆる手段は、同時に中国の食生活に新たな食品をもたらしたのである。

もう一つは、このような富によって消費文化が育ち、美食家であることが社会的に承認されるだけでなく、洗練の証《あかし》となったことだ。新たな食材、新たな技術、そして大金を惜しまない新たな食の上流階級が結びつき、中国の高級料理は加速度的に発展していった。一つの場所ではなく、多くの場所で同じことが起きた。というのも、そうした新しい嗜好や調理法は、地域に深く根差していることがほとんどだったからである。

華やかな夢

本章で最初に訪れるのは、中心都市の開封《かいほう》だ。汴京《べんけい》（または汴梁《べんりょう》）と呼ばれていたこの街は、宋の首都であり、一〇〇万人以上の人口がひしめきあう大都市であり、学問、富、啓蒙の中心地であった。

　その終焉は一二世紀に訪れた。汴京《べんけい》は北方からの侵略者に占領され、略奪されたのだ。それからほどなくして、孟元老《もうげんろう》という著述家が、著書『東京夢華録《とうけいむかろく》』にこの街を懐かしむ記述を残した。孟は汴京を逃れた後、南宋《なんそう》の新たな都である杭州《こうしゅう》に落ち着いていたようだった。故郷に戻れない人間の懐古の情を込めて、孟はこの街の地域、寺院、宮殿、風習の一つ一つを回想した。また、汴京の食について、その一品一品を振り返った。

　汴京の食は、娯楽性に富んでいた。きらびやかな繁華街を歩きながら、孟はわたしたちに、この街がいかに娯楽を重視していたかを教えてくれる。軒を連ねる酒楼や茶館には、独自の専門用語があった。販売担当の店主は「博士《はくし》」と呼ばれ、その若い助手は「おじさん」と呼ばれた。上質な絹を何重にもまとい、裕福な客の間を動き回って茶の湯が入ったポットを運ぶ女性たちは、「灯《とも》し人」として知られた。使い走りや酒飲みの接待を務める若い男性は、「雑役夫《ざつえきふ》」と呼ばれた。「針」というのは下級の歌手のことで、彼らは呼び出されていないときも店に顔を出していた。「撒暫《さんざん》」――これは「一時的に手放す」という意味に訳せる言葉だが――と呼ばれる人たちは、テーブルからテーブルへと移動し、大根などのちょっとしたものを「売りつけて」お金を受け取っていた。彼らに立ち去ってもらいたければ、客はそれを買うしかなかったのである。[3]

　だが、言うまでもなく、わたしたちが汴京を旅した目的は「食」である。故郷を追われた孟元老が青春時代の料理に思いを馳せ、その喜びに浸る姿を、みなさんにも想像してもらえるだろう。

　羹《あつもの》のことを覚えているだろうか。古代には肉の煮込みと同一視されていた、あの濃厚なスープのことを。孟の回想によれば、宋の時代には一〇種類ほどの羹があった。百味の羹、動物の頭の羹、新様式の

12世紀の汴京の賑やかな中心地。張択端によるこの巻物には、宋の首都の様子が詳細に描かれ、穀物商人、動物市場、果物や焼き菓子を売る行商、2階建てのレストランなどが見られる。

ウズラの羹、三種の歯応えのある食材の羹、海鮮の羹、ハチノス（牛の第二胃）の羹、清流から取った小石と煮てその香りをつけた羹。二色の腎臓の羹、エビとキノコの羹、鶏肉とキノコの羹もあった。少人数の家庭では、真っ赤な梅汁の羹や、粉状の羹が食卓に並んだ。

汴京には、肉、穀物、野菜、調味料、酒などを販売する広大な市場もあった。『東京夢華録』は、北部から南部までの嗜好を代表する何十種類もの果物、野菜、魚に言及している。豚肉はこの時代も食の王様であり、市場には豚肉処理業者の組合まで存在した。ほぼあらゆる儀式的行事には豚の生け贄《いにえ》が必要とされたため、必然的に豚肉は大量生産されるようになった。だが、羊、牛、ウズラ、鶏、ガチョウ、野鴨、家鴨、鹿、小型の水鹿、キツネ、アナグマも食べられていた。全区画でキノコだけを扱う市場もあったが、ここでは近隣の農民が新種のキノコを栽培し、目新しさを求める市民の需要を満たしていた。[4]

当時は調味料も多種多様であり、それぞれが発酵豆、香辛料、干し肉、魚介類、野菜などを独自に組み合わせて作られていた。すでに述べたように、一二世紀の『浦江呉氏中饋録《ほこうごしちゅうきろく》』には、肉を主原料とした醬《ジャン》の一種が登場する。そちらの作り方では、基本的な黄豆または黒豆の豆豉《とうち》をスターター兼調味料として肉に組み合わせるため、完成品は古代の文書に出てくる「醢《かい》」に似ていた可能性が高い。同時代の他の書物は、漬物を幅広く紹介しており、豚の顔や足、あるいはウリやナスなどの野菜を醸造粕に漬けるレシピを取り上げている。こちらのレシピでは、日本酒の「粕漬け《かすづ》」に近いものができあがったに違いない。

糟茄子法――ナスの粕漬け（宋）

糟茄子法《そうかしほう》の調理においては、ナス五斤、粕六斤、塩一七両、川の水を椀に三杯分用意する。材料と粕を混ぜ合わせると、味は自然に甘くなる。完成までにはしばらく時間がかかる。[5]

ここで、発酵という奇妙な現象について一言添えておきたい。賢明な人には同意してもらえるだろうが、発酵は工芸でも科学でもない。魔法である。正しく行えば、ビールができる。一度うっかり間違いを犯せば、部屋中に爆発した瓶が散乱し、同居人に叱責されるという罰を受ける。それはなぜかと言えば、発酵は単一の過程ではないからだ。発酵には細菌、カビ、酵母が使われる場合があり、有酸素または無酸素で行われる。野菜を細菌発酵させるキムチなどは、全体を液体に浸しておく必要がある。発酵豆製品、たとえば醬油や豆味噌などはその逆だ。これらを作るときは、まず野外で豆にカビを生えさせる。その後、密封式の容器と開放式の容器での丁寧な保存に切り替えることで、完成品の菌の状態と味を正確に調えるのだ。

宋の市場で売られていた調味料は、新たな食材を使用するだけでなく、自然過程の積み重ねによって複雑かつ洗練された風味を高めていくという芸術を完成させた。杭州の金山寺《きんざんじ》にちなんで命名された調理法の一つでは、生のカボチャ、ナス、レンコンに、花椒《ホワジャオ》、甘草《かんぞう》、ウイキョウ、エゴマの葉、ニンニク、黄豆を組み合わせる。ここでは、異国の風味が加えられていることは無視して、指示の正確さに注目してもらいたい。大きく切り分けられた生野菜は、密封された発酵容器の中で保存される。

金山寺豆鼓（宋）

金山寺《きんざんじ》豆鼓《とうち》を作る際は、生のカボチャ（二寸をぶつ切りにする）、生のナス（四つに切り分ける）、ミカンの皮（きれいに洗う）、レンコン（洗って半分に切る）、生のショウガ（厚切りにする）、花椒の実（目分量）、ウイキョウ（少量）、甘草の根（潰す）、エゴマの葉、ニンニク（皮付き）を用意する。

以上の材料をむらなく混ぜ合わせる。（発酵瓶に）黄豆を層になるように入れ、その上から混ぜ合わせた材料を重ね、さらに塩を重ねる。（瓶が）いっぱいになるまで、このように層を重ねていく。容器の口を閉じ、泥で密封する。

これを炎天下で半月間保存する。半月経ったら中身を取り出して混ぜ、容器に戻して再び密封し、日の当たる所で七七日間保存する。塩の作用でナスやカボチャから水分が出るので、水は加えない。塩の量に応じて、必要な分だけ入れること。[6]

わたしは透明なガラス瓶を使ってこのレシピを試し、以降三カ月にわたって保存が進む様子をつぶさに楽しんだ。予想していた通り、塩の作用によって野菜は水分を放出し、次第に液体の中へ沈んでいった。もしキムチや一般的な豆味噌を作っていたのなら、これは好気性発酵から嫌気性発酵への変化を示していたのだろう。だが、当時の他のレシピでは赤米粉などがスターターとして加えられている一方で、こちらのレシピでは発酵に必要なものが何もないように思われた。というより、材料を混ぜて漬け込んだだけのものだった。三カ月後、わたしはきちんと豆を取り出し、ペースト状になるまで潰して、キャベツと一緒に炒めた。味は程よい塩味だったが、発酵させた豆味噌特有の旨味は感じられなかった。この完成品が宋代のレシピに忠実かどうかはさておき、わたしは少なくとも、遠い昔に考案された手順を試行錯誤しながら再現したという自覚によって、自分を慰めることができた。

宋代に新たな嗜好が生まれると、つねに発展を続けてきた一連の技術に基づく新たな料理も生まれた。この時期から急速に普及した調理法の一つに「爆炒《バオチャオ》」があるが、これは材料を高温で手早く炒めるという、中華料理から連想されることの多い方法だ。『浦《ほ》江呉《こうご》氏中饋《しちゅうき》録《ろく》』には、この爆炒を二段階に分ける方法が例示されている。まずは低温で火を通して肉の食感を調え、次に高温で肉に香ばしい香りをつけるというものだ。最初の料理名から明らかなように、材料は各種の保存加工された肉ではなく、生肉（おそらくは豚肉）を使用する。

肉生法——生肉の調理法（宋）

肉生法《にくせいほう》では、上質な肉を薄く切り、醤油を擦り込む。煮込んで血抜きをし、色が赤から白に変わるまで炒める。肉を取り出して細切りにし、同じく細切りにしたウリの醬《ジャン》、大根の漬物、ニンニク、カルダモン、花椒《ホワジャオ》、ヨウシュンシャ、ゴマ油を加えて、混ぜながら炒める。食卓に出す際、好みで酢を加えて混ぜる。味は抜群だ[7]。

爐焙鶏——鶏肉の煮物（宋）

爐焙鶏《ろばいけい》の調理においては、鶏一羽（洗って内臓を取り除いたもの）を用意する。八割ほど火が通るまで茹で、小さく切り分ける。鍋に少量の油を入れる。油が熱したら鶏肉を入れてさっと炒め、皿かお椀で蓋《ふた》をする。鶏肉が温かいうちに、同量の酢と酒、少量の塩を加えて、むらなく炒める。水分が飛んだら、酢、酒、塩を足す。この手順を繰り返して鶏肉が柔らかくなったら、取り出して盛りつける。[8]

新たな技術は、目新しさを求める人々の心を満足させた。宋代後期（女真《じょしん》族の攻撃によって首都が南へ追いやられた後）の資料によると、山地にやってきた蛮族（非漢民族）は、薄切りの肉を出汁に浸して食べるという慣習をもっていた。これは燃料の節約につながる手軽な技術であり、中華料理好きなら誰でもお気づきのように、現在の火鍋の一種である。以来、漢民族はこの方法を用いて豚や羊を調理するようになったのだと、資料の著者は述べている。[9]

流行のレシピは場所から場所へと伝わり、味と技術を補完しながら、ますます知名度を高めていった。以下に紹介するのは『浦江呉氏中饋録』に掲載されているカニのレシピだが、この料理は、わずかに材料が違うだけの別名の料理として、他の地域にも見られる。

「蟹生」（宋）

蟹生《けいせい》を作るにはまず、未調理のものか茹でたカニを開いて、細かく砕く。ゴマ油、カルダモン、フェンネル、ヨウシュンシャ、粉末の花椒《ホワジャオ》、白コショウ、ショウガ水を加えてペースト状にする。ネギ、塩、酢をさらに追加し、合計一〇種類の風味を和える。混ざったら、すぐに食べられる。

食べる前後に手を洗わなければならないため、他の資料はこの料理を「洗手蟹《せんしゅけい》」と呼んでいる。変形版としては、カニと酢を混ぜるだけのものもあれば、酸味のある梅とミカンを加えるものもある。重要なのは、作り方を問わず、この料理が全国的に流行したということ、そして、料理に関する一般知識がある人ならこれに近いものを再現できるということだ。

では、汴京の茶館ではどんなものが出されていたのだろうか？　孟元老はそのすべてを明らかにしている。何十種類もの羹《あつもの》が並び、鶏の焼き物、鴨の煮物、羊の頭、薄く歯応えのいい腱《けん》、エビのショウガ炒め、酔蟹《スイシエ》、歯応えのいい水鹿と鹿のジャーキーなどが屋台で売られていた以外にも、この時代には次のような料理があった。

二色腎臓、春雨の冷製、「将棋の駒」、フグもどき、白ツグミ、ニシキテグリ、スッポンもどき、ケツメイシの兜《かぶと》包み、ケツメイシのスープ、胎児と酢、ハタハタと腸、皮に包まれたサメ、紫蘇《しそ》魚《ぎょ》の二度煮、アサリもどき、脂入り麵、まろやかな肉、胡餅《こべい》、骨入りスープ、羊のミルク煮、「羊閙《ようとう》庁《ちょう》」、羊の角《つの》、腎臓、蒸して盛りつけたガチョウと鴨、茘枝《れいし》腎臓、還元腎臓、胸肉の煮物、珍味のオーブン焼き、蓮《はす》の花のように盛りつけた鴨の細切り、薄いソースで煮た羊の頭の細切り、羊の鍋料理、羊の頭の細切り、ガチョウと鴨の細切り、鶏の細切り、皿に盛ったウサギ、ウサギの炒め物、ネギとウサギの和え物、野狐もどき、水鹿もどき、ウズラの蒸し物、新鮮な豚肉の炒め物、アサリの炒め物、カニの炒め物、皿に盛ったカニ、洗手蟹。

名前しか記されていないため、これらの料理の実際の中身については推測が必要だ。他の料理に倣うと、茘枝《れいし》腎臓とは、ライチと一緒に調理された腎臓ではなく、ライチのような形に切られた腎臓のことだと考えられる。孟元老が「将棋の駒」と呼んでいるのは、食材を小さな円形に——つまり、中国将棋の駒の形に——切った料理のことだ。この料理は、彼が以下に述べている秋の大皿料理の小型版に近かったようである。

社飯——お供え飯（宋）

八月には、すべての人が、秋のお供え用の餅と酒を用意する。社飯《しゃはん》は、豚や羊の肉、腎臓、乳房、胃、肺、そして鴨餅やウリなどを将棋の駒の形に切り、魅惑的な調味料で味つけして、ご飯の上に載せる。この料理は「お供え飯」と呼ばれ、客と分け合って食べる。[10]

「酔蟹《すいけい》（スイシエ）」は、「酔鶏《ツイチー》」のような現代の料理に似ていると思われるかもしれない。しかし、その印象は見かけ倒しだ。現代の「酔鶏」、あるいは「酔鶏」の数々（多くの変形版が存在するため）は、鶏肉を米酒で煮込むか、火を通して切り分けた鶏肉を調味酒に一晩漬け込む料理である。宋の「酔蟹」は、おそらくカニを丸ごと漬け込んだ料理であり、ここでいう「酔」とは、酒に漬ける方法を表す動詞だ。一九世紀の『調鼎集』には、塩、豆味噌のたまり、醤油、香辛料、それに各種の酒や醸造粕を組み合わせた「酔蟹」のレシピが何十種類も掲載されている。漬けたカニはそのまま食べられることもあれば、熱いスープに軽く浸したり、卵と一緒に煮込んだりして食べられることもあった。

酔蟹（清）

メスのカニ一〇斤を水に漬ける。取り出し、蓋《ふた》のついたかごに入れて一晩置く。カニが白い泡を吐かなくなったら、漬け込み用の桶に入れて半日待つ。水一〇斤に塩五斤を混ぜ、桶に加える。花《ホワ》椒《ジャオ》一両も加える。数日後、塩水を捨て、カニを洗い、脚を外す。カニを桶に戻して密封する。七日後に完成する。

　または

酢一斤と酒二斤を使って、陶製の桶にカニを漬ける。一週間後に完成する。

　または

甘酒と漉《こ》した豆味噌のたまりを混ぜる[11]（最初に、桶に甘酒七分、漉《こ》した豆味噌のたまり三分を入れておく）。生きたカニを取り、一匹ずつ裏側に箸で穴を開ける。少量の塩を加えて桶を密封する。三日から五日後に完成する。

　または

カニの裏側に花椒と塩を詰める。醸造粕二斤、黄酒三斤、醤油一斤を使って漬ける。桶に入れて密封し、一〇日後から食べられる。

　だが、注目すべき点はそれだけではない。「〜もどき」とは、どんな料理なのだろうか？　当時の他の資料には、羊の目を模した料理や、腎臓を模した料理についての言及がある。前章の「満漢全席」には、熊の手を模した料理が含まれていた。野狐やフグなどのめずらしい食材は安価な代用品に置き換えられることもあったのだろうと想像できるが、しかし、腎臓はどうだろう？　宋代の汴京の料理のように、肉を中心とする料理には、大量の腎臓がつきものだったに違いない。だとすれば、「〜もどき」という魅惑的な料理名は、気まぐれな客の注意を引くための手段にすぎなかったのではないだろうか。これもまた、過密市場で目新しさを追求する例だったのではないかと、わたしは推測する。

モンゴルの侵略

進捗と停滞を何度か繰り返しつつも、本章で見てきたような宋代発祥のあらゆる流行――市場の発展、新たな食材の流入、エリート層の料理に対する認識の高まりなど――は、その後八世紀にわたって続いた。

「停滞」の原因については、モンゴルによる中国北部の征服がその筆頭に挙げられる。この侵略によって、都市と地方はどちらも大きな被害を受けた。なかには、宋代の人口を回復するまでに何世紀もかかった地域もあった。

すでに述べたように、モンゴルはおよそ一〇〇年にわたって中国を支配しつづけた。自らの政府を「元《げん》」と呼び、やがて現在の北京に首都を築いた。だが、モンゴル人は決して漢民族の臣民に溶け込まず、彼らを全面的に信頼することもなかった。代わりに、中央アジア出身のイスラム教徒をはじめとする外国人を、軍や政府の要職に置いた。こうした外国人、通称「色目人《しきもくじん》」は、中国全土に数多く定住していた。彼らもまたモンゴル人と同様に、故郷の食を中国に持ち込んだ。

こうした交流は、元代の重要な料理書である『飲膳正要《いんぜんせいよう》』に反映されている。元朝の飯膳太医《はんぜんたいい》であった忽思慧《こつしけい》によるこの書物は、中国の調理法や食材が、モンゴル人の味覚や中央アジア系テュルク人の影響と結びつき、料理の伝統が見事に融合していった様子を伝えている。その描写はあまりにも巧みなため、忽思慧自身が中国人だったのか、外国人だったのか、あるいは混血だったのかは、学者たちにもまだわかっていない。フランスの偉大な中国研究家であるフランソワーズ・サバンは、『飲膳正要』に出てくる料理を、「見た目は中国らしく、中身はモンゴルらしく、異国の風味が添えられている」と評している。[12]

『飲膳正要』でとりわけ多く紹介されているのは、狩猟鳥、ガチョウ、ウサギの丸焼き、羊の心臓、羊の腎臓のレシピである。さらに、羊の肉や内臓をはじめとする加熱しない料理のレシピも数多くある。テュルク人の影響が見られるのは、小麦や粟を羊と一緒に炊いたピラフや、『飲膳正要』の冒頭に登場するナスの肉詰めのレシピだ。（当時まだ中国に伝わっていなかった）トマトがないことを除けば、この料理の高度なアレンジ版は、中東名物のナスの肉詰めによく似たものとして、『居家《きょか》必用《ひつよう》事類《じるい》全集《ぜんしゅう》』に掲載されている。

茄子饅頭――ナス饅頭（元）

茄子《かし》饅頭《マントウ》ではまず、羊の肉、羊の脂、羊の尾、ネギ、オレンジの皮を細かく刻む。生のナスの茎を取り除き、肉の具材を詰めて蒸す。ニンニク、チーズ、コリアンダーのみじん切りを添えて食べる。[13]

油肉醸茄――ナスの肉詰め（元）

油《ゆ》肉《にく》（ルーロー）醸茄《じょうか》を作るにあたってはまず、白ナス一〇本の茎を取り除く。ナスを一本ずつ切り開いて、中身をくり抜く。三本を細かく刻み、くり抜いた部分と一緒に蒸して火を通す。くり抜いた部分を黄金色になるまで揚げ、油から取り出す。細かく刻んだ三本分のナスを潰してペースト状にする。粗く刻んだ上質な羊肉五両、細かく刻んだ松の種五〇粒、塩、醬、ショウガをそれぞれ一両ずつ用意する。ネギと薄切りにしたミカンの皮を、酢に入れて混ぜる。油二両を使い、肉と香辛料を一緒に炒めて火を通す。これをナスのペーストにむらなく混ぜ、香辛料で味を調えたら、くり抜いたナスに戻す。ニンニクとチーズを添えて食卓に出す。[14]

食事療法

『飲膳正要』は他ならぬ医学書であり、この書物には、モンゴルの征服によって北京からカイロに延びる「情報の高速道路」と化した世界の知識が網羅・統合されている。[15]

中国の医学理論において、人体は一種のエネルギー体として解釈され、このエネルギーは「気」と総称される。気はその種類ごとに重要な臓器とつながっており、健康な体内では、決まった経路を自由に流れていく。しかし、自由すぎてもいけない。いずれかの力が弱すぎたり強すぎたりした場合、あるいは気の経路が妨げられたり逸らされたりした場合には、問題が起きるのだ。ここでの医師の役割は、鍼《はり》やマッサージで体を刺激して均衡を保ったり回復させたりすること、または、睡眠不足や過労などのさまざまな外的刺激による不均衡を正すことにある。

そしてもちろん、何よりも重要な刺激は食事である。中国において、薬膳料理の科学の歴史は非常に古く、元《げん》よりもはるか昔にさかのぼることは明らかだ。「食事療法」という発想は、食品それ自体とともに少しずつ発展していった。一部の新石器時代の遺跡では薬草が見つかっているが、そうした発展の初期段階にあった医学知識は、やがて『黄帝内経太素《こうていだいけいたいそ》』という偉大な古典書に集約されることになる。『黄帝内経太素』は、人間と食事の関係を次のようにわかりやすく要約している。「空腹な人にとって、食べ物は栄養である。病気の人にとって、食べ物は薬である」。[16] 本書では、周《しゅう》王朝の宮廷食医なる人物に関連して、また前章までのいくつかの宴に関連して、薬膳料理についての記述をすでに何度か見てきた。唐代の「焼尾《しょうび》の宴」に登場した「長寿粥」は、薬草を調合した料理であった可能性が高い。

薬膳の実践は、食品それ自体の性質を理解することに基づいている。食品のなかには、当時から治療効果があることで知られるものもあった。たとえば柿について、八世紀の『食療本草《しょくりょうほんぞう》』は次のように勧めている。「赤色や白色の下痢（血液や粘液の混ざる下痢）、または胃腸の痛みに長く悩まされている人は、酢をきかせた柿を用意し、潰してから布で絞って汁を取り出すこと。空腹時にこれを飲むと、悩みが解決する」[17]。しかしながら、特定の食品を多く摂りすぎることも、問題の原因になりかねない。体を冷やす性質があるホウレンソウは、肉と小麦中心の食生活を送る北部の人々にとっては、決して危険なものではなかった。だが、魚ばかり食べている南部の人々にとって、ホウレンソウの摂りすぎは「腸を急速に冷やし、脚を弱らせる」恐れがあった[18]。

薬膳は、ただの有益な助言にはとどまらない完全な自然理論だった。高級料理がそうであったように、「食事療法」という芸術もまた、宋《そう》代以降にその真価を発揮するようになる。『飲膳正要』には、中国内外の技術や理論がまとめられていただけではなく、数千年分に及ぶ食事療法の知識が引用されていた。医学的な効能や危険が文字の上で味覚と重なるような語彙《ごい》を通じて、さまざまな食品に備わる医学的性質と料理的性質とが同時に表現されていたのだ。

たとえば、羊肉は生臭くも脂っこくもなく、「甘《かん》（甘みがあり）、大熱《たいねつ》（とても温かく）、無毒（毒はない）」と述べられている。これら三つは、医学的な規定に基づく用語だ。最初の二つは、食品を「五味」と「四性」で分類するための言葉である。「甘」は、ほとんどの肉や穀物を表すのに使われ、栄養があることを意味する。肉や穀物以外の食品は、「辛」、「酸」、「苦」、「塩」と評される。「大熱」は、「熱」、

「湿（または潤）」、「涼」、「寒」へと移り変わっていく帯の一端を指す。「無毒」とは、その食品を大量に食べても害はないという意味だ。[19]『飲膳正要』はさらに、羊肉の具体的な薬効を次のように説明している。「病身を温めるのに役立ち、発汗を促し、疲れと寒さを和らげ、気を強める」。『飲膳正要』において、料理人は医師として描かれると同時に、芸術家としても描かれる。それならば、食を薬として処方するだけでは充分とは言えない。その材料も、香辛料も、調理法も、食欲をそそるものでなければならないのだ。

羊臓羹——羊の内臓の羹（元）

羊臓羹《ようぞうかん》は、腎臓の衰え、機能の低下、骨髄の損傷を治す。

羊の肝臓、胃、腎臓、心臓、肺（各一つ、ぬるま湯で洗う）、バター（一両）、白コショウ（一両）、オレンジの皮（二両、白い部分を取り除く）、ヒハツ（一両）、発酵豆（一合）、良質のショウガ（二両）、カルダモン（二両）、ネギ（二本）を用意する。

最初に、肝臓を弱火で煮て火を通す。煮汁を捨てる。肝臓と、薬効のあるすべての材料を胃の中に詰め、入り口を縫い合わせて、布袋に収める。これを完全に火が通るまで茹でてから、「五味」を加える（調味料で味を調える）。[20]

『飲膳正要』にはこれ以外にも、失禁を治す料理（ターサイの羹《あつもの》）、脾臓《ひぞう》の衰えを治す料理（鯉の羹）、病気を治し、足と腎臓の衰えや痛みを治す料理（鹿蹄のスープ）、そしてもちろん昔からの定番である、男性生殖器の衰えを治す料理（羊の腎臓の羹）などが掲載されている。

誇張しようもないことだが、食膳という考え方は、中国の料理や食文化のあらゆる側面に深い影響を与えつづけている。『飲膳正要』は古代以前に源を発し、現代まで流れている、伝統という川の一滴にすぎないのだ。これまで何千年もの間、中国の人々は広く行きわたった規則に従い、食事を季節ごとに変化させてきた。こうした規則のいくつかは文化的伝統に織り込まれており、その一端は、汴京《べんけい》での祝日の食べ物に関する孟元老の記述に見ることができる。[21] いまでもどこかの村を訪ねれば、人々が農暦の二十四節気《せっき》（二つの節気はおよそ二週間）の周期に合わせて本能的に食事を調整しているのがわかるはずだ。この慣習は、単に旬を迎える食品を覚えておくためのものではない。これはいわば、季節の弊害――悪寒、感染、乾燥、暑さなど――を撃退する体づくりに必要な知識のエッセンスなのだ。医学理論を深く掘り下げて考えなくても、中国ではほとんどの人が、暑い時期または寒い時期にふさわしい食べ物や、老若男女それぞれに有益または危険な食べ物を、常識として理解していることだろう。その常識の正体とは、何世紀にもわたる知識の蓄積なのである。

前述の一四世紀のレシピと、一九八五年の薬膳レシピ集に出てくる別の羊の羹《あつもの》を比べてみよう。[22] 一九八五年のレシピは簡単だ。羊のすねの骨一本から二本をきれいな水で茹で、赤いナツメ二〇個から八〇個と、もち米を「適量」加える。塩は使わず、香辛料も使わない。薬のように一日三回飲むスープである。一九八五年の本では、おもな材料がそれぞれわかりやすい言葉で説明されている。赤いナツメは「甘、潤、脾胃の経路を通って入る」。羊のすねは「脾臓の衰えを治し」、「足腰を健康にし」、「歯と骨を強くする」。もち米は「気を整え、脾臓と肺の機能を高める」。

六五〇年以上の年月を隔てたこれらのレシピは、羊のスープという同一の基本的な料理の単なる変形版ではない（二つ目のレシピは風味豊かな粥に似ており、その用途は現在の羹に近い）。現代のレシピは『飲膳正要』の構成と一致しているが、それはこの二書が同じ情報源を利用しているからである。一九八五年の本をはじめとする中国の薬膳書は、どれも先述のパターンに正確に従っている。つまり、食品を基本的な性質と治療作用によって分類し、それを平易な言葉で解説しているのだ。

このようなパターン以外にも、両者のレシピ、そしてもっと広い意味での中国の薬膳料理は、同じ食の哲学を共有している。その哲学とは、二段階のアプローチで症状に応じた食事を提供するというものだ。まずは患者（食事をする人）の不調を特定し、次に台所と図書館の両方をよく調べて、最も効果的な食材のリストを考案する。それによって（そうすることで初めて）、料理の準備が整うのだ。

主役になった郷土料理

二〇〇〇年間存続した中華帝国が最盛期に達したのは、最後の二つの王朝である明《みん》（一三六八～一六四四年）と清《しん》（一六四四～一九一二年）の時代だった。名前の響きは似ているものの、この二つの王朝は大きく異なっていた。モンゴル人の元《げん》王朝が滅んだ後に成立した明は、漢民族による中国統治の復活の象徴だった。清はやはり外国からの征服王朝だったが、それを成し遂げたのはモンゴル人ではなく、北東部の満州族だった。

明代と清代、およそ五世紀半の期間は、中国における帝国制度の進化の頂点にあたる。本書ではその始まりをすでに目撃したように、中国の富の拡大、権力の拡大、影響力の拡大、貿易の拡大といった変容は、いずれも持続し、そのまま加速した。同様に文化も発展を遂げた。芸術、文学、歌劇など、あらゆる分野が新たな高みへ進化し、優雅さを増した。

商業経済の発展を通じて、商人一族はきわめて裕福になり、文化や威信をめぐる競争が刺激された。

権力を有しているにもかかわらず、商人はエリート階級ではなかった。芸人や売春婦のように公に「軽蔑」されることはなかったが、一部の人々の目には、それ以上の存在とは映らなかった。中国の役人は、商人と愛憎関係にあった。

明は税を貨幣化することで帝国経済を活性化させ、中国の辺境を守る兵士への穀物支給といった複雑な物流業務を商家に頼った。しかし明代では同時に、高尚な仕事をする学者が頂点に置かれ、寄生して利益を貪る商人が底辺に置かれる儒教的社会階層が強化された。儒教に基づくこのような蔑視は、一笑に付すことができるものではなかった。商人たちは、大金を投じて学者中心のエリート階級に入り込もうとした。彼らは、学問、教養、道徳などの文化的レトリックを真摯《しんし》に受け入れていたし、文化的にもその門戸《もんこ》が開かれていた。商人が社会的地位を必要としたのは、商売を行うためだった。すでに充分すぎるほどの財産を自分と子孫のために手に入れていた人々さえ、社会的地位を欲しがった。彼らは大金を費やして寺院や孤児院を建て、教養ある画家や詩人の集まりに参加した[23]。

文化の探求は、必然的に食卓へとつながった。裕福な家族は何人もの料理人を雇い、自分たちの気前の良さと高尚さを友人や顧客に印象づけようと競い合った。一七六九年、裕福な広東《かんとん》商人の潘振承《はんしんしょう》の家を訪ねた外国人商人たちは、豪華な中国式の宴に魅了された。しかし、彼らが良い意味で圧倒されたのは、その前日に出された食事——テーブルいっぱいに並べられたヨーロッパの料理だった。どの料理も、東南アジアから呼び寄せられた西洋人の料理人によって、見事に調理されていた。言うまでもなく、その目的は、外国人商人たちに衝撃を与え、畏怖の念を抱かせることだった。それは接待だったが、権力を示す行為でもあった。現代人が取引先の顧客をもてなすのと同様に、当時の人々もまた、文化的豊かさを誇示して客に感謝の念を抱かせ、同時に多少の威圧感を与えようとしたのだ。

これほどの大金が動いたことで、食文化はいっそう豪華になり、競争も激化した。加えて、ここは文学の中心地でもあったことから、すべてを書き留めておこうという人が次々に現れた。散文や詩をまとめた書物には、江南の裕福な都市に暮らすエリート層が、極上の娯楽にふける様子が記されている。蘇《そ》州《しゅう》の運河沿いでのんびり食事を楽しむ人もいれば、杭州《こうしゅう》や南京《なんきん》でせわしなく接待に興じる人もいたようだ。[24]一七九五年の『揚州画舫録《ようしゅうがぼうろく》』のような書物においては、清代中国で最も豊かな商業都市の料理の豪華さが讃えられている。地域の名物として記録されている料理には、とろみをつけたカエルの炒め物、酢と酒に漬けた豚足、鶏と鴨の紅白油炒め、エビの揚げ物、鴨の皿焼き、鶏と鴨の内臓などがある。江南の文人たちは、塩漬けにした金華《きんか》ハムや、杭州の西湖近郊の川で獲れたウナギの煮物といった、地元の珍味について述べている。

焼金華火腿——金華ハムの煮込み（清）

金華ではハムが最も有名だ。火を通すと、さらに味が良くなる。焼金華火腿《しょうきんかかたい》はまず、中央の大きな四角い部分を用意し、米のとぎ汁に一晩浸しておく。こうすることで、塩気が抜ける。次に、上質なパパイヤ酒と三伏老油（江南の濃口醤油）を少々加え、弱火でゆっくり煮る。肉が柔らかくなり、スープがこってりして、香りが立ったら、いつでも食べられる。

紅煨鰻——ウナギの醤油煮込み（清）

紅煨鰻《こうわいまん》を作る際はまず、ウナギを酒と水で柔らかくなるまで煮る。濃口醤油の代わりに、甜麺醤《テンメンジャン》を用意する。[25]甜麺醤を鍋に加え、煮込んで水分を飛ばす。フェンネルとスターアニスを加え、ウナギを鍋から取り出す。

この調理法には、三つの誤りがある。一つ目に、皮にしわが寄って、歯応えのいい食感にならないこと。二つ目に、ウナギが椀の中で崩れてしまい、箸でつまめないこと。三つ目に、塩と発酵豆を入れるタイミングが早すぎて、ウナギが硬くなってしまうことだ。[26]

ウナギの煮込みのレシピの最後の段落を見てみよう。みなさんはお気づきだろうが、こちらの本のレシピはある一定の形式に則っており、通常の引用とは異なっている。では、その形式とはどんなものだろうか？『揚州画舫録』を著した李斗《りと》などのエリート学者が料理について書いている場合は（袁枚《えんばい》も『随園食単《ずいえんしょくたん》』で同様の書き方をしているが）、判断が難しい。明らかなのは、李斗や袁枚も料理人に直接語りかけるのではなく、食通の視点を再現しているということだ。食通――つまり、料理の欠点を見つけて友人から尊敬を集めようとする人々のことである。ただし、そうした指摘が料理人の耳に入ることは間違いないため、回りくどい形式ではあるが、これもレシピの一部だとわたしは考えている。

当然ながら、中国に存在していたのは江南だけではない。新たな美食に関する書物には、中国の郷土料理の多様性や、特定の食文化に対する人々の誇りが示されている。地域のガイドブックや回顧録には、各地の豊かな料理が記録されている。一九世紀初頭の山東省沿岸に由来する資料には、四〇種類もの海産物が掲載されている。山東省の文人、たとえば清代初期の農学者の丁宜曾《ていぎそう》は、彼の故郷で得られるうらやましいほど豊かな農産物について誇らしげに述べ、果物や野菜、家畜、魚介類、調味料や油などの加工食品を九〇種も列挙している。[27] さらに内陸の、山東省西部の山地（孔子が住んでいた地域）の料理は、それに使用される農産物で有名だった。牛肉、タマネギ、栗、ゴマ、そして何より、塩味と酸味の効いたペースト状の調味料が多用されるのだ。わたしは山東省で二年間暮らしたが、この地方を体現する料理を一つ挙げるとすれば、それは沿岸の海藻を香辛料の効いた黒酢に漬けたものだろう。あるいは、黄河の鯉をからっと炒めて、甘酢ソースをかけたものかもしれない。皿に盛って生ニンニクを添えただけの餃子もいいし、やはり黒酢を添えた餃子もいい。一九世紀後半から二〇世紀初頭の『素食説略《そしょくせつりゃく》』にも、似たようなことが書かれている。

山東白菜（清代後期）

山東白菜《さんとうはくさい》は、白菜を四角く切り、ゴマ油で香りが立つまで炒める。醤油と老酢《ろうず》を加え、蓋《ふた》をして柔らかくなるまで煮る。水は一切加えず、醤油と酢の味を際立たせる。温かいまま食べても、冷やして食べてもいい。済南《さいなん》（省都）のレストランは、この昔ながらの名物料理を作るのが得意だ。

地元の農産物以外に、地域を分けていたもう一つの違いは、食品ではなく燃料だった。ある資料によれば、「村では薪《まき》ストーブが使われ、街では石炭が燃やされて」いたそうだ。石炭は薪より高温で燃えるため、石炭の登場後、中国の一部で高度な金属溶錬などの産業が発展したのは自然なことだった。高温の炒め物のレシピや、鴨の皮をぱりっと仕上げるような複雑な焼き方のレシピが考案されるようになったのも、やはり自然なことだった。[28]

四川《しせん》省は、昔から濃い味を好むことで知られていた。古い文書にも、四川の人々はショウガが大好きだと記されている。だが、そんな四川でも、唐辛子はすぐには広まらなかった。中国に伝わってずいぶん経った後、一八世紀後半に書かれた『醒園録《せいえんろく》』という四川料理のレシピ集にも、唐辛子はどこにも見当たらない。料理名に「辣」とつくレシピにすら、使われていなかったのだ。

甘辣菜――甘辛白菜（清

甘辣菜《かんらつさい》ではまず、芯《しん》も葉もある白菜を用意する。適当な大きさに切り、ざるに入れる。熱湯にさっと浸し、取り出して乾かす。上質な米酢と白糖を混ぜ、薄切りのショウガ、花椒、辛子《からし》、ゴマ油を適量加える。

これを白菜と和え、桶に入れる。三日から四日経つと、素晴らしい風味になる。

四川の内陸では、沿岸から持ち込まれた魚介類も好まれた。『醒園録』には、フカヒレや鮑《あわび》といった乾燥珍味の戻し方（タラの塩漬けのように、新鮮な水に何度も浸す）も書かれている。地元の川魚と並んで、魚介類の乾燥品は四川料理の主役となり、手の込んだ海鮮の宴に使用された。一九〇九年の成都《せいと》料理の手引書には、四五品目の海鮮料理が列挙されている。たとえば、フカヒレの醤油煮は、カニの卵と一緒に調理し、スープとともに供する。それ以外にも、ナマコ、魚の胃、鮑、干し貝柱、干しマテガイ、イットウダイ、イカ、魚の皮、エビなどの調理法が数多く紹介された。[29]

現実の料理について言えば、今日知られている四川料理の大半は、じつのところ、江南や広東の高度な技術に基づく最近の輸入品である。[30] その伝達は、移住を通じて行われた。地理的可動性の高い商人や役人ばかりでなく、一般の農民も、過密した東部から広々とした西部へ移動した。同時に、食文学という新たな文化を通じた伝達も行われた。

歴史家の藍勇《らんゆう》は、長編の自著『中国川菜史《ちゅうごくせんさいし》』において、いくつかの代表的な料理の歴史を、中国各地で書かれた初期の料理書を通じてたどっている。「四川料理の王様」とよく称される回鍋肉《ホイコーロー》は、素朴な定番料理だ。この料理では豚肉を二度調理する。まずは、豚肉の塊（後足または腹部）を丸ごと茹でてうっすら火を通す。次に、冷ました肉を薄く切り、豆味噌、葉ニンニクの芽、花椒《ホワジャオ》、乾燥唐辛子、塩

1910年、石炭のコンロで何かを調理する露天商。薪のコンロは重すぎて、こうして持ち運ぶには不向きだったのだろう。

味の効いた甜麺醤《テンメンジャン》などの薬味と一緒に強火で炒める。この昔ながらの料理の味は、四川から離れれば離れるほど変わってくる（日本では豚バラ肉が入っていることが多く、辛さより甘味が強い）。だが大部分では、材料や作り方にアレンジの余地は少ない。

いまでこそ、この料理は四川料理と密接に結びつけられているが、現代版の回鍋肉が四川料理のメニューや歴史的資料に見られるようになったのは、一九二〇年代以降のことである。『宋氏《そうし》養生部《ようじょうぶ》』という一六世紀初頭の江南のレシピ集には、名前は違うものの作り方が似ている料理が登場する。

塩煎猪——豚肉の塩炒め（明）

塩煎猪《えんせんちょ》を作る際は、まず豚肉を茹でる。薄切りにして平鍋に戻し、色が変わるまで炒める。水を少量加え、火が通るまで煮る。余分な汁は残さずすくい取り、じっくり炒める。火が通っていない部分のむらをなくす。花椒、塩、お好みの材料（野菜）を加え、再び炒める。[31]

さらに印象的なのは、ほんの少し前の時代にさかのぼるだけで、現代を象徴するこの定番料理のまったく違う姿が見えてくることだ。一九五六年の『家庭菜譜《かていさいふ》』に掲載されている回鍋肉では、砂糖をまぶした豚肉を土鍋で蒸した後、肉を薄切りにしてニンニクの芽やインゲンと炒める。一九七七年に四川省蔬《そ》菜《さい》水産飲食服務公司が編纂した総二六三頁の『四川菜譜《しせんさいふ》』には、乾燥させた塩漬けハムやソーセージを使った回鍋肉が紹介されている。この変形版でも、最初に肉を蒸して柔らかくするが、火は通さない。

だが、他のどんな料理よりも曲がりくねった道筋を歩んできたのは、「鶏肉とピーナッツの唐辛子炒め」として多くの人に親しまれている「宮保鶏丁《ゴンバオジーディン》」だろう。その最も基本的な形は、小さな角切りの鶏肉をしびれるほど辛い花椒で炒め、歯応えのいいピーナッツをトッピングするという、現在おなじみの料理だ。それが宮保鶏丁の真髄であり、後述するように、この基礎の上に数多くの変形版が存在している。通説によれば、宮保鶏丁を考案したのは、丁宝楨《ていほうてい》という一九世紀の清の役人だった。丁は、香辛料を愛する中国南部の貴州《きしゅう》省出身で、最初に山東省北部に、次いで中国西南部の四川省に駐在した。彼に随行した料理人たちも、それぞれの駐在地で新たな技術を学んだ。一説では、この料理人たちが洗練された味覚をもつ丁を喜ばせるために宮保鶏丁を生み出したとされるが、別の説では、丁自身が厨房に入ってこの料理を考案したとされる。いずれにせよ、その料理名にある「宮保《ゴンバオ》」とは、丁宝楨の職名の一つをもじったものらしい、ということを知らなければ理解できまい。

藍勇は、こうした説が宮保鶏丁の――彼が呼ぶところの「四川料理史において最も豊かに神話化されたと考えられる料理」の――起源だとは信じていない。回鍋肉とは対照的に、宮保鶏丁は四川に深く根

1937年、山東省の漁村で、獲れたものを乾かす漁師。魚介類を天日干しにすると、新鮮さが保たれ、風味が凝縮される。

差しており、丁宝楨の逸話の何世紀も前から存在していた。『居家《きょか》必用事類全集《ひつようじるいぜんしゅう》』という元代の書物には、「川炒鶏《せんしょうけい》（鶏の四川風炒め物）」と呼ばれる料理が登場する。

川炒鶏——角切りにした鶏の四川風炒め物（元）

川炒鶏《せんしょうけい》ではまず、鶏一羽をきれいに洗い、内臓を取り除く。ゴマ油三両で肉を炒め、薄切りにしたネギと塩二分の一両を入れて、七割ほど火が通るまで煮る。鍋に、豆味噌一さじ、挽いた白コショウ、花椒《ホワジャオ》、フェンネル、椀一杯分の水を入れる。鶏肉をこの水で煮て完全に火を通し、仕上げに上質な酒を少量加える。[32]

このレシピは、明代の多くの料理書にも、ほぼ一字一句変わらずに掲載されている。また、清代の料理書には、角切りの鶏肉を揚げるという類似の料理（こちらはとくに四川料理と識別されてはいない）が記録されている。では、古くから存在するこの角切り鶏肉のレシピは、いつからおなじみの宮保鶏丁になったのだろうか？　藍勇の考えでは、宮保鶏丁が生まれたのは二〇世紀初頭、つまり、書物が初めてピーナッツに言及し、この料理が英語や日本語の料理書に登場しはじめた頃ではないかという。

四川以外の都市や地域も、それぞれに特徴的な料理や食べ方を有していた。広東省は新鮮な食材を使うことで知られ、とくに魚介類で有名だった。北方平原は、塩味の効いたボリュームのある料理で知られていた。北京には宮殿とあらゆる帝国官僚組織が置かれていたが、少なくとも裕福な南部の人々の目には、この地は文化の中心とは映っていなかったようだ。やがて北京料理と呼ばれるようになる料理の大半は、もともとは山東省から伝えられた。

中国の食文化それ自体は、決して斬新なものではなかった。だが、新たな富が生まれ、新たな料理書が普及したことで、郷土料理はかつてないほど注目を浴びるようになった。他にも理由はいろいろあるが、こうして中国の食は、それ自体が文化商品としてますます自立していったのである。

酒と詩吟

酒は食文化において、また「培養された」（これは「発酵させた」という意味ではなく、「文明化された」という意味）食において、特別な位置を占めている。薬と同様に、酒の文化はきわめて奥深く、本書がこれまで取り上げてきたすべての話題にとってきわめて重要である。したがって、本書のあらゆる部分は――富ともてなしに関することでも、郷土料理に関することでも、医学理論に関することでも――、関連する酒の考察と簡単に「ペアリング」できるようになっている。

酒は食事に欠かせない。豪華な宴を讃えるとき、そして地域の豊かな食文化を讃えるときの決まり文句である「美酒佳肴《びしゅかこう》」という言葉は、食事と酒を等しく重視している。酒は人間関係においても必要不可欠だ。古代の儀式では、天と人間への服従を示すために酒が供えられた。こうした慣習は時代を経て存続し、深まっていった。

酩酊《めいてい》状態のロマンチックな雰囲気ゆえに、酒はエリート文化にも持ち込まれた。西洋のイメージにおいて、情熱的な芸術家が飲みかけの赤ワインのボトルを抱えているように、中国のイメージでは、隠遁《いんとん》詩人が山頂に一人で立ち、そよ風に長い衣をなびかせ、髪を乱しながら、片手には書いたばかりの詩を、もう片方の手には飲み干して空になったばかりの酒瓢《しゅひょう》（酒を入れるひょうたん）を持っている。その姿は異なるものの、両者のイメージの中心にあるのは、酒によって魂と創造性が解放されるという考え方だ。

古代には飲酒は悪習として非難されたが、時代とともに、酒の文化的地位は向上していった。酒は、道教的な超越や芸術的な不服従という概念と同一視されるようになった。

では、酩酊状態の自由な精神と、普通の酔っぱらいを分けるものは何なのだろうか？　それに関して重要な意味を持つのは、この種の文化における模範的存在、つまり今日のマーケティング学で言うところの「広告塔」である。あらゆる美的理念と同様に、中国の酒文化は著名人に強い影響を受けた。ここでいう著名人とは、文学的才能と酒による解放感を独自に融合させて表現できる人々のことだ。驚くには当たらないが、そうした自由な精神の持ち主の多くは詩人だった。

五世紀の詩人の陶淵明《とうえんめい》にとって、酒は、家庭や友情の素朴な心地良さをもたらすものであると同時に、生活の苦労を忘れるための手段でもあった。

「帰田園居《きでんえんきょ》　其五」

新たに醸造した酒を濾し、
隣人に鶏を振る舞う。
日が沈み、家は暗くなる。
荊だらけの薪を焚き、明るいろうそくの代わりにする。

「己酉歳《きゆうのとし》九月九日」（四〇九年）

変化は繰り返し訪れる。
人生には、なんと厄介の多いことか。
この気持ちと、どう折り合いをつければいいのだろうか。
濁酒をただ楽しみたい。

唐の詩人の張説《ちょうえつ》は——この人物については、次章以降で再び取り上げることになるが——、酒による陶酔感を表現した。酒に酔った夜は、まるで特別な舞台で壮大な劇を演じているかのように気持ちが高揚する。その感覚を、多くの読者もご存じなのではないだろうか。

酔中作《すいちゅうさく》

酒に酔っているとき、わたしの喜びはとどまるところを知らない。

酔っていないときよりも、ずっと気分がいいのだ。
わたしの動作は、すべて舞踊となる。
発する言葉は、すべて詩となる。

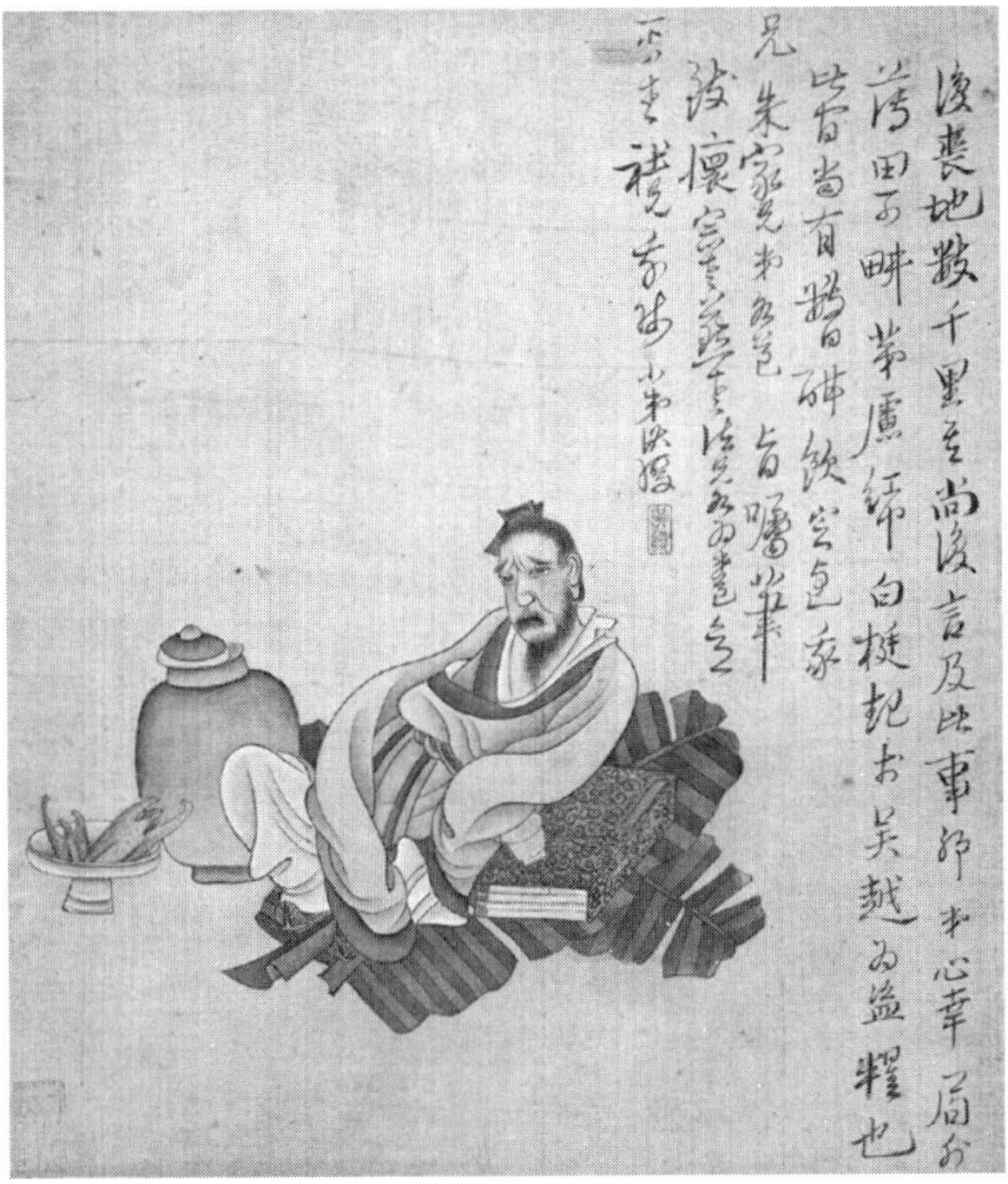
明末の画家、陳洪綬の自画像（1627年頃）。酔って横になっている詩人の姿は、中国の絵画にはおなじみの題材である。

だが、中国の酒好きな浪漫主義者のなかでも、唐代の自由人であった李白《りはく》ほど有名な人物はいない。以下の詩は、「月下独酌《げっかどくしゃく》」からの引用である。

酒に幸福を見出すなら、
酔わない人とその幸福を分かち合うべきではない。

中国詩の黄金時代を代表する李白の詩は、きわめて情緒的である。そこに反映されているのは、喜びや喪失、旧友との再会、人や場所を最後に見かけたときの痛切な感情だ。酒を飲めば、そうした出会いと別れの挨拶を交わす場ができる。あまりにも深遠で、またはあまりにも痛々しくて向き合うことのできない、抑圧された感情も解放される。

「春日酔起言志《しゅんじつすいきげんし》」

この世の人生は、大きな夢にすぎない。
わたしはそれを、仕事や悩みで台無しにしたくはない。
だから、朝から晩まで酔っている。
酔って、門扉《もんぴ》の前で横になってしまった。

目が覚めて、庭前を眺めた。
一羽の鳥が、花々の間で鳴いていた。
いまはいったい何時なのかと、わたしは尋ねた。
鶯《うぐいす》は、春風のなかで鳴いているばかりだった。

その歌に感動し、わたしはすぐに溜め息をついた。
酒がそこにあったので、自分で杯を満たした。
大きな声で歌いながら、月が昇るのを待った。
歌い終わる頃には、何を考えていたのか、すっかり忘れてしまった。[33]

随園食単

酒の文化には、酒に酔うこと以上の意味があった。同様に、食通としての名声を得たければ、客に飽《あわび》やツバメの巣を腹いっぱい食べさせるだけでは足らなかった。食は、中国の文人に重んじられたあらゆる分野の文化――宗教、医学、古典、農学、詩など――と関わっており、いずれの分野でも味と繊細さでふるいにかけられた。偉大な中国研究家の張光直《ちょうこうちょく》も、まさにそういう意味で、中国の紳士は「飲食に関する知識と技術」があることで有名だと語った。[34] 食通は、最高の歌劇が披露される茶館、辺鄙《へんぴ》な場所にありながら特定の料理がずば抜けて美味しいと噂されるレストラン、食卓を囲む仲間にふさわしい無名の文人や芸術家を知っていた。そして当然ながら、食通は食そのものを理解していなければならなかった。旬の食べ物は何か、どこからどんな食べ物が持ち込まれたのか、さらに、希少な酒と詩をどう融合させるのか、ということまで知っている必要があったのだ。食通は、文化や流儀を備えた食事をしなければならなかったのである。

料理の地位向上に伴い、新たな料理書も次々に出版されるようになった。当時、中国の出版産業はおおむね好調であり、小説、演劇、宗教などの話題を求める市場に応えるための書籍印刷所があちこちに新設された。[35] 食もこのブームの一部であり、何十タイトルもの新刊が流通するようになった。明代後期の『宋氏養生部《そうしようじょうぶ》』には、食用・薬用合わせて一〇〇〇種類以上の食品と、一三四〇種類の調理法が概説されている。韓奕《かんえき》の『易牙遺意《えきがいい》』には、江南の食品市場が描かれ、一五〇種類の特産品が紹介されている。これらに比べて専門性の低い詩書でも、食は地域の生活や特色の一面として捉えられている。唐代の詩人である張説《ちょうえつ》（酒を飲んで踊る詩人）は、自身の回顧録において、一四の異なる地域で生まれた五八品目の郷土料理を概説している。清代末期の『調鼎集《ちょうていしゅう》』には、三〇〇品目以上のレシピが簡潔に列挙されているが、その多くはもっと古いレシピ集からの引用だった。[36]

こうした新しい書物のなかで最もよく知られているのは、中国の悪名高い美食家の袁枚《えんばい》が一七九二年に著した『随園食単《ずいえんしょくたん》』である。袁枚は中国東部の杭州《こうしゅう》出身で、学者であり詩人でもあった。その著書には、地域の農産物、料理の芸術、そして食の楽しみへの賛歌が綴られている。

袁はまず、料理人に必須の知識を短い文章で説明する。その知識とは、食の本質、風味、色彩、季節、調理器具に関することだ。彼は次に、料理人が犯しがちな「大罪」を列挙する。その罪には、策略や芝居に走って料理を台無しにすること、注意を怠ること、流行に無分別に従うこと、料理保温器を多用すること、肉を焼きすぎること、一つの鍋に材料を一気に加えること、攪拌《かくはん》された樽《たる》から出る沈泥水または染料桶に残る灰色の汁のようなスープを作ること、などがある。袁枚の怒りの対象は料理人だけではなかった。彼をことのほか苛立たせたのは、酒に酔った客だ。

善悪を区別できるのは、用心深い者だけである。同様に、味の良し悪しを判断できるのは、正気の者だけである。伊尹《いいん》はかつてこう述べた。「風味の微妙な差異は、言葉では正しく表現されない」。酒に酔ってうまく話すことさえできない者が、どうして風味を表現できようか。ましてや、どうしてそれを判断できようか。

宴席で酒を飲みながら遊戯に興じ、飲みすぎて意識が朦朧《もうろう》としている人々を見ることがある。それほどの酩酊《めいてい》状態では、彼らが食べている素晴らしい料理も、おがくずと変わらないのではないだろうか。酒好きの人々は、心をすっかりどこかへやってしまい、食を判断する力はその場から締め出されている。どうしても酒に溺れたいのなら、まずはきちんと食事をして料理を味わってから、酒を持ち込めばいい。そうすることで、酒も料理も存分に楽しめる。[37]

袁は続いて、三三〇品目ほどの料理を、厨房向けではなく食卓向けの作り方で説明している。現代の多くの料理書がそうであるように、この『随園食単』もまた、「火のそばではなく卓の上で」作られる料理についての本なのだ。[38]袁のこだわりが最も強く感じられるのは、さまざまなレシピに付記されているちょっとした情報だ。特定の料理をいちばん美味しく食べる方法や、袁自身が過去にそれを食べた場所、その調理が特別に上手いことで知られる人物などが紹介されているのだ。そうした記述のなかには、長々と書かれているものもあれば、ごく簡単なメモ程度のものもある。

芋粉団――タロイモの団子（清）

芋粉団《うこだん》を作るには、タロイモをペースト状にして天日で干し、米粉と混ぜて団子にまとめる。朝天宮の道士は、タロイモ粉の生地に野生の鶏肉を入れて団子を作る。これは絶品である。

作酥餅法――さくさくした餅の作り方（清）

作酥餅法《さくそへいほう》を調理するには、固形の豚油ときれいな水を椀一杯分ずつ用意する。これらを混ぜ合わせ、擀餅《かんべい》（棒で延ばして作る焼き菓子）を作る要領で生粉の上に注ぎ、生地が柔らかくなるまで練る。これとは別に、蒸した粉と豚油を用意し、むらなく柔らかくなるまで混ぜる。硬くならないように注意すること。生粉の生地をクルミ大に、蒸した粉の生地をやや小さめに丸め、生粉の生地で蒸した粉の生地を包む。長さ七寸、幅三寸になるように棒で延ばす。これをお椀の形に折り、ウリの果肉を詰める。

筍煨火肉――筍とハムの煮物（清）

筍煨火肉《しゅんわいかにく》を調理する際はまず、冬筍《トンスン》とハムを四角く切り、一緒に煮込む。ハムは水に二度漬けて塩抜きし、氷砂糖と一緒に柔らかくなるまで煮ておくこと。

席武山《せきぶざん》によると、調理済みのハムを翌日まで保存したければ、煮汁に入れておかなければならない。煮汁なしで保存すると乾燥してしまう。真水に入れて保存すると、風味が損なわれてしまう。

では、カエルのレシピはどうだろうか。袁枚は基本的なことを大まかに説明するだけだ。唐辛子を加えれば、以下のレシピは現在のカエル料理とよく似たものになる。

田鶏――カエルの調理法（清）

田鶏《でんけい》、すなわちカエルの脚だけを用意し、体の残りの部分は捨てる。まず脚を油で炒め（熱い油をすくって上からかけながら）、次に最高級の醬油[39]と甘酒を加えて、ショウガとカボチャと一緒に煮る。あるいは、適当な大きさに切って炒めるだけでもいい。味は鶏肉に似ている。

袁枚が厨房で調理ができたかどうかはさておき、彼は書物の調べ方には間違いなく詳しかった。当時の一般的な料理書と同じく、『随園食単』も他の書物からレシピを大量に引用しており、その出典は『揚州画舫録《ようしゅうがぼうろく》』の李斗《りと》をはじめとするエリート文人の作品だけには限らなかった。タロイモ団子のレシピは、『調鼎集』から一字一句変えずに転載したものである。羊の頭の煮物の詳しいレシピも、その例外ではない。

煮羊頭——羊の頭の煮物（清）

煮羊頭《しゃようとう》の調理法はまず、羊の頭の毛皮を剝《は》がす。剝がせないものはすべて焼き払う。頭をきれいに洗って切り開き、茹でて柔らかくして、口の中の毛皮を剝がす。目玉は三等分に切り、黒い膜を取り除く。細かく刻んで、肥えた老鶏のスープで煮込み、シイタケ、甘酒四両、醬油一杯を加える。辛くしたい場合は、小粒のコショウの実を一二粒と、ネギを数本加える。ニンニクを入れる場合は、上質な米酢を一杯加える。

袁枚のレシピは、コショウの実の数に至るまでこれとまったく同じだ。違うのは、小さな角切りにした筍をシイタケに加えることくらいである。

では、袁枚は盗用者ということになるだろうか？　そうだとすれば、その罪を犯したのは彼だけではないことは確かだ。この時代の料理書は、どれもお互いの情報を利用しあっていた。袁枚をはじめとする著者は、中国全土の無数の厨房にすでに広まりつつあったレシピを書き留めたにすぎないのだ。このように書かれ、このように丸写しされたあらゆるレシピのおかげで、料理は——中国文化の他の領域と同様に——普及し、国家的な性格を帯びていったのである。

『紅楼夢』の宴

中華帝国後期の料理は、他の芸術と並んで最盛期に達し、折々にそれらの芸術と交わった。当時を象徴する文学形態、すなわち小説においては、料理はとくに重要な役割を果たす。宴にどんな料理が出されるか、あるいは脇役にどんな食事の癖があるかといった描写は、単に場面を飾るだけのものではない。そうした描写は、登場人物の雰囲気、地位、性格、動機を探る手がかりにもなるのだ。

明《みん》代初期から中期の小説『水滸伝《すいこでん》』は、一〇八人のアンチヒーローがそれぞれに腐敗した社会を逃れ、人里離れた山に逃避する物語である。その道中では数多くの戦いと宴が繰り広げられるが、食べ物は筋書きを展開させるという意味でも、各登場人物の性格を説明するという意味でも、象徴的な役割を担っている。[40] 最もよく描かれる題材は酒であり、多くのエピソードの始まりや終わりに、常軌を逸した量の酒が登場する。この豪傑たちが牛肉を好物としているのは、彼らの強さとアウトサイダー的立場の象徴だ。ある名場面では、元兵士の武松《ぶしょう》が、酒を飲んだ夜の終わりに千鳥足で外へ出て行き、素手で虎を殴り殺す。武松の酒場での「牛肉二斤を切ってこい！」という台詞《せりふ》は、いまなお、「今夜はばか騒ぎをするつもりだ」と周囲に知らせるための言葉として使われている。

武侠《ぶきょう》小説から官能恋愛小説にジャンルを移すと、食は『金瓶梅《きんぺいばい》』においてもきわめて大きな役割を果たしている。この明代の小説は、放蕩《ほうとう》な青年の恋愛遍歴を中心に展開し、この青年が時間と金銭と体力を費やして性的な関係を重ねる様子を描く。したがって当然のように、『金瓶梅』には体力を回復させる食べ物の話が繰り返し登場する。主人公だけでなく、彼が途中で出会う娼婦や妾《めかけ》はみな、そうした食べ物を利用するのだ。主要な女性の登場人物は、「内臓を潤し、便秘を和らげ、十二経絡《けいらく》に効く」という新鮮なチーズを贈られる。主人公は鳩の煮込みを食べるよう勧められるが、当時の読者なら誰でも、この料理を血に栄養を与えるための手段として理解しただろう。

『金瓶梅』に描かれる食べ物もまた、その自堕落な生活がいかに贅沢なものだったかを伝えている。この物語には二〇〇品目以上の料理が登場し、豚の頭の丸焼き、豚足の煮物、ガチョウの砂肝と水かきの和え物、日干しした鶏の蒸し物、焼いた骨の揚げ物、腎臓の炒め物、肉の燻製《くんせい》、揚げ麩《ふ》の炒め物、酸味のある筍のスープ、豚足の水晶（卵白と一緒に揚げたもの）、ガチョウの……と続く。肉の調理技法については、全部で二一種類紹介されている。だが、『金瓶梅』の登場人物にとりわけ愛されたのは鴨肉で、粕漬《かすづ》けにしたもの、煮込み、香辛料に漬けたもの、燻製、丸焼き、串焼きなどが登場する。[41] 一八世紀の『食憲鴻秘《しょっけんこうひ》』に出てくる鴨の滋養《じよう》料理は、わたしたちを『金瓶梅』の世界に連れていってくれる。

鴨羹——鴨の羹（清代初期）

鴨羹《おうかん》ではまず、鴨肉を茹でて七割ほど火を通す。湯から取り出し、小さな角切りにする。茹で汁に戻し、香辛料、料理酒、醤油、筍《たけのこ》またはキノコ各種を加える。松の実や、殻を剝《む》いた「白い」（「湯通しした」という意味かもしれない）クルミを加えてもいい。

今日まで食の代名詞となっている小説といえば、一八世紀の『紅楼夢《こうろうむ》』だろう。この小説は、ある名家の栄枯盛衰と、隣り合う屋敷で暮らす二つの分家の様子を描いたものである。正確な設定は明言されていないが、その細かな生活描写から、清代の最盛期が舞台になっていることはほぼ間違いない。話の筋が紆余曲折しながら展開していく過程で、この小説の読者は、学者と使用人の、男性と女性の、富裕層と貧困層の、それぞれの世界が重なり合うのを目撃する。慎重に選ばれた言葉や、贈り物や、身ぶりなどに、彼らの交流の詳細が見えてくる。『紅楼夢』は、ただの素晴らしい物語ではない。そこには、最盛期にあった清の複雑な社会に対する洞察が詰まっているのだ。

この小説のリアリズムの一部は、その細部に宿っている。穏やかで裕福な農村家庭の衣服、住まい、家具に加えて、日常生活を構成する慣習、挨拶、小さな儀式にもそれが見られる。話の筋や登場人物を支える食もまた例外ではない。食事は対立と和解の場であり、数々の計画は軽食の皿越しに企てられる。密告は、一杯の紅茶とともに届けられることもめずらしくない。

『紅楼夢』は、何十品目もの料理に言及している。酸筍《さんじゅん》（たけのこ）と鶏皮のスープ、蓮の葉の羹《あつもの》、野生の子鴨のスープ、ハムと新筍のスープ、エビ団子と鶏皮のスープ、野鶏の丸焼き、野鶏の足、野鶏の揚げ物、鴨の骨の揚げ物、ウズラの揚げ物、ウズラの塩漬け、ガチョウの足の塩漬け、乾燥させた鴨の燻製《くんせい》、酒に漬けた鴨の蒸し物、ウズラの卵、鶏卵の煮込み、豚肩肉とハムの煮込み、羊肉の牛乳蒸し、鹿の丸焼き、筍を添えた鶏の骨髄、豆腐皮の包子《パオズ》、もやしの塩炒め、タロイモの蒸し物。それ以外にもお粥が紹介されており、このお粥は、赤米、もち米、畑で育てられた米と川で育てられた米、鴨、ナツメ、燻製肉、野菜の塩漬け、ツバメの巣でできている。以下の卵料理は『食憲鴻秘』からの引用で、簡単で美味しいごちそうだったようである。『紅楼夢』の登場人物たちは、スープに含まれる香辛料の独自の薬効についても、よく知っていたのではないだろうか。

醤煨蛋《しょうわいたん》——卵のソース煮（清代初期）

醤煨蛋ではまず、鶏の卵と鴨の卵を、六割ほど火が通るまで茹でる。茹だったら、箸を使って、卵の殻に軽くひびを入れる。茹で汁に甜麵醬《テンメンジャン》、シナモン、花椒《ホワジャオ》、フェンネルの種、ネギの白い部分を入れる。一時間煮てから、一杯分の焼酎を加える。

これらの卵を金華ハムと一緒に茹で、すくって鍋から取り出す。卵の殻に再度ひびを入れ、鍋に戻してさらに一時間から二時間煮込む。完成品の味は最高だ。殻を完全に取り除けば、さらに美味しく食べられる。

『金瓶梅』の料理と比較すると、『紅楼夢』の料理には、野生の獲物、羊、鹿が多用されていることにお気づきだろうか。どちらも南部の嗜好が広く反映された書物だが、『紅楼夢』には、清を統治していた満州族の影響も見られる。先述した肉のミルク煮のように、乳製品を使った料理も出てくる。この物語でちょっとした事件が起きるのは、主人公の賈宝玉《かほうぎょく》に母乳を与えていた乳母の李婆《りば》が、椀に入った酥《そ》酪《らく》を口にしようとして咎《とが》められる場面だ。

李婆はこう主張した。「この酥酪を飲むかどうかで、わたしに指図しないでください。わたしには酥酪なんかより、もっと貴重なものをいただく資格があるのです。ご主人は、自分があれほど大きく強く育った理由を忘れてしまったんでしょうか。あの方は、わたしの血液から作られた母乳を飲んでいたんです。それがいまになって、わたしがこの牛乳を飲んだことに腹を立てるというのですか？」李婆は憤然として、椀の中身を飲み干した。[42]

さらに、薬膳への高い関心も『紅楼夢』の特徴である。一家の長老たちは、自分の病気やその治療について、しきりに話をしている。あるとき、賈母《かぼ》（宝玉の祖母）は子羊を牛乳で蒸した料理を食べ、それは高齢者の体力維持に特別に必要なものであるから、若い者は手を出さないようにと言いつけた。病み上がりの別の登場人物には、棗餡《なつめあん》入りの芋月餅《いもげっぺい》が出される。これは鳩の煮込みと同じく、過度な労作後の体力を回復させるメニューだ。酸筍《さんじゅん》と鶏皮の発酵スープは、二日酔いの薬として提供される。

料理は季節に応じて変化する。冬には体を温める料理が出され、夏の午後には、暑さを和らげる冷たい料理が出される。こうした季節ごとの配慮は、医学的に理にかなっているだけでなく、自然それ自体のスケジュールに沿って食事をすべきだという儒教の教えにも通じる。『紅楼夢』のある脇役は、季節外れのレンコンやスイカを含む豪華な誕生日の贈り物を見せびらかす。ここで仄めかされる彼の利己性や無謀さは、やがて激しい怒りを伴って爆発することになる。

では、この小説の料理はどこで生まれたのだろうか？ 少し調べてみると、個々の料理が『調鼎集』などの同時代のレシピ集に行き着くことがわかる。[43] たとえば、宝玉が賈母との面会の準備をしている場面では、次のような一節がある。

宝玉はうなずき、服を着替えた。それから、女中が小皿に入れて運んできた蓮の実とナツメのスープを少しすすった。さらに、麝月《じゃげつ》が運んできた皿から、ショウガの砂糖漬けを一片つまんだ。[44]

読者のほとんどは、宝玉は賈母に何を言うつもりなのかと考えながら物語を追いかけるだろうが、本書では、「ショウガの砂糖漬けとはどんなものなのか」と問うてみたい。じつのところ、この食品を「ショウガの砂糖漬け」と呼ぶことも、翻訳者の権限でやむをえずそうしているにすぎない。原文の実際の意味は「調理されたショウガ」であり、少し早い時代に同じ地域で集められたレシピを探せば、その手順が正確にわかる。

法制紫姜——紫ショウガの調理（清）

法制紫姜《ほうせいしきょう》を作るにはまず、ショウガ四斤の皮を剝き、水ですすぐ。軽く叩くようにして水気を取り、磁器の鉢に入れる。砂糖一斤と醬油二斤を加える。シナモン、スターアニス、オレンジの皮、エゴマ各二両を細かく刻み、よく混ぜる。こうして混ぜ合わせたものを、夏の始めから終わりにかけて乾燥させる。虫除けのため、鉢は赤い網で覆うこと。夏が終わる頃には保存できるようになる。

このショウガはとても強力で、万病への効果が期待できる。[45]

では、ここから何がわかるだろうか。このショウガの「砂糖漬け」は実際には甘味より塩味が強く、香辛料が効いていて、醤油とエゴマの葉により茶紫色に染まっていたということだ。ショウガには辛味もあるので、部屋を出て行くときに一片つまむというこの最後の行動は、宝玉が自分で認める以上に緊張していたことの表れなのかもしれない。物語上の表現としては、登場人物が大事な会議に臨む前にたばこを吸うのに似ている。あるいは、宝玉はただ息をリフレッシュさせたかっただけとも考えられる。いずれにせよ、このちょっとした記述が筋書きに影響を与えることはほとんどない。しかし、そんな些細なことが、読者を登場人物とその時代にいくらか近づけてくれるのは確かだ。

『紅楼夢』に登場する別の料理は、この小説の代名詞ともなっているため、著者による創作だと誤解されることが多い。この料理は、表面的な言及にとどまらず、完全なレシピとして紹介されている。つまり、会話の途中に出てくるという、レシピにはありがちな登場の仕方をするのだ。

茄鯗——塩漬け魚風のナス（清）

賈母は笑いながら「お客様に茄鯗《かしょう》をお持ちしなさい」と言った。

鳳姐《ほうしゃ》は素直に茄鯗を箸でつまみ、劉婆《りゅうば》の口の中に入れると、微笑んで言った。「ナスなんて毎日召し上がるでしょうが、この料理を試してみてください。味はいかがですか」

劉婆は笑った。「冗談はよしなさい。ナスがこんな味がするなら、穀物なんて忘れて、ナスしか育てませんよ」

一同は笑った。「本当にナスですよ。嘘はついていません」

劉婆は驚いて答えた。「これが本当にナスだと言うのですか？　それなら、もっと味わって食べるべきでした。もう一切れ、味見をさせてくれませんか」

鳳姐は、もう一切れを劉婆の口に入れた。それをしばらく噛んだ後、劉婆は微笑んだ。「ナスの味がするけれど、ナスとは思えません。家に帰って作れるように、作り方を教えてくれませんか」

鳳姐はこう答えた。「難しいことではありません。採れたてのナスを用意して、皮を剝きます。果肉から質の良い部分だけを取って、角切りにして、鶏脂で揚げます。次に、干した鶏肉、シイタケ、春筍、五香豆腐、さまざまな色のウリの種を刻んで、鶏の出汁で水分がなくなるまで煮込んでください。これに植物油と、ゴマ油を一さじ混ぜ、しっかり密封できる磁器の瓶に入れて保存します。食べたくなったときに、炒めた鶏足と和えれば、それで完成です」

明らかに魚は使われていないにもかかわらず、この料理は「塩漬け魚風のナス」の名で知られるようになった。歴史的料理の愛好家たちは、『紅楼夢』を代表するこの料理に注目し、それぞれのアレンジ版を考案してきた。レシピの解釈は多様に分かれ、一部では、鳳姐の説明とかけ離れた料理も生まれた。いくつかの動画チャンネルでは、調理をする人が当時の衣装を着たり、幻想的な雰囲気の屋外厨房に立ったりしているものの、この料理自体はただのナスの揚げ物として再現されている。

わたしは鶏脂ではなく豚油を使い、このレシピを説明に沿って試してみた。予想通り、ナスは大量の油を吸ったが、だからこそ劉婆はこれを肉料理だと最初に勘違いしたのかもしれない。あるいは、ナスを揚げる前の一般的な工程――つまり、角切りにしたナスを蒸したり干したりするという工程――が、この小説ではきちんと述べられていない可能性もある。この料理が保存を前提にしたものなら、水分をほとんど飛ばさなければならないだろうし、その最も簡単な方法は、揚げる前のナスを天日干ししておくことには違いない。いずれにしても、鳳姐の説明には何かが欠けているようだ。

混乱に拍車をかけるように、『紅楼夢』のいくつかの版では、この伝説の料理の第二形態が紹介されている。こちらの作り方は、はるかに複雑だ。

茄鯗（第二の版）

四月から五月に採れた新しいナスを用意する。皮と茎を取り除き、果肉の質の良い部分だけを残す。これを髪の毛ほどの細さに切り、天日で干す。肥えた雌鶏一羽を煮込み、スープを作る。干したナスをそのスープで蒸して、風味を染み込ませたら、ナスを再び完全に乾かす。ここまでの作業を九回繰り返し、その都度、ナスを乾かしてぱりっとさせる。磁器の瓶に詰め、しっかり密封して保存する。食べるときに小皿に取り出し、炒めた鶏足と和える。

これを聞き、劉婆は首を振って答えた。「なんと！　鶏を一〇羽も使ってこれを作ったのですか？　道理で美味しいはずだ」

これら二種類のレシピを長々と引用したのは、そのどちらになるかで、劉婆と賈家の出会いの意味が大きく変わるからだ。結局のところ、劉婆は貧しい家の人だった。彼女に供される一方のものは、動物の脂で揚げたナスを鶏肉や野菜と一緒に煮込むという手の込んだ料理である。だがもう一方のものは、鶏一〇羽のみならず何日分もの作業を必要とするナスの単品料理である。前者では味の良さが強調されているが、後者ではとんでもなく高級な料理がごく簡単な小品として扱われている。たとえそれが善意の贈り物であったにせよ、このエピソードは（最終的に劉婆は胃の不快感に苦しむことになる）、一族の半々がまったく違う世界に住んでいることを表しているのだ。

だがいずれにしても、これは謎めいた料理ではないし、小説による創作料理でもない。本書ではすでに、ナスをからっと揚げる料理を他にも見てきた。たとえば、元代《げん》の「ナスの肉詰め」などがそうだ。さらに昔の「鵪鶉《あんじゅん》ナス」という料理には、茄鮝の第二形態に近い手順が記されている。

鵪鶉茄——鵪鶉ナス（宋）

鵪鶉茄《あんじゅんか》を調理するにはまず、新鮮なナスを細い糸状に切り、熱湯にさっと浸す。塩、醤、花椒、ディル、フェンネル、甘草、オレンジの皮、アーモンド、小豆のペーストを合わせ、全体が均一になるまで混ぜる。これをいくつかに分け、天日干しして蒸した後に保存する。食べるときは、熱湯に浸して柔らかくしてから、ゴマ油で揚げる。

これは一二世紀の『浦江呉氏中饋録《ほこうごしちゅうきろく》』から引いたレシピであり、同書に収められたほとんどの知恵と同じく、菜園での現実的な問題——今回で言えば、新鮮な野菜が突然大量に手に入った場合の保存方法——に対処しようというものだ。実際に上記のような方法なら、調理台いっぱいに並んだナスの体積を驚くほど減らすことができる。細切りにして乾燥させたナスの小さな山は、そのまま蓋付きの瓶に入れて保存すればいい。

豚肉が保存されてベーコンになるのと同様に、乾燥させたナスはそれ自体が料理になる。『浦江呉氏中饋録』のレシピでは、料理の味と食感を保つため、熱湯にくぐらせて柔らかくすることが推奨されている。

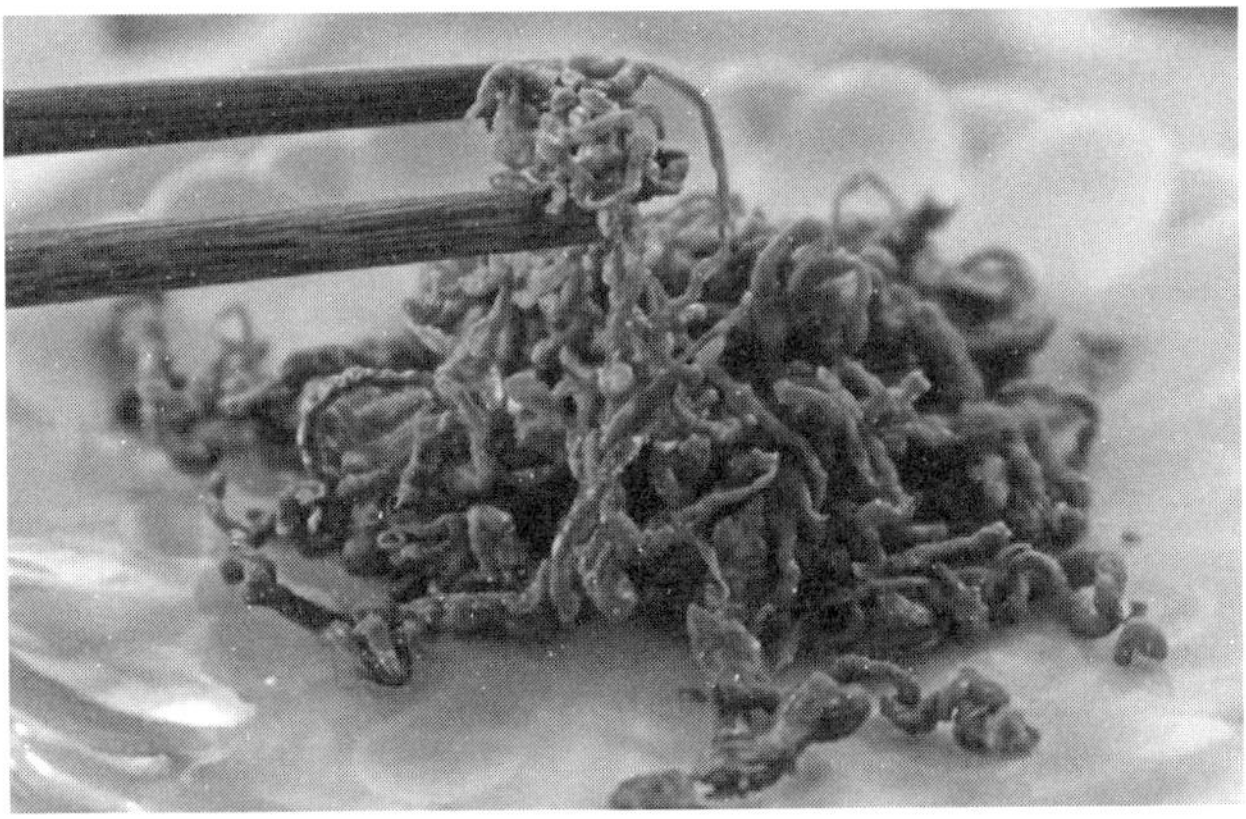
鵪鶉ナス。香辛料をまぶして干したナスは、数カ月間保存できる。

　こちらのレシピで調理してみると、小説のレシピを参考にしたときよりも、はるかに美味しい料理ができた。わたしは細切りのナスを茹でるのではなく、煮た豚とともにさっと蒸し煮にしてみた（竹製の干しざるを日当たりのいい場所に移そうとしていたとき、たまたま通りかかった近所のおばあさんが、そうするよう勧めてくれたのだ）。こうして戻されたナスは歯応えと硬さを保っていたが、水を使って調理をしすぎると（たとえば、鶏一〇羽分の出汁で蒸すなど）、すっかり崩れてしまうことは明らかだった。いずれにしても、「茄鯗《かしょう》」という名前が指しているのは風味のことではない。それは、ちょうど魚を塩漬けにするように、ナスを味つけして乾燥させる長期保存技術のことを指しているのだ。
　それでは、食卓の準備をしよう。『紅楼夢』の登場人物はいつも食事をしているため、設定に関する選択肢は数多くある。それは大規模な家族の宴なのか、こぢんまりした庭園でのパーティーなのか。住宅の屋外で開かれるのか、屋内で開かれるのか。喜ばしい行事なのか、悲しい行事なのか。だが、わたしがとくに好きなのは、本章の冒頭で紹介した宴――一族の長老である賈母が開いた、ささやかな

賈母の園遊会は、くつろぎの時間だった。

新年会だ。[46]

その夜、わたしたちは、次々と運ばれては下げられていく料理を目にすることになる。『紅楼夢』において、食は外見的には背景にとどまっているものの、つねに会話の中心にある。使用人全員の栄養状態が良いこと、餃子がなければ新年とは呼べないこと、鴨粥は脂っこくて賈母の胃には合わないことなどが、登場人物の口から絶えず語られる。皿が片づけられる段階になってようやく、わたしたちはその食の存在に気づくのだ。

ならば、このパーティーではどんなものが出されたのだろうか？　小説の他の箇所に登場する料理に基づいて、数品を推測してみることは可能だ。タロイモ、冬筍、ウズラ、鹿はいずれも冬の定番食材で、季節的には寒い季節のもの、性質的には体を温めるものである。また、当時の多くの料理書から、それらの調理法についてもさまざまな想像を巡らすことができる。

中国の最後の王朝がますます強大かつ裕福になるにつれ、その料理はいっそう精緻化していった。『紅楼夢』は創作かもしれないが、それは現実に近い創作であり、味覚、慣習、道徳、価値観の面から、洗練の極致に達した当時の伝統料理を描いている。『紅楼夢』は、創作小説の愛読者だけでなく、中国における帝国時代の料理の味を知りたい——たとえ、それが空想上でしか実現しなかったとしても——と願う人々を魅了してやまないのだ。

第4章　高級食材と海外の流行——中国は世界を席巻する

上海は古くから労働者の街だった。この街を象徴するスポット——外灘《ワイタン》（バンド）沿いの立派な銀行群、フランス租界のしなやかなアールデコ建築物、中国人エリートたちの風格ある中庭など——からそう遠くない場所には、質素な長屋や過密住宅が建ち並んでいた。街の周縁では、真に貧しい人々が、葦《よし》の敷物で建てられた仮設住宅に暮らしていた。これが一九二一年の上海だった。正確に言えば、その元日の様子だった。

上海の商店街として有名な南京路を曲がり、脇道へ入ると、寒さが和らぐ。階段を上がり、欧米の高級料理を提供する「糖果《とうか》餅乾《ビンガン》珈琲館」へ向かう。席に座る前に、一人あたり一元を支払う。この値段で食べられるのは、一五品以上の中から料理を選択できる元日セットだ。お得なことに加えて、このランチはちょっとした冒険でもある。

メニューにはざっと目を通した。ハムと鶏肉とキノコのスープ、牛肉の冷製、豚バラ肉とパイナップルの煮物、ハムの水煮、ローストチキン、五色の野菜など、おなじみの料理もいくつかある。一方、もっとめずらしい異国風の料理もある。魚料理にエンドウ豆とエビのソースを添えたもの、ホウレンソウを敷いた上にキジの肉詰めを載せ、さらに燻製《くんせい》肉のソースをかけたものなど、定番食材をまったく違った方法で食べさせるようだ。なかには、「免治批」と書かれたような、まったく正体不明の料理もある。「女帝のプディング」とはいったい何なのだろうか？　まあ、そのうちわかるだろう。

新年の楽観的な気持ちとともに、席に着く。自信をもって言えるのは、どんな食事が運ばれてくるにせよ、少なくとも食後のコーヒーには期待できるということだ。

食の天界

中国を最初に訪れたヨーロッパ人たちは、一言で言えば、心を打たれた。一二〇〇年代という早い時期にやってきた勇敢な訪問者たち――マルコ・ポーロがその代表だ――は、出発前の時点で、中国のことをほぼ何も知らずにいた。当時はモンゴル統治の時代であったため、東方への旅においては、最初に宮廷へ出向いてモンゴルの王公に敬意を表するのが習わしだった。しかし、ヨーロッパ人は、そこで見たものにさほど感銘を受けなかった。モンゴル人の武勇と実直さに感服する一方で、彼らを野生的で粗野だと見なした。

だが、さらに足を延ばして中国沿岸の裕福な商業都市にたどり着いたヨーロッパ人たちは、その紛れもない豊かさに圧倒された。修道士オドリコによれば、絹は平民でも着られるほど広く普及していたという。中国に最も長く滞在し、最も広く各地を移動したマルコ・ポーロは、中国の都市の富や規模について、偉大な港湾都市コンスタンティノープルにも匹敵するほどだと述べている。当然のように、彼の言葉を信じる者はいなかった。

マルコ・ポーロは、数多くの場面のうち、杭州《こうしゅう》の活気ある食品市場を次のように描写している。

> それぞれの広場では、週三日間、市場が開かれ、四万人から五万人が思いつく限りの生活必需品を売りにやってくる。そのため、ここにはつねに豊富な供給があり、キョンの雄、アカシカ、キジカ、野兎、飼兎、ヤマウズラ、キジ、シャコ、ウズラ、家禽《かきん》、雄鶏、そして鴨やガチョウなど、あらゆる種類の肉や獲物が大量に置かれている。多くは湖で育てられているので、ヴェネツィアのグロッソ一枚で、ガチョウ二羽と鴨二組が手に入る。さらに、子牛、牛、子ヤギ、子羊などの大型動物の屠畜場も備えられており、その肉は富裕層や高官の食卓に並ぶ。
>
> これらの市場には、あらゆる種類の野菜や果物も毎日のように陳列される。果物のなかでも格別なのは、一つ一〇ポンド近くある巨大な梨だ。この梨の果肉は白く、砂糖菓子のような良い香りがする。また、旬の時期に揃う黄色の桃と白色の桃は、繊細な風味を余すところなく感じさせる。[1]

マルコ・ポーロは他の場所でも、豊富な穀物、家畜、魚、香辛料を目撃した。香辛料については、シナモン、クローブ、ショウガ、甘松《かんしょう》、ガランガル、ダイオウ、サフランに似た果実（おそらくターメリック）などを挙げ、「それ以外の香辛料は我が国には決して届かないので、何も言う必要はない」としている。四川《しせん》では塩井《えんせい》を訪れ、福州《ふくしゅう》では、現地で製造される「膨大な量の」砂糖（こちらもヨーロッパでは比較的希少だった）について述べた。ほぼ行く先々で、米酒の品質を称賛した。ヨーロッパ人にとってコショウが贅沢品だったこの時代に、杭州などの都市では信じられないほど大量のコショウが輸入されていたことを記した。[2]

想像を超えた食品の数々に驚いた初期の訪問者は、マルコ・ポーロだけではなかった。一七世紀半ばに中国南東部の福建省《ふっけんしょう》で暮らしていたスペイン人宣教師は、豆腐の素晴らしさを詩的に表現している。

　中国全土で広く利用され、普及し、安く豊富に手に入る珍味がある。皇帝から平民まで、この帝国の誰もが口にする――皇帝や貴族はごちそうとして、平民は必要な糧《かて》として――その珍味とは、「豆腐」と呼ばれる豆のパテである。作り方を見たことはないが、豆からミルクを作り、大きさは石臼《いしうす》ほど、厚さは指五本から六本ほどのチーズ状に固めるようだ。その全体は新雪のように白い。豆腐はまさに理想の食べ物だ。生でも食べられるが、通常は調理して、野菜や魚などの食材と一緒に食べる。それ自体は淡白だが、先述のように調理すると美味しく、バターで炒めると絶品に仕上がる。また、キャラウェイシードと混ぜてから干して燻製《くんせい》にすると、いっそう味が良くなる。中国でこれほど大量の豆腐が購入され食べられているとは驚きだが、これほど大量の豆が確保されていることもまた信じがたい。中国人にとっては、豆腐と野菜と米さえあれば、他には何もいらないのだ。[3]

マルコ・ポーロが行わなかったことの一つは、麺のレシピを持ち帰ることだった。麺の調理法は、ある美しい村娘から彼の船乗りたちに伝えられたという説もある。だがこの東洋の伝説は、一九二〇年代にアメリカのパスタ販売キャンペーンのために創作されたものだ（アラブの商人によってスパゲッティが持ち込まれたのはおそらく事実だが、これは古代地中海地域のパスタとは異なる）。

マルコ・ポーロによる陸路の旅から数世紀後、ヨーロッパの商人は海路で中国に到達するようになった。そしてしばらくの間、中国は「食を愛する豊かな国」としてのイメージを広く保つことになる。一七六九年、ホームシックにかかっていたイギリス軍士官候補生の青年が、裕福な広東《かんとん》商人の潘振承《はんしんしょう》の自宅で二度の豪華な夕食を楽しんだ。青年は、その様子を次のように述べている。

> これらの祝宴は、一〇月一日および二日に開かれた。初日の宴は、給仕の服装から料理の盛りつけまでイギリス風の夕食会だった。出席した中国人はぎこちない手つきでナイフやフォークを使い、ヨーロッパの流儀をどこまでも忠実に守っていた。ワインはどれも最高級品で、豊富に用意されていた。
>
> 二日目は対照的に、すべてが中国風だった。ヨーロッパ人の招待客全員が、箸を使って食べるか、あるいは食べようと努めていた。ナイフやフォークは食卓には並んでいなかった。もてなしは素晴らしく、食事は最高に美味しかった。中国人は高級料理を愛し、最高の料理人を揃えている。[4]

中国の料理とヨーロッパの料理が出会い、最初に花開いたのは、広東《かんとん》貿易の初期だった。西洋の商人や宣教師――その多くは有力なエリート層だったが――は、彼らのほとんどを受け入れていた唯一の都市である広州《こうしゅう》で開業し、そこで快適に暮らそうと手を尽くした。つまり、故郷の快適さを持ち込もうとしたのだが、こうした冒険好きな人々にとって、「故郷」という概念はきわめて流動的なものだった。彼らの多くは料理人や家族を帯同しており、その嗜好にはすでに旅の人生が反映されていた。

このような融合の一例に、旧ポルトガル植民地マカオの独特な料理がある。マカオは二〇一七年、ユネスコの「食文化創造都市」に認定された。この地域の家庭やレストランの料理人から集めたレシピのデータベースには、幅広い様式の料理が網羅されている。ヨーロッパや中国発祥とみて間違いない料理もあれば、ゴア、マラッカ、アンゴラ、ブラジルのポルトガル人入植地から持ち込まれたことが明白な料理もある。[5] マカオ料理独特の味わいの大部分は、食材の代用から発展した。それはたとえば、サフランの代わりにターメリックを、乳製品の代わりにココナツミルクを、中華ソーセージや乾燥ハムの代わりに燻製チョリソーを、レモンの代わりにタマリンドや梅干しを使うことであり、米酒とブドウ酒を双方向で交換することでもあった。マカオ料理にはまた、マレーシアの唐辛子であるサンバルや、刺激的なエビ味噌のバリシャオンといった、まったく新たな味覚も取り入れられた。やがてこれらは融合し、鶏肉、牛肉、ハム、中華ソーセージを一つの鍋で煮込んだ肉たっぷりのシチュー、鶏肉のターメリック炒め、芳醇《ほうじゅん》なカレー、蒸し卵、牛乳のデザートなどの料理を生み出したのである。

食卓の病人

青年が潘振承《はんしんしょう》の国際的なもてなしに感銘を受けてからちょうど一世紀後、西洋人一般の中国に対する印象は、富と洗練というイメージから、貧困、堕落、不潔というイメージへ変化した。

たかが一世紀だが、それは壮絶な一世紀であった。その短い間に、イギリスによるアヘンの輸入がおもな要因となって、貿易の流れは中国に逆行した。国内から金が流出しはじめ、中国がそれを阻止しようとすると、イギリスとの間に悲惨な戦争が一度ならず二度も生じた。だが、問題はそこで終わらなかった。一八世紀の間に、中国の人口は三倍になった。そうした大規模な人口増加には、新種の驚異的な作物の供給能力さえも追いつかなかった。遅かれ早かれ、飢えた人間は暴力を振るいがちになる。一九世紀のある内乱では、第一次世界大戦の両陣営の総死者数より多くの人々が殺害された。しかも、この内乱は、一世紀にわたる暴力的反乱の一つにすぎなかった。清《しん》朝政府が腐敗と機能不全に陥るにつれ、外国からの訪問者は、中国を「天界」と見なすのではなく、アジアの「病人」と見なす傾向を強めていった。[6]

中国で暮らす外国人はますます増えたが、その大多数は、天津《てんしん》や上海などの都市の一部で暮らしていた。そこは外国人直轄下の区画であり、いわば一九世紀版のゲーテッド・コミュニティだった。二〇世紀の初めになると、外国人の存在感の高まりは、ゆっくりとした植民地化の過程のように思われた。この時代における外国からの影響は、いまなおその建築物に見ることができる。上海のフランス教会、ハルビンのロシア式タマネギ型ドーム、青島《チンタオ》に並ぶ厚壁のドイツ家屋、天津にある赤煉瓦《れんが》造りのイギリスの行政施設などがその代表だ。

中国に住む外国人は、故郷とのつながりも強めていった。蒸気船のある世界は、帆船が定期航行する世界よりもはるかに小さくなった。そして一九世紀末になると、条約港に住む外国人は、ロンドン、パリ、サンフランシスコなどから、最新のニュース、流行、食品を直接入手できるようになったのだ。結果として、西洋と東洋の文化交流には大きな不均衡が生じた。西洋人は中国を奇妙な異国という視点で眺めるようになり、同時に中華料理への見方を一変させた。レストランが近隣の猫を捕らえて肉に混ぜているなどのばかげた話が、大衆冒険小説にお決まりのイメージとして登場しはじめたのもこの頃からである。

西洋の世界的な勢力拡大は、産業化という別の大きな革命と重なった。蒸気船による海の支配が始まるのと連動して、食品の製造、加工、貯蔵、輸送の方法は、あらゆる技術革新を通じて根本的に変えられた。進歩のたびに世界はさらに小さく、新たな食品はさらに安価になり、二〇世紀への変わり目には、こうした変化がかつてないほどの速さで実現するに至った。当然ながら、こうしてグローバル化を続ける食品システムは帝国主義の輪郭に沿い、金銭のある場所――とくに、リヴァプールやロンドンなどの大貿易都市――に集中していた。とはいえ、それは富裕層のものとは限らなかった。第一次世界大戦の前夜、ロンドンの労働者階級の食卓には、世界中の生産物が日常的に並んでいたとされる。外国産の紅茶、コーヒー、ココアなどのほか、アルゼンチン産の牛肉、ニュージーランド産のバター、カナダ産のリンゴといったごく普通の食品も見られた。というのも、これらの食品は、自国で生産するよりも世界中から輸入したほうが安上がりだったからである。一九二四年、アメリカのある経済学者は、アメリカ国民がグローバル化の豊かさに急速かつ全面的に慣れ、その末に退屈さえしていることを、少々失望した様子で述べている。

現代人は朝食をとるために着席し、アイリッシュ・リネンのナプキンを広げ、中米産のバナナで食事を始める。続いて、キューバ産のサトウキビで甘味をつけたミネソタ産のシリアルを食べ、モンタナ産のラムチョップを平らげてから、ブラジル産のコーヒーで食事を終える。わたしたちの日常生活は世界一周旅行に等しいが、その素晴らしさに興奮することは少しもない。[7]

外国の食品

中国の食にとって、これは二つのことを意味した。グローバル化による第一の影響は、中国人の食生活に外国の食品がますます取り入れられるようになったことだ。注意深く読み進めてきた読者なら、中国が外国の食品を知らないはずはないとわかるだろう。中国の果物、野菜、穀物、香辛料、調理法の大部分は、もともとは他国から伝わったものだ。グローバル化によって新たに流入した食品と、漢代や唐代にもたらされた新種の野菜、宋《そう》代にもたらされた高収量米、清《しん》代初期に新世界からもたらされた奇跡の作物とが異なるのは、そうしたかつての輸入品はいずれも中国に移植された食品系であったということ――つまり、中国の土壌で栽培される新種の作物だったということだ。そこに違いがある。グローバル化は、中国が世界的生産チェーンに統合される時代の始まりだったのだ。この瞬間から、中国ではいっそう多くの人々が、他国で生産された食品を口にするようになった。

おなじみの缶入りのコンデンスミルクについて考えてみよう。コンデンスミルクは一般にデザートとして、果物やアイスクリームに甘さを添えるトッピングとして認識されているかもしれない。だが一八五〇年の開発当時、コンデンスミルクは画期的な製品だった。缶入りになったことで、新鮮なまま消費できる期限が一日未満から数カ月へ、さらには数年へと延びたからである。結果として、ミルクはそれまで手に入らなかった場所でもただちに入手可能になった。最初はアメリカの北軍の兵士に支給され、次いでアメリカ西部のカウボーイや、オーストラリアの近郊労働者にも提供された。

やがて、コンデンスミルクはアジアへ渡った。一八七六年、マラヤ奥地の村の首長は、イギリスからやってきた役人にイギリス製のビスケットとテータリック（コンデンスミルクで甘味をつけた濃い紅茶）を振る舞い、この役人を驚かせた。一八八〇年の時点で、中国の広州《こうしゅう》市は年間三万四〇〇〇缶のコンデンスミルクを輸入していた。一九三〇年代になると、少なくとも上海などの地域では、コンデンスミルクは中国の中流階級家庭に広く普及した。[8]

なぜ中国人は、この新たな食品を積極的に受け入れたのだろうか？　その要因の一つは、西洋人との関係だった。当時の中国が政治的混乱にあえぐ一方で、大英帝国は堂々と世界を闊歩《かっぽ》していた。アジア全域の政府は、過去に固執するか、それとも新たな現実への適応を試みるかという二択を迫られた。後者を選ぶなら、西洋人がこれほど強大になった理由を理解することから始めなければならない。

日本は真っ先に離脱した。「アジアを去る」時期が来たと判断し、西洋の科学、軍事演習、服装、食生活を手本とする改革計画に乗り出した。食事の面では、何世紀にもわたる菜食を放棄し、牛肉をはじめとする肉を食べることが平民にも奨励された。若き明治天皇は、この新たな慣習の幕開けとして、牛肉を食べて一八七二年の新年を祝った。[9]

牛肉は新たな文化戦争の中心かつ象徴に君臨し、対立する過去と未来の断層線となった。風刺小説の『安愚楽鍋《あぐらなべ》』に出てくる登場人物の一人は、食卓を囲む仲間にこんなことを言っている。

牛肉というのは、まったく最高に美味しいものですな。一度この味に慣れてしまうと、もう鹿肉や猪肉には戻れない。なぜ日本では、これほど見事なものを今まで食べてこなかったのでしょう。……われわれのような人間でも牛肉を食べられるようになったことに、心から感謝しなければなりません。日本が着実に文明国に近づきつつある、その事実のおかげでこうなったのです。もちろん、粗野な迷信にしがみつく無教養な田舎者が、肉食して穢《けが》れた人間は仏や神の前で祈ることができなくなる、などと言うこともあります。そうした戯言《たわごと》は、彼らが自然哲学を理解していないことの証左にほかなりません。そういう野蛮人には、牛肉食に関する福沢の記事を読ませるべきでしょう。[10]

この「福沢」とは言うまでもなく、根っからの西洋主義者であった福沢諭吉のことである。『肉食之《にくしょくの》説《せつ》』と題された記事において、福沢は肉食にいまだ懐疑的な人々に対し、この新たな食のモダニズムを擁護した。

古来、われわれ大和民族は農耕に従事してきた。古代人は五穀《ごこく》を主食とし、肉はごく稀《まれ》にしか食べなかったため、体内の栄養が偏《かたよ》りがちだった。こうして必然的に、多くの人が病気になり、衰弱した。しかし、牛や羊の飼育法が発達した現在では、牛肉や羊肉を摂取し、牛乳や羊乳を飲むことで、この栄養不足を補うことが期待できるはずである。それにもかかわらず、いまなお多くの人々は、肉の利用をやみくもに嫌っている。わが民族が何世紀ものあいだ守ってきた慣習に従えば、肉食は不浄《ふじょう》だというのだ。これは、無知から生まれた見かけ倒しの主張であり、人間の自然な性質に関する知識の欠如と、人体の原理を見定める能力の不足を示しているにすぎない。

今日のわが国では、肉を食べないことから栄養不良になり、活力の減退に苦しむ人が少なくない。つまり、肉食を避けることは国家的な損失なのだ。この損失がすでに理解されており、それを補う手段も確保されているならば、そうした手段を実際に活用しない理由がどこにあるというのか。多くの病人を抱えることが一家の伝統であり、それゆえに薬の投与も拒否するという家庭があったとして、彼らを賢明と呼べるだろうか?

牛乳については、こう書いている。

事実上、それは唯一の万能薬と呼ぶべきものだ。西洋諸国では、牛乳は単に医療目的で摂取されるだけでなく、普段の食生活に組み込まれている。また、牛乳だけでなくチーズやバターなどの製品も、日本で鰹節《かつおぶし》が使用されるのと同様に消費されている。魚がほとんど獲れないスイスなどの山国でも、山地の住民は肉さえ食べれば、栄養豊富な食生活を維持できる。

ならば、わが民族も牛乳の利用を学ぶことに開眼し、そのことに心血を注げば、不治の病から癒《い》え、老いることなく長寿を全うし、健康な体と生き生きした精神を手に入れられるのではないだろうか。そうして初めて、われわれは日本人と呼ばれることを恥と感じなくなるのではないだろうか。[11]

僧侶（彼らにはこの新たな養生法《ようじょう》を嫌う独特の理由があった）を中心とする層からの反発にもめげず、牛肉の人気は大いに高まった。それは単に健康価値があったからではなく、牛鍋（「すき焼き」に近い料理）などの新たな煮込み料理にも使用できたからである。明治日本の政治的・社会的改革派にとって、西洋のように食事をすることは、重要なクラブに参加するための手段だった。一般の人々にとって、それは最先端のモダンな行為だった。牛肉を普段から食べる余裕のある比較的少数の人々にとって、それはただの美食だった。

同様に、中国の外国人居留地には、新たな流行の食品が数多く導入された。流行に敏感な消費者は、輸入品の赤ワイン、スコッチ・ウイスキー、コーヒー、チーズなどの斬新な味に魅了された。こうした新たな味覚のなかには、他の商品よりよく売れるものがあった。ビール（詳しくは後述する）はたちまち人気に火がついた。乳製品は目新しいものではなかったが、西洋の酪農場で生産される便利で清潔な瓶入り牛乳は例外だった。アイスクリームは一九二〇年代に初めて登場し、大ヒット商品となった。その人気ぶりから、上海をはじめとする都市の当局は、不衛生な地元生産者を摘発し休業させるという課題に絶えず対処しなければならなかった。

料理の面でも、中国の西洋に対する反発は根強かった。政治改革者の孫文《そんぶん》による有名な言葉には、当時の大衆的な感情――どれほどの科学力や軍事力を備えていても、西洋は料理に関しては後進的である――が反映されている。「中国は近代文明のあらゆる分野で後れを取っている。だが料理の分野において、われわれに並ぶ者はない」[12]。その二〇年後には、勤孟《きんもう》という作家が、同様の感情をさらに具体的に表現した。勤はさまざまな苦言を呈するなかで、不味い西洋料理に耐えることを強要されて心が乱れるのは、海外赴任中の中国人外交官にとって仕事の妨げになると述べた。

> 中国人が西洋料理に耐えられないのは事実だ。わたしも個人的には我慢ならない。欧米の料理はおおむね清潔で衛生的だが、味は単純で、しばしば生っぽく原始的である。これは、西洋人自身が認めていることだ。
>
> 西洋料理の問題は食材にあるのではなく、その調理にある。西洋人が鶏を食べるとき、彼らはそれを揚げるか煮るかのどちらかだ。しかし、中国の達人の手にかかれば、鶏を内臓や血も含めて調理する方法は八〇種類も存在する。西洋の単純な調理法には、そのような発想は一切ない。
>
> わたし自身の研究によれば、西洋文明で重視されるのは科学と物質的世界だ。西洋人は原子力を発見できるが、鶏に皿の破片を詰めて焼けば柔らかくなるといった料理の秘訣は、彼らの理解を完全に超えたところにある。イギリスのバッキンガム宮殿で最も格式高い食事は、一一品の料理で構成され、ウズラの丸焼きがメインとして供される。中国では、たとえ「安価な宴」でもそれよりはましだろう[13]。

勤孟の言うことはどれだけ正しかったのだろうか？　この問いに答えるには、勤が上海などの都市で出会ったとされる西洋料理を理解することから始めなければならない。当時、中国の料理人が高度な料理修業のためにヨーロッパへ渡ることはほとんどなかった。その代わりに、稼働中の厨房《ちゅうぼう》での見学や実習によって、または一九二五年の『西餐烹飪秘訣《せいさんほうじんひけつ》』などの料理書を通じて学んでいた。勤は鶏の唐揚げに言及していたので、まずはそこから始めよう。

炸鶏《さけい》――鶏の唐揚げ（一九二五年）

器具

一　揚げ鍋とコンロ
二　包丁とへら
三　ボウルと皿

材料

一　柔らかい鶏一羽（羽と内臓を取り除き、頭と手羽を外す。大きな骨を取り除き、肉を四つに切って、包丁の背で叩く。両面に塩コショウを振る）
二　小麦粉　スプーン二杯分
三　パン粉　スプーン二杯分
四　卵黄　二個分（混ぜる）
五　塩コショウ（必要に応じて少量）
六　ウスターソース（必要に応じて少量）
七　豚脂　四両

調理法

下ごしらえした鶏肉を用意し、ボウルに入れる。必要に応じてウスターソースを加え、三〇分放置する。ボウルに小麦粉、卵黄、パン粉を入れて混ぜる。平鍋に豚脂を入れ、泡立つまで熱する。鶏肉を加え、黄金色から茶色になるまで揚げる。揚げた鶏肉は西洋紙（輸入品）を敷いた皿の上に並べ、余分な油を吸収させる。別の皿に移してから食卓に出す。

この鶏の唐揚げは、中国人にとって本当にめずらしかったのだろうか？　じつは、それほどでもなかったようだ。この唐揚げを『調鼎集《ちょうていしゅう》』の中華風レシピと比較してみよう。

炸鶏脯——鶏の唐揚げ（清）

炸《さ》鶏脯《けいほ》の調理ではまず、鶏肉を小さな角切りにして揚げ、塩と花椒《ホワジャオ》をまぶす。これを豚の網脂で包んで、（再び）揚げる。

二つの文化が鶏の唐揚げという発想を別々に思いつくというのは、それほど想像しづらいことではない。だが、ここで見られる二種類には多少の違いがある。西洋でおなじみの唐揚げは、鶏を丸ごと使い、軽くパン粉をつけて揚げるというものだ。肉を刻んで揚げた後、豚の網脂に包んで二度揚げするという『調鼎集』の技法はもっと複雑で、本書がこれまで見てきたような料理——強い風味のある干し肉や保存肉、そして野菜を使う茄蘘《かしょう》など——に近い。また、鶏の唐揚げを香辛料で調理する料理も数多く存在する。つまり、西洋の唐揚げが中国人に衝撃を与えたとは考えにくい、ということだ。

『西餐烹飪秘訣』に掲載されている他の料理、たとえば、冷製サラダ、バターケーキ、ドイツ風のパン（この本では実際はパンプディング）、サゴ・プディングなどは、まだ斬新だったかもしれない。少なくとも『西餐烹飪秘訣』で紹介されている料理は、その多くがきわめて退屈だ。肉は焼くか煮るかのどちらかで、通常は赤ワインとバター以外に調味料はほぼ使用しない。「マカロニ・スープ」のレシピは、マカロニを水で煮ただけのもので、中華料理の最後に味つけされていない麵が出されるのに似ている。

では、中国と西洋の料理界はどのように交流したのだろうか？　中国の帝政崩壊後も、中華料理は上昇の軌道を外れなかった。中国の新たな共和政時代は高級料理店の時代であり、いまなお多くの人々にとって、華麗な美食家たちの優雅で洗練された暮らしを連想させる時代である。当時の料理の華やかさは、国際的な港湾都市を象徴する西洋料理店にまで波及した。天津《てんしん》の「起士林餐庁《きしりんさんちょう》」、上海の「和平飯店《わへいはんてん》」、広州の「太平館《たいへいかん》」などはいずれも、流行に敏感な人々を観察したり、彼らに自分の存在を知らせたりするのに最適な場だった。もちろん、高級な西洋料理店がマカロニの水煮より素晴らしいものを提供していたのは間違いないが、外国料理の魅力は決して味だけではなかった。外国料理は、中国のエリート層の西洋に対する見方や、自分自身に対する見方に本質的に働きかけた。中国の問題を文化の遅れによるものと理解していた改革者世代にとって、西洋の食事は——氷水を飲む、半生《はんなま》の肉を食べる、女性を食卓に招くといった異質な慣習も含めて——、嫌悪の対象から称賛の対象へと移り変わっていったのである。[14]

北京大学教授のアイザック・テイラー・ヘッドランドは、一九一四年の著書において、彼の中国人の同僚が西洋料理を受け入れようと苦心していた様子を回想している。

わたしたちがよく知る食べ物のうち、初めて外国人と接触した中国人から嫌われるものが三つある。それは、バター、コーヒー、チーズだ。

わたしが迎えた客のなかには、それらの匂い自体を明らかに嫌っているのに、無理をして食べようとする人もいた。思い出すのは、北京大学の陸《りく》教授を夕食に招いた晩のことだ。陸教授はとても大柄で、ふくよかな体型をしていた。彼はそれまで、外国人の家庭で食事をしたことがなかった。長年わが家で働いてくれていた給仕の少年は、そのとき初めて、食卓で待機している間にうっかり笑みをこぼした。食事中、わたしが陸教授にバターを手渡すと、教授は皿に盛られたバターの半分を取ろうとした。少年は息を呑み、そんなにたくさんは必要ありません、と漫然とした口調でたしなめた。陸教授は、自分の過ちを正当化しようとしたのか、あるいは主人に気に入られようとしたのか、やはり漫然とした口調で言った。「わたしはバターが大好きなんです」[15]。

当時、中華料理は中国以外の国々にも新たな根を下ろしつつあった。だが世界的に見れば、それは単純な一つの物語ではなかった。中華料理は、上陸したそれぞれの土地で、現地の味覚、食材、社会的環境に適応し、新たな料理や独自の社会的イメージを開拓していった。ほとんどの読者にとって、わたしが中西部での青年時代に愛した「糖醋排骨《タンツーパイグー》」や「炒雑砕《チャプスイ》」などの料理は、アメリカ化された偽物の中華料理として認識されていることだろう。要するに、中国のメニューに見当たらないという意味で「本物ではない」ということだ。ところが近年では、アメリカ式中華料理それ自体が尊敬に値する伝統だという擁護の声が聞かれるようになった。わたしもどちらかと言えば、その意見に同意する。そうしたことを判断する人々によって正当かつ好意的に評価された、他のハイブリッド中華料理の数々――ペナンやマラッカの福建省人コミュニティで考案された香辛料たっぷりのプラナカン料理や、日本の餃子、「チーファ」と呼ばれるペルー独特の料理など――を考えれば、なおさら賛成だと言わざるをえない。

上海の西洋料理店の場合と同様に、中華料理の魅力も食そのものだけにはとどまらなかった。アジア系移民の頭上に人種差別という暗い影が迫っていたにもかかわらず、多くのアメリカ人は、彼らの考える「中華料理」を日常的に食べていた。安価で、便利で、異国情緒を味わえるというのがその理由だった。炒雑砕《チャプスイ》は一九二〇年代に大流行し、第二次世界大戦中の太平洋戦争を通じて、アメリカ人の意識における中国の地位は確固たるものとなった。一九四五年には、楊歩偉《ようほい》の『How to Cook and Eat in Chinese（中国食譜）』がアメリカで出版された。こうした経緯をたどったのは、アメリカだけには限らなかった。日本による中国への残忍な侵略が始まる直前、日本の女性団体は広東料理や上海料理を日本の台所に合うように改良し、『家庭向支那《むきしな》料理三百種』というレシピ集として出版した。

鶏肉の卵蒸し（一九三三年）

挽き肉と卵を巻いて蒸した料理。一本ずつ皿に盛りつけてもいいし、箱に詰めてもいい。

材料（五人分）　鶏挽き肉（豚挽き肉で代用できる）一〇〇粒（三七五グラム）、卵五個、タマネギ一個、酒、ショウガ少量、醤油、塩、砂糖、豚ラード、片栗粉。

『家庭向支那料理三百種』（1933年）の表紙。この本は中華のレシピ集であり、おもに広東の料理と食習慣を日本の読者に紹介したものだ。料理は蒸すか、揚げるか、煮るかのいずれかで、底の丸い中華鍋で炒めるという特徴的な技術は見られない。

一　鶏肉は二度挽きし、ショウガとタマネギはできるだけ細かく刻む。卵を割って一個ずつ溶きほぐし、酒をさじ一杯加えて三分ほど混ぜ、塩少々を加える。一個分ずつ卵焼きで焼く。

二　鶏肉をすり鉢とすり

こぎで挽き、片栗粉さじ一杯半、醬油さじ二杯、砂糖さじ二杯、タマネギとショウガ、うま味調味料さじ一杯を加えて、三分ほど混ぜる。

三　焼いてシート状になった卵に水溶き片栗粉をまぶして広げ、肉を均等に載せていく。二層から三層になるように手で巻き、それぞれを竹網で包む。これを中火で二〇分蒸す。

完全に冷めたら竹網を外し、二つから三つ（厚さ六ミリから九ミリ）に切り分けて、一口大に整える。[16]

このレシピは早くも「うま味調味料」に言及しているが、それは意外なことではない。というのも、この調味料を最初に製造したのは日本なのだ。うま味調味料は、中国が工業生産を開始するにつれ同国でも普及したが、実際によく売れるようになったのは一九八〇年代からである。

西洋料理が中国にもたらした、広範なトリクルダウン効果についてはどんなことが言えるだろうか？西洋料理の味や様式は、どのような経緯で、高級料理店から庶民的なレストランのメニューへと広まったのだろうか？

ここで、上海の「糖果《とうか》餅乾《ビンガン》珈琲館」でのランチに戻ろう。数多くの競合メニューと並んで地元紙に掲載されたこの定食は、一九二一年の新年を祝して、豪華な「ヨーロッパ風アメリカ料理」と銘打たれた。

糖果餅乾珈琲館　新年メニュー（一九二一年）

一　ハム、鶏肉の細切り、キノコのスープ

二　巻いて揚げたアカエイ、グリーンピースとエビのソース

三　ホウレンソウの上に載せたキジのヒレ肉の肉詰め、燻製肉のスープを添えて

四　豚バラ肉のパイナップル煮、マッシュポテト添え
五　エビフライ、新鮮なレタスとディップ用ソースを添えて
六　茹でたハム
七　雄鶏の直火焼き
八　五色の野菜料理
九　細切りにしたジャガイモの揚げ物（フライドポテト）
一〇　燻製した牛タンの冷製

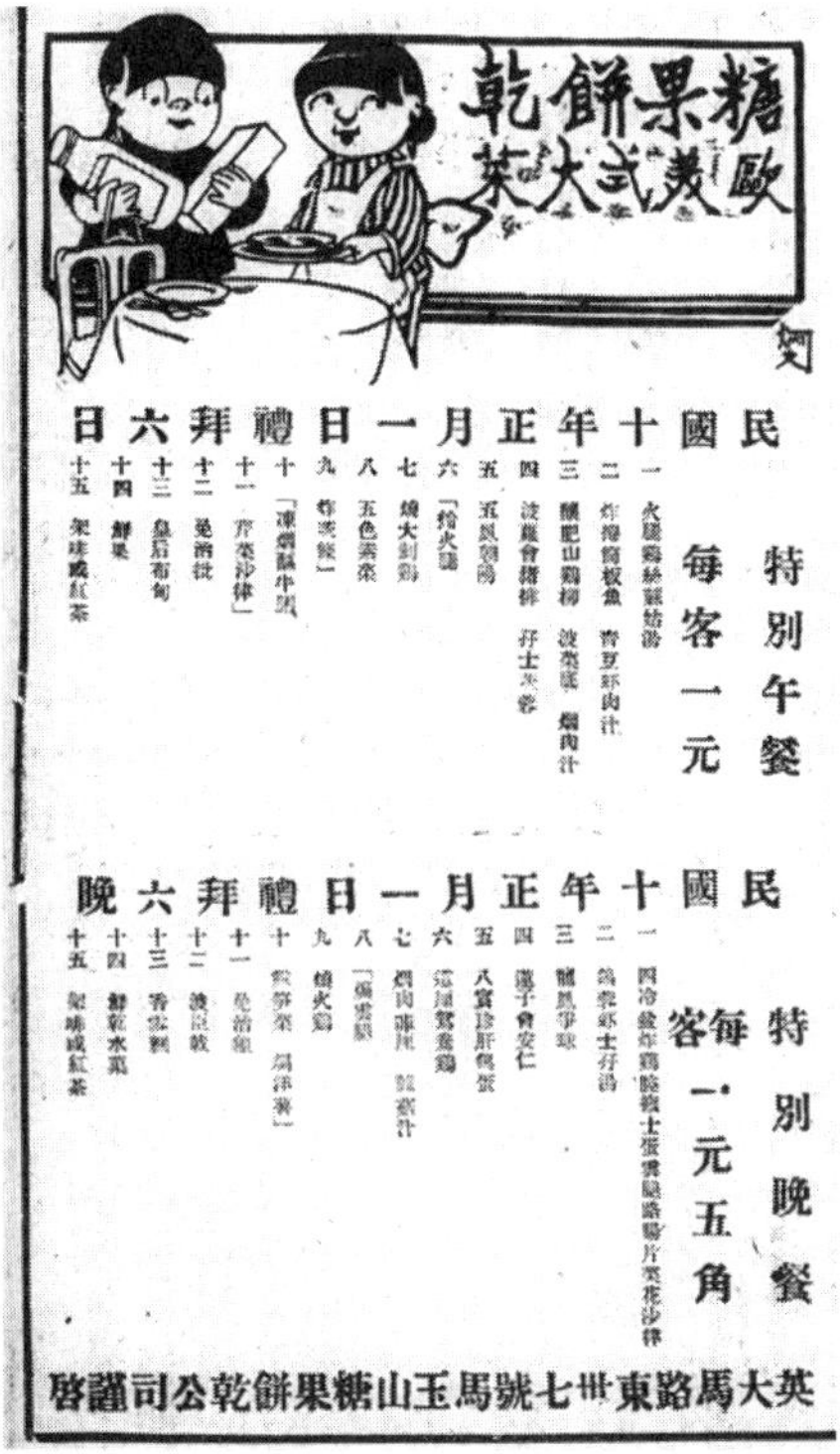

上海にある「糖果餅乾珈琲館」のランチメニューとディナーメニューの広告（1921年1月1日付の『民国日報』より）

一一　セロリのサラダ
一二　ミンスパイ
一三　女帝のプディング
一四　新鮮な果物
一五　コーヒーまたは紅茶[17]

当時の食事客にとって、これは普段のメニューと異国のめずらしいメニュ

ーの境界線をまたぐものであったはずだ。ハム、鶏肉の細切り、キノコが入っているのは、明らかにスープだと理解できる。しかし、それ以外の料理は初心者を混乱させたに違いない。実際のメニューでは、「コーヒー」や「サラダ」などの言葉は音訳されていた。「免治批（ミンスパイ）」も、文字だけではどんな料理かわからない。直訳では「治療を免れる」のような意味になってしまうし、「ミェンチィーピィー」という中国北部の発音もやはり参考にはならない。わたしは香港の料理ブログでこの料理を見つけた後、広東語の発音を確認し、音声を聞いて、ようやくこれが「ミンスパイ」なのだとわかった。では、あの「女帝のプディング」についてはどうだろうか？　すべての料理のなかで最も目立つ名前をもつ料理が最大の謎として残されていることは、ちょっとした皮肉に感じられる。当時の英語話者の料理人は、数多くのデザートにこの名前をつけていた。カスタードとジャム入りのスポンジや、ライスプディングをパイ生地に入れて焼いたもの、あるいは干しブドウと一緒に蒸したものなどが、すべて「女帝のプディング」と呼ばれていたのだ。それにしても、わたしがこのメニューを解読するのに苦労したのだから、一〇〇年前の中国の読者はどれほど困惑したかを考えてみてほしい。

　上海を中心とする都市で提供されている他のメニューを見てもわかるように、この新年の宴が催される頃には、アイスクリームも、コーヒーも、バターも、ごく身近な食品として中国のメニューの一部になりつつあった。蘇州《そしゅう》の広東料理店「天一楼《てんいちろう》」が提供していた八角（〇・八元）の日替わりランチには、粥、炒飯、点心のほか、細切り鶏肉とハムのスープ、桂魚《けいぎょ》の揚げ物、五つの風味の子鳩、牛肉のトマトソース煮、エビと卵のチャーハンといった、南部の定番料理が並び、毎食後に牛乳プリン、牛乳、コーヒーがついてきた[18]。南京の「中央花園餐庁《ちゅうおうかえんさんちょう》」が提供していた豪華なメニュー（一・二元）には、一九三四年の時点で、鶏肉のクリームスープ、アイスクリーム、コーヒーが含まれていた[19]。

新たに流行した西洋料理は、そのなじみのない名前と味で、人々を戸惑わせた。

糖果餅乾珈琲館のように定食を出す店はおもに中国人を接客していたが、上海には何万人ものヨーロッパ人、ロシア人、アメリカ人、日本人が住んでいたため、外国人向けの特別なレストランもたくさんあった。上海図書館に現存するコレクションには、一般のレストランで出されていた簡単な昼食や、アメリカ風ダイナーで出されていた卵料理、コーヒー、ハンバーガー、サンドイッチなどのメニューが、ほぼ英語で記録されている。今日の世界的な都市や観光地にも外国人居留地が残されているように、当時中国で暮らしていた外国人の多くは、現地人とまったく別の生活を送ることが可能だった。故郷の食べ物を食べるということも、その一部だったわけだ。

工業化

二つ目の変化は、科学技術によって中国独自の食品チェーンに変革が起きたことだ。上海などの都市が突然アイスクリームに夢中になった理由の一つは、アイスクリームが手に入るようになったからである。アイスクリームを得るには牛乳と冷凍庫が必要だが、冷凍庫として使用できるのは、モーター船や鉄道で南部へ運ばれる天然氷か、電気冷蔵庫かのどちらかだった。わたしはこれまで、食肉を自分の研究分野の一つとしてきた。中国は、その歴史の大半において、かなり伝統的な方法で食肉を生産してきた。農民や商人が家畜を市場に持ち込み、そこで屠畜して、ただちに肉を売るという方法だ[20]。この仕組みが理想的とは言えない理由は多くあるが、とくに密集した都市の場合は、不潔で非効率的だ。上海は衛生面で大きな問題を抱えていたため、業者が外部から肉を持ち込むことは禁じられていた。つまり、人で賑わう大都会の中心で家畜を殺さなければならなかったのだ。

これを踏まえると、一八〇〇年代半ばの上海に代表される中国の都市は、ほぼ同時期のロンドンやニューヨークと大差はなかった。少なくとも、どの都市も同様の課題に直面していたという意味ではそうだった。そして、この状況に変化をもたらしたのが鉄道だった。アメリカでは、西部の放牧地とカンザスシティやシカゴの家畜置き場が線で結ばれ、そこからさらに東海岸の市場、それより遠くの市場と結ばれた。鉄道は食肉生産の景色を、そしてビジネスモデルをも一変させた。輸送手段によって食肉産業は強化されたのである。これはアプトン・シンクレアなどの社会評論家には不本意なことだったようだが、しかし他の条件がみな同じであれば、資源の集中は効率を高め、生産コストを引き下げる[21]。これとよく似たことが中国で起きたのは、新たな二つの鉄道によってモンゴルの広大な草原と満州の大豆畑がハルビン市まで結ばれたときだった。ハルビンを「中国のシカゴ」と呼ぶ人もいたように、この北部の都市は食肉処理と加工の拠点となり、冷蔵肉や冷凍肉を中国内外の市場に出荷するようになった。近代的な交通インフラの登場により、中国各地に同様の需要と供給の接点が生まれたのだ[22]。

1930年代の上海で営業していた日本料理店「月之宿」の外観。当時も現在も、上海には中国最大の外国人コミュニティが存在する。

だが、それは技術革新や産業の一面にすぎない。科学技術は輸送手段を進歩させただけでなく、缶詰化や冷凍を可能にし、新たな港や新たな灌漑《かんがい》システムを生み、電灯や機械化処理を実現した。しばらくすると化学肥料や農薬も加わり、その長所と短所が取り沙汰されるようになった。

吉報どころか、それとは程遠い知らせもあった。中国は一八八〇年代と一九二〇年代に大飢饉《ききん》に直面し、それぞれ何百万人もの餓死者を出した。これらの飢饉はいずれも自然災害によるものだったが、非常用の穀物を備蓄しておくための旧来のシステムが廃れていたことにも問題があった。日本軍によって一九三一年に満州を、一九三七年に中国北部を侵略されると、中国のあらゆる進歩は大きく軌道を外れていった。戦闘の影響で、国土も、国民も、食料インフラも、すべてが壊滅的な打撃を受けた。中国の将軍は日本の進撃を遅らせようと、黄河を氾濫《はんらん》させて泥の海を解放し、何百万もの農地を破壊した。やがて日本軍は撤収したが、鉄道の枕木から乳牛に至るまで、多くのものが持ち去られた。

「革命は晩餐ではない」

日本の敗戦から四年後、中国共産党は北京市に旗を掲げ、中華人民共和国の樹立を宣言した。この出来事について、知っておかなければならないことは三つある。一つ目に、共産党に引き継がれた当時の中国は、きわめて混乱していたということ。反乱軍、地方軍閥、日本の侵略、そして共産党自身の前政権との数十年に及ぶ抗争の狭間で、中国は一世紀近く平和を経験していなかった。二つ目に、共産党のイデオロギーは生産改革の誘導に基づいていたということ。この計画の実現にあたっては、国民の働き方や暮らし方を急速かつ根本的に変えることが必要とされた。三つ目に、共産党政権の台頭によって、中国が――少なくとも一時期は――ソヴィエト連邦の同盟国となったことだ。

これら三つの要素は、食にどんな影響を及ぼしたのだろうか？　最初の二つに関しては、かなりはっきりしている。生産改革は、壊滅状態にあった国の立て直しにつながったが、それはアメリカなどの旧同盟国からの支援を拒み、乏しい資源を朝鮮戦争での戦闘に投じなければならないということでもあった。計画経済への転換は、何百万という企業の解体につながり、結果として、布や穀物や食用油といった日用品の唯一の買い手は――そして唯一の供給源も――国になった。さらに言えば、集団化という理念は、社会の完全な再建という壮大な理想と結びついていた。政権を握る何十年も前から、中国共産党の指導者たちは、中途半端な手段を拒否するようになっていた。毛沢東は早くから、革命は「晩餐《ばんさん》ではない」と記し、ではいったい何なのかということも直後に述べている。「革命とは暴力であり、ある階級が別の階級を打倒する激烈な行為である」[23]。中国の共産主義者たちは、彼ら自身の言葉を借りれば、古い社会を根底から破壊しようとしていたわけだ。

その代わりに、彼らが築こうとしたのは、あらゆる生活が共同化される新たな社会だった。一九五〇年代になると、小規模農家は広大なコミューンへの加入を強いられ、収穫物は共同で所有・貯蔵されるようになった。これは間違いなく失策だった。永遠に豊作が続くというプロパガンダ的な予言に興奮した一部の人々は、収穫物の大半が倉庫で腐りかけているときでさえ、公共食堂で大食漢のようにごちそうを平らげた。別の一部の人々にはその選択権すら与えられず、ソ連に輸出する穀物を強制的に取り上げられた。しかも、この社会革命は国家的なプロジェクトであったため、その失敗を誰も認めようとしなかった。この「大躍進」期間中にどれだけ多くの人命が失われたのかはわかっていない。控えめに見積もっても、その数は二〇〇〇万人に上るとされている[24]。

多くの記憶に残る「困難な時代」に、中国の人々は食べられるものを何でも食べ、そうした救荒食物との生涯にわたる愛憎関係を結ぶことが少なくなかった。トウモロコシやサツマイモなどを主食にして何年も過ごした人のなかには、今日に至るまで、その匂いにすら耐えられない人がいる。一方で、たとえ青春時代が飢饉《ききん》によって傷つけられたとしても、当時の食べ物にまつわる温かい思い出を保っている人もいる。ある北京のタクシー運転手は、彼が子供時代に愛した食べ物の話を聞かせてくれた。それは、「ユーピ」と呼ばれるものから作られるスープ麺なのだという。わたしは最初、ユーピを「魚の皮」のことだと思い、確かにとても美味しいスープ麺になるでしょうねと答えた。苛立った運転手は、ハンドルを切って三車線を横切り、道路脇のニレの木の前に停車した。そして力強く指を差し、こう叫んだ。「あれですよ！　わたしたちはあれを食べていたんです！」　運転手の言うユーピとは魚の皮のことではなく、ニレの樹皮（楡皮《ゆひ》）のことだったのだ。発音はまったく同じだが、その意味の違いには大いに驚かされた。

強く興味をそそられたわたしは、楡皮麵のレシピだけでなく、「食品等級」の楡皮粉を販売している業者も探し当てた。期待していた数日後、おもな材料が届き、いよいよ楡皮麵を作る準備が整った。インターネット上で見つけたレシピには、小麦粉と楡皮粉を一対一の割合で混ぜ、水を適量加えると書かれていた。混ぜた直後に、何かがおかしいことに気づいた。それは明らかに水に溶けない物質だったのだ。どれだけ懸命に混ぜても、水は混ざり合うどころか、粉の上に溜まるだけだった。ひどく苦労したあげく、どろどろした塊を麵らしい形にすることはできたが、それでも結果はあまり良くならなかった。麵はプラスチックのような味と食感で、腹持ちせず、まったく楽しめなかった。樹皮のほとんどは結局セルロースなのだから、水に溶けないのは当たり前だ。樹皮の割合を減らせばまた違った結果になるのかもしれないが、いまのところ再挑戦する勇気はない。

一時期、社会主義的な楽観論に流れた中国は、ソ連を熱狂的に受け入れた。両国の最終的な激しい対立を知っていると忘れがちだが、当初、ソ連は中国の新たな「兄貴分」であっただけでなく、新たに敵国となったアメリカやイギリスの資本主義文化に代わる存在であった。一九五〇年代の大半を通して、中国はロシアのすべてに夢中になった。中国紙はモスクワのファッションを歓迎し、現地の百貨店の丁寧で魅力的なサービスを称賛した。上海の家庭は西洋の製品をひっそりと処分し、ロシアブランドの商品を買い求めた[25]。

この政治的に推進された親ソ傾向は、少なくとも憧れという次元では、食に反映された。中国紙ではソ連の食料生産が称賛され、社会主義的な農業制度が相次ぐ豊作を生んでいると大々的に報じられた。

とくに好んで語られたのはソ連の乳製品の素晴らしさであり、これはかつての世代がイギリス人の肉食を理想化したことと同様の現象だった。

ロシア料理が当時の北京社会にそれほど浸透していなかったにせよ、北京市の「莫斯科餐庁（モスクワ・レストラン）」、通称「老莫《ラオモー》」は、地元のランドマークとなった。一九五四年、ある展示場の一部として――この展示には毎日四万二〇〇〇人が足を運び、ソ連の経済的・文化的業績を見学した――創業したこのレストランは、以降も営業を続け、劇場やパン屋を併設するまでに拡大した。共産圏の高官が次々と食事のために訪れ、「ソヴィエト風のモダン」な内装が壮大さを誇示していたにもかかわらず、老莫は庶民のためのレストランだった。『北京日報』紙は、雪のように白いテーブルクロス、一点の曇りもないグラス、正確に配置された食器一式、各テーブルを彩る生花を絶賛する一方で、その常連客は一般労働者であるとつけ加えることを忘れなかった。ある記事によれば、上質なリネンのナプキンで口を拭いていた人物は、じつは武昌《ぶしょう》造船所の技師だったという。彼は明らかにその体験を楽しんでいたようで、「北京に来て数週間になりますが、これほどたくさん、これほど楽しく食事をしたのは今日が初めてです」と同紙に語っている。費用は問題ではなかった。教養ある労働者の月収が二五元から六〇元だった当時、このレストランでは、スープ、料理、ビール一本まで含めた一通りの食事をしても、二元以下で済んだからだ。中国各地の労働者には、老莫での食事専用の配給券が与えられた[26]。

最初の一〇年間にここを訪れた何千人もの中国人にとって、老莫は新たな労働者社会の明るい未来を垣間見せてくれる場所であり、一生に一度の社会主義的連帯を体験させてくれる場所だった。だがそれ以上に重要だったのは、この店で初めて味わう列巴《リエバ》（ロシア風パン）、紅菜湯（ボルシチ）、紅腸（赤色の燻製ソーセージ）だった。

料理もそれ以外も含めたこの友好関係は、両国の分裂後すぐに悪化した。ニキータ・フルシチョフ指揮下のモスクワはスターリンの遺産を否定し、中国は暴力的な社会革命へ進むことを選んだ。飢饉が到来し、革命的緊縮の風が食卓に吹き荒れると、西洋料理は再び政治的修正主義の象徴へと変容した。「牛乳を飲み、白パンを食べる」とは、国賊に与えられる安価な贅沢を指すプロパガンダ的な婉曲表現となった。中国の高齢者の多くは、「社会主義とは牛肉とジャガイモの煮込みである」という言葉をいまでもどこか懐かしく思い出すだろう。しかし、これが当時の宿敵フルシチョフの発言の切り抜きであることや、この発言が中国メディアによって激しく非難されたことは、必ずしも知られているわけではない。

老莫《ラオモー》は激動の一九六〇年代を通して存続した。しかし、文化大革命中に北京展覧館を占拠した大勢の紅衛兵《こうえいへい》は、店の料理人に対して、ロシア料理から中国の「人民」料理への切り替えを求めた。一九八〇年代初頭に店が過去のメニューを復活させると、それは平時に戻りたいと願う北京市民にとっての郷愁の灯火となった。一九八七年、老莫は『俄式大菜六百例《がしきたいさいろっぴゃくれい》』と題された中国語の料理書を出版した。店の豪華な看板メニューを想起させるこのレシピ集からは、武昌の造船技師を大いに満足させた料理の数々が垣間見える。野菜のピクルス、クリームソース、魚のポシェ、ビーツのスープ、パン粉をまぶして揚げたカツレツ、キエフ風チキンなどもそうだ。[27]

こうしたレシピが老莫の厨房で考案されたことは間違いない。ビーツのスープ作りは、キャベツ、ビーツ、ジャガイモ、タマネギ各三キロを、牛のブイヨン四リットルで煮込むことから始まる。キエフ風チキンは手順がややこしく、部分的に骨を取り除いた鶏胸肉でパック（小さな円盤）状の冷凍バターを包むように成形し、パン粉をまぶして何度か揚げる。これを揚げパン用の特別な皿に載せ、グリーンピース入りのカップパイで周りを囲むように盛りつけたら、露出している鶏の骨を紙飾りで覆う。たとえ熟練の料理人でも、こうした料理を家庭で再現できるとは決して思わなかっただろう。キャベツやビーツなどの食材は豊富に手に入るが、キエフ風チキンに使われるバターは、外国人外交官専門の友誼《ゆうぎ》商店にしか存在しないものだった。それを入手しろというのは、月の石の粉を仕上げに振りかけろと言っているのと同じだ。

では、なぜそうしたレシピが掲載されたのか？　料理書は旅行雑誌のようなものだからだ。料理書を読めば、想像力が養われるからだ。何十年にも及ぶ戦争、飢饉、革命、社会主義的緊縮を経て、中国の人々は新たな何かを夢見ようとしていた。

中国がグローバル化した瞬間

ならば、コーヒーや、フライドチキンや、ローストビーフや、ビーツのスープは、中国にとって本当は何を意味したのだろうか？　すでに見てきたように、中国は中央アジアやインド洋から、モンゴルや満州から、そして新世界から、外国の食品を次々に吸収してきた。多くの点で、西洋料理の到来は、新たな食材や技術が中華料理に持ち込まれて融合するという流れの一つにすぎなかった。

しかし、西洋料理が到来したちょうどそのとき、中国は産業転換の圧倒的な力と政界再編の風に煽《あお》られ、真のグローバル化を遂げつつあったという点で、この瞬間は異質である。それはまた、中国国民の生活様式が急激に変化した時期とも重なっていた。誰もが移動するようになった。上海などの巨大都市に集まる人々もいれば、農村の共同体に押し込まれる人々もいた。中国は根本的に改革され、その変化は必然的かつ一方向的に、食の本質を変えていった。

第5章　「人生は宴である」――活気ある九〇年代の食文化

次の食事は、わたしたちがスクリーン上で目撃する食事である。舞台は台湾市内の、騒々しい通りから少し離れたところにある小さな家だ。

一連のファストカットを通じて、狭い厨房《ちゅうぼう》で美食の宴が生まれる様子が映し出される。カメラが調理台を見守っているあいだに、一品一品に命が吹き込まれていく。最初の場面では、誰かの両手が水槽に伸びてきて、大きな白い魚をつかむ。魚は喉《のど》に箸を突っ込まれて素早く殺され、ピンク色の厚い切り身にされる。次の場面では、その両手の持ち主である高齢の男性が、生きた鶏をドアから運び込もうと奮闘している。数秒後、羽をむしられて内臓を取り除かれた鶏は、蓋付《ふた》きの深皿に収められている。深皿はスープで満たされ、塩漬けハムの薄切りと、蒸らすための布巾が載せられている。今度は、短い場面が連続する。市場でガチョウが買われ、その首のない胴体に空気がたっぷり吹き込まれ、樽からすくった濃厚な茶色の醤料《しょうりょう》を塗られ、直火で焼かれる。それ以外の料理も、高速でクローズアップされる。スープで煮込まれる美味しそうなエビ、氷砂糖をまぶした豚バラ肉が詰まった土鍋、手際よく蒸される繊細な餃子、中華鍋で手早く炒められるイカと唐辛子……。

しかし、完成した料理を見ようと待っている人は、そのうちがっかりするだろう。調理の様子があれだけ細やかに映されていたにもかかわらず、実際の夕食の場面では、豪華な食卓の上でカメラをさっと回して映される程度だからだ。誰よりも注意深い視聴者でも、見つけられるのはせいぜい数品だろう。背景に映し出される皿の上に、赤いソースを添えた魚の揚げ物と、焼いたガチョウの薄切りが、かろうじて見える。手前には、蒸し鶏の入った深皿と、蒸し豚の載った皿がちらりと見える。

イカと唐辛子の炒め物らしきものが見えるのは、皿の上の手つかずの料理が弁当箱へ移される場面だけだ。

「ゼロ年」

歴史家は、時間を時代に区分する。それは、わたしたちが過去を理解するための方法だ。だが、そうしているのはわたしたちだけではない。多くの政治体制も（そして、少なくとも一人の元ビートルズメンバーも）同様のレトリックを用いて、過去と決別し、未来を切り開き、時計の針を「ゼロ年」に戻してきた。ゼロ年とは、すなわち、すべてが永久的に変わってしまった瞬間のことである。

振り返ってみると、中国のゼロ年は一九七八年だったのではないだろうか。この年、共産党政府は、およそ三〇年続いた革命的過激主義に取って代わる市場改革を導入し、今日に至るもう一つの市場改革を開始した。「改革開放」と呼ばれるこの新政策は、中国の、ひいては世界中の何十億もの人々の日常生活を変えることになった。

まずは、一九七六年の中国の状況を考えてみよう。毛沢東の大規模な国葬の行列が天安門広場を通過したのがこの年である。大げさに言えば、国家経済は死にかけていた。労働者が「革命を起こす」ことに尽力していたため、工場は無人だった。農業も順調とは言えなかった。中国は当時も圧倒的多数の農民を抱える国だったが、基本的な主食、とりわけ穀物に対して国が定める調達価格があまりにも低かったため、自らの需要以上に生産しようとする農民はほとんどいなかった。すべてが共同所有されていたこととも相まって、こうした要因は、「必要最低限の経済」――つまり、国からの生産割当を満たすのに必要な最低限の努力しかしないということ――を生んだ。すると予想通りに、店の棚に並ぶ商品は少なくなった。国民の大半は、野菜、食用油、砂糖、布などのあらゆる日用品が対象になる配給券で生活していた。贅沢品と見なされるもの、たとえば肉や缶詰などは、貴重な外貨を得るために輸出されるか、少数のエリート層の食卓用に確保された。

一九七〇年代から八〇年代に相次いだ経済改革は、こうした状況を一変させた。国は私的所有と市場競争を徐々に受け入れるようになった。共同所有が解消されると、国民は自分の生産物をより多く保持できるようになり、結果として生産の向上が促された。政治的変化は、一九五〇年代に産業が行き詰まった国家に新たな技術をもたらした。いまでは忘れられがちだが、かつての中国はきわめて閉鎖的だった。インターネットや携帯電話の存在は無視されていた。外国語の本を持っているだけで、何十年も家を荒らされ、激しく殴られ、場合によってはそれ以上のひどい目に遭った。外の世界に関する知識は、長年のプロパガンダによって歪《ゆが》められていた。リチャード・ニクソンが歴史的な中国訪問を果たした一九七二年には、アメリカの大統領は莫大な富に恵まれていたため、毎日古い服を捨てて新しい服を着ているという噂が流れた。

中国国民の大半を占める食品生産者にとって、この新政策は青天《せいてん》の霹靂《へきれき》だった。農民は引き続き国からの生産割当を満たさなければならない一方で、自分のために働く自由も手に入れた。野菜や果物を栽培し、豚や鶏を育て、裏庭で手作りのケーキや豆腐を販売する小さな会社を起こした。こうした小規模産業のなかには、やがて巨大企業に成長するものもあった。中国最大の鶏肉生産者も、この時期に一人の男が庭いっぱいの鶏を飼っていたところから始まった。

こうした新興の食品生産者が徐々に増えるのに伴い、外国ブランドも次々と中国へ出店するようになった。幸運は、最も早く到着した企業に味方した。ネスレは北部遠方に工場を建設し（これは中国のような資金不足の国にとって信じがたい大ニュースだった）、「コーヒーメイト」というコーヒー用ミルクや粉ミルクを製造した。ネスレは製品を作ったが、同時に驚きも生み出した。わたしが初めて中国に住んだ一九九〇年代初頭には、どの家庭にもネスカフェの瓶とコーヒーメイトの瓶が一本ずつ入った箱入りのセットがあり、きれいに包装された元の状態のまま、卓上や本棚の目立つところに鎮座していた。湿潤な四川省に住む友人の話では、彼女の両親が同じようなセットを買ってきたが、開封後すぐに青カビが生えたそうだ。コーヒーの飲み方がわからず、かといってそれほど高価な品物を簡単に捨てることもできず、彼らはカビの生えたコーヒーを飲みながら、西洋人はなぜこれほど不味いものを楽しめるのだろうと不思議に思っていたという。コカ・コーラ、そして同じく早期から中国に進出したM&M's、ダブのチョコレート・バー、ビタソイ、オレオのクッキー、プリングルズのチップスなどは、比較的すんなりと受け入れられた。また、どの外国ブランドにも、中国製の模倣品が――酷似したものから、あからさまに表示を偽っているものまで、ありとあらゆる種類が――大量に存在した。粗悪な品もあったが、本物と同等かそれ以上に質の高い品もあった。

パズルの完成に必要な最後のピースは、中国の消費者だった。長年にわたり、計画経済では外貨を稼ぐことが優先されていた。つまり、価値のあるものはすべて海外で売られていたということだ。しかし一九九〇年代には、そのバランスが国内市場に傾き始めた。多くの小売業者が、まるで一夜にして誕生したかのようだった。日用品を売る小さな店、野菜がいっぱいに並ぶ露店、屋台料理を売り歩く行商たち。人が集まる場所に行けば、おそらく、中国で最も押しの強い二種類の起業家を見かけることになる。その起業家とは、客に手作りの歴史的衣装を着せて写真を撮るカメラマンと、ミネラルウォーターを売る行商だ。わたしが思い出すのは、山東省《さんとう》のある山々を疲労困憊《こんぱい》でハイキングしたときのことだ。自分以外の人に遭遇しないまま何時間も歩いた後、頂上に到達すると、ミネラルウォーターの入った発泡スチロール製の冷却器を持った老婆が迎えてくれた。彼女がどうやってそこにたどり着いたのかはわからなかったが、わたしたちはお互いと出会えたことに大喜びした。

一九九〇年代には、中国の食品市場は活気に沸いた。何億人という新たな消費者は、市場を支えると同時に、市場から支えられてもいた。彼らは何を求めていたのか？　重要なのは利便性だった。当時の一般家庭にはせいぜい基本的な台所しかなく、数家族で共有する無換気の調理スペースを備えているだけで、冷蔵庫は付いていなかった。学校や工場の寮に住む人々には、それすらもなかった。だが、こうした場所には共用の巨大な湯沸かし器があったので、無限に供給されるお湯でインスタントラーメンを作ったり、牛肉の缶詰を温めたり、甘い粉ミルクをカップの中で溶かしたりといった、ささやかな贅沢を楽しめた。年末年始などの混雑時の移動には電車で二〇時間かかることもめずらしくなく（これは実体験なので信じてもらいたい）、当時の人々は事前に食料を買い込んでおくよう頻繁に忠告されていた。それは自分の空腹を満たすためだけでなく、他の乗客と交換して仲良くやっていくためにも必要だったのだ。そこで賢明な旅行者は、常温保存可能な食料をビニール袋いっぱいに詰めて準備するようになった。定番は塩味のスナック、パック入りのビスケット、インスタントコーヒー（ネスレは、コーヒーとコーヒー用ミルクと砂糖を合わせて粉末化した「スリーインワン」の一杯分の小袋を発売し、大成功を収めた）などだ。

利便性を求める歩兵——すなわち屋台料理の行商は、街角のあらゆるところにやってきて、手軽でめずらしいあらゆる食べ物を販売した。蒸しパン、ラーメン、棒付きの揚げホットドッグ、そしてもちろん、クミンやチリパウダーをまぶして炭火焼きした羊肉や牛肉のケバブもあった。だが、屋台料理に関しては良い話ばかりが聞こえてくるわけではなかった。餃子の材料になる肉の産地をめぐる醜聞が絶えなかったのだ。とはいえ、そこでは儲けが生まれていた。小規模な行商の多くは、材料費を節約すれば、街を離れて帰郷するときに持ち帰ることのできる現金が少しは増えるはずだ、と考えていた。

何年にも及ぶ革命的緊縮の後、中国国民は目新しさ、楽しさ、華やかさ、文化をも欲した。飲食店セクターは、優雅さを求めるこの新たな市場をいち早く利用した。北京のレストラン「泰豊楼《たいほうろう》」は、一九五二年に閉店するまでの数十年間、街のエリート層から高く評価されていた。新時代に好機を見出した泰豊楼は、その全盛期の華やかさを取り戻そうと、再オープンを計画した。前任の支配人は、かつての料理の再現を監督し、二〇〇品目ものメニューを自ら研究した。さらに、「美食家」からなる外部委員会を招集し、味の信頼性だけでなく、昔のサービス基準が保たれていることについても保証を受けた。[1]

あらゆる老舗《しにせ》レストランが失われた栄光を取り戻そうとする一方で、新たなレストランの開店も相次いだ。最初は数十軒だったものが、やがて数百軒になり、どの店も、ますます過密化する市場で足場を固めようと奮闘した。競争が原動力となり、中国には新たな食の流行が次々と生まれた。しばらくの間は、北京ダックが高級料理店を定義する必須のメニューとされていたが、それはこの料理が中国訪問中の外交官に振る舞われたからである。その後、ステーキが登場し、茹でたザリガニが登場した。一九九〇年代初頭を代表する料理を一つ選ぶとすれば、それは橙汁蓮藕《とうじゅうれんぐう》だろう。一時期は、家庭で料理をするすべての人々が、この橙汁蓮藕に魅了されていたように思う。使用するのは象徴する二つの贅沢品、すなわち粉末オレンジジュースの「タング」と、冷蔵庫である。

果珍藕《かちんぐう》――オレンジジュース風味のレンコン（一九九〇年代）

果珍藕ではまず、レンコン一個の皮を剝き、三ミリの薄さに切る。一分間湯がいてから、すぐに冷水で冷やす。オレンジジュースの粉末スプーン一杯分と、蜂蜜スプーン一杯分を混ぜ、冷やしたレンコンの薄切りと和える。冷蔵庫で六時間冷やす。

それ以外の料理の流行も、地域の伝統を見直し、再び市場に送り出すことから生まれた。一九七〇年代後期、ある利口な人物が、中国に数多く存在する郷土の味を「四大料理」にまとめるというアイデアを思いついた。ここでいう四大料理とは、魯菜《ろさい》（山東料理）、淮揚菜《わいようさい》（江蘇《こうそ》料理）、川菜《せんさい》（四川料理）、粤《えつ》菜《さい》（広東料理）のことを指す。このアイデアは広く受け入れられ、四大料理はたちまち八大料理に増えた。こうしたイメージが定着すると、どの古典的な流派にも「一度は食べるべき」料理があるという考え方が同時に根づいていった。

つまり、中国は国内外の消費者という新たな市場に向けて、料理の伝統を再編成していたわけだ。都市や省はそれぞれに努力を重ね、美食の世界における独自の地位を開拓しようとした。この活動の一環として、省観光局の支援による大規模な職業訓練も実施され、一九八〇年代には四川省がこれをいち早く取り入れた。初期のパンフレットに掲載された訓練の様子では、見習いの料理人たちが模擬コンロの前で長い列を作り、一斉に中華鍋を手際よく振っている。幸運だったのは、観光客が押し寄せ始めた時点で、四川省には何万人もの訓練された料理人がおり、その状況に対処する準備が整っていたことだ。不運だったのは、これらの料理人全員が、一連の標準的な技術と味しか学ばなかったということだ。結局、大量訓練は多様性の維持に不向きなのである。当時の新世代の料理人たちが学んだ教訓を、その数十年後、わたしも四川省にある同様の職業専門学校に通ったときに耳にした。それは、「プロの料理は再現性がすべて」という教訓である。ほとんどの顧客、とくに観光客は、数種類の看板料理を目当てにやってくる。そして、それらの料理は、店の収益の大半を生み出す。だからこそ、素晴らしく斬新な味を開発しようなどという考えはすべて捨てなければならない。過去のヒット曲を繰り返し演奏させられる落ちぶれたロックバンドと同じく、料理人の厨房での仕事は、看板料理を何度でも正確に同じように作ることだ。なぜなら、それこそが顧客の期待する味だからである。しかも、そうすることで費用を節約できるなら、ますます好都合だ。

　これは、レストランの料理人に限った話ではなかった。大量生産が可能になると、調味料などを売買する新たな国内市場が生まれた。何百万世帯もの家庭で、祖母お手製の豆味噌が、産業規模で製造・宣伝される規格品に取って代わられた。初期の広告キャンペーンで「四川料理の魂」と印象的に謳《うた》われた郫県豆板醤《ピーシェントウバンジャン》が、調味料の一種からブランド商品へと変貌を遂げ、やがて全国の店舗で入手できるようになったのもこの頃だ。

どなたもお気づきだろうが、これらのさまざまな過程には、ある種のウロボロスのような性質がある。大量生産される場所、製品、料理は嗜好と欲望を生み、大量訓練される料理人と大量生産される調味料がその欲望を満たす。食の大衆文化を通じて、消費者は、彼らが求めるように教えられてきたものをさらに求めるようになる。こうして、国民的消費者文化の種が実り、同時に国民食という概念が再び活性化した。自分の尾を食べる蛇のように、この輪は時間の経過とともに小さくなっていく。

それは、ファストフードの登場が間近に迫っていることを意味した。

西洋のファストフードの出現は、その時点で二つのトレンドが合流したこと――つまり、外国ブランドに対する興奮と、利便性や新規性に対する消費者の欲望が出会ったこと――の実質的な表れだった。それを単に「ファストフード」と呼ぶだけでは、マクドナルドと、揚げ物を売るその多くの競合が引き起こした変化を過小評価することになる。この種の店では、食事はいつでも迅速に提供される。木からもぎ取ったリンゴより手早く食べられるものはないが、包子《パオズ》（肉まん）のような伝統的屋台料理はファストフードに及ばない。しかも、ファストフードは街角のあらゆるところで手に入る。少なくとも、以前はそうだった。

最初に業界の主役となったのは、ケンタッキー・フライド・チキン（KFC）だった。KFCは一九八七年に天安門付近に中国一号店を開業し、いまなおリーダーとして君臨しているが、それはKFCが自社の世界的商品を現地の味覚に適合させようと、つねに努力を惜しまなかったことに大きな理由がある。ところが、中国メディアの注目を最も集めたのはマクドナルドだった。一九九〇年、マクドナルド一号店がモスクワに歴史的な開業を果たす直前に、中国は先駆けて「ビッグマック」の襲来を受けた。場所は北京ではなく、国境を挟んで香港の真向かいにある経済の大都市、深圳《しんせん》だった。やがて北京もこれに続いたため、わたしは王府井店《ワンフーチン》を開業直後に訪れた。メニューにあるものがとくに食べたかったからではない。地方都市に暮らす英語教師として、北京のマクドナルドへの旅は、「物めずらしさを求めて行うべきこと」リストの上位にあったからだ。この店にいるとき、少なくともわたしは、じつに現実離れした気分になった。わたし以外の客は、清潔な環境や、エアコンや、おかわり自由のコーヒーを楽しむのに夢中だった。たいていの人にとって、食事それ自体は、マクドナルドでの体験に付随するものでしかなかったのだ――この現象について、ある世代の人類学者はその後の一〇年間を費やし、詳しく研究を進めた。一九九〇年代後半になると、マクドナルドのチェーンはほとんどの主要都市に広がった。何百万人もの一人っ子、いわゆる「小皇帝」世代は、マクドナルドに行くことを特別な楽しみと考えるようになった。その一人っ子たちもいまでは成長し、多くがこのチェーンに深い懐古の気持ちを抱いている。[2]

家庭の食事

ファストフードの台頭という現象は、新時代の文化的変化が大きく急速に根づいたことの表れだった。また、心身を疲弊させる永続的な革命を逃れ、大量消費の快楽という新たな原理へ向かう国民の欲求の表れでもあった。外食は、かつてない料理や経験をもたらした。家庭でも同様に食が見直され、食べることは興味深く、楽しい行為でさえあると見なされるようになった。

とはいえ、料理は革命の時代にも完全に失われていたわけではない。むしろその逆だ。中国の革命初期、多くの人々は、愛国的な緊縮政策に心からの誇りを感じていた。一九五六年の『家庭菜譜』は、ちょうど中国が全面的な集団化の用意を進めていた頃に出版されたとあって、レシピは家庭用または公共食堂の厨房用にアレンジ可能と序文に書かれている。六三品のレシピに一般家庭では通常消費しきれない量の肉や魚が使われているという点では、『家庭菜譜』はどこか無頓着なところもあったのかもしれない。だが、この本は当時の質素な嗜好を反映し、継ぎ当てされた労働者の作業服のような、社会主義中国の新たな美学に見合う食材の代用も認めていた。次に紹介する定番の豚肉料理の、材料四つという手軽さに注目してほしい。

米粉蒸肉《べいふんじょうにく》——肉の米粉蒸し（一九五六年）

材料

豚肉（皮付き）　二分の一斤

乾燥米粉　一両

醤油　一両

塩　二銭

作り方

一　最初に、赤熱した鉄で豚肉（三枚肉が最適）の皮を黄金色になるまで焦がす。水を張ったボウルに肉を入れ、焼け焦げた部分を包丁できれいに切り取り、白い部分だけを残す。長さ二寸、厚さ一分に切り分け、醤油に二分間漬ける。米一両を平鍋で茶色になるまで熱し、石で潰して粉状にする（または、すでに挽いてある米粉を使う）。

二　豚肉に米粉をまぶし、ボウルに入れて強火で蒸す。一時間後、塩を四両の水に溶かし、豚肉に振りかけて、さらに一〇分間蒸す。これで完成。

次のめずらしいデザートでは、中国のある地域で豊富に生産されていたとされる二つの材料――砂糖と新鮮なトマトが使用される。

番茄鶏蛋糕《ばんかけいたんこう》――トマトと卵のケーキ（一九五六年）

材料

鶏卵　二分の一個

トマト　一一両

小麦粉（蒸してから冷やしておく）五両

砂糖　二分の一斤

作り方

一　卵を卵黄と卵白に分ける。卵白を麵鉢に入れ、箸で角が立つまで（突き立てた箸がそのまま直立するまで）泡立てる。卵白に小さなくぼみを作って卵黄を流し入れ、砂糖もそこに加える。小さな泡が立つまで混ぜる。トマトを五分間蒸し、果肉を搾ってボウルに入れる（種と皮は捨てる）。小麦粉をふるい、トマトと一緒に卵液に入れて混ぜる。

二　細長い木材を四本用意し、蒸し器の上に格子《こうし》状に並べる。その格子の内側に薄い布巾を広げる。そこに卵液を入れ、強火で二五分間蒸す。

三　蒸し上がったら、布巾の四つ角を二人で持ち上げ、蒸し器から板の上に丁寧に移す。移したら、別の板を上に載せ、ケーキと布巾を一緒にひっくり返す。完成したケーキは四つに切り分け、そこからさらに三六個に切り分ける。

「食堂を上手に運営し、生産量を増やそう」。1958年、公共食堂は女性解放を約束したが、ほとんどの場合、女性はある台所から別の台所へ移動させせられるだけだった。

コミューンは最終的に一九六〇年代初頭までの大飢饉《ききん》を引き起こす一因となったが、それは本来、物質的幸福の向上を目指すものであったことも忘れてはならない。労働力と資源を組み合わせることで、コミューンは農業などの生産的なタスクを効率化し、富、余暇、そして豊作に次ぐ豊作をもたらすのだ。

公共食堂は、その理想においては、女性を料理という重労働から解放し（これにより女性は農作業というもっとやりがいのある仕事に従事できるようになる）、コミュニティ全体に健康的で美味しい食事を確保することを期待されていた。一九五九年の『公共食堂食譜《しょくふ》』などの料理書は、コミューン創設の背景にある理念を概説した指導原則の引用から始まる。

> 食堂はきちんと設置しなければならない。
> 構成員は美味しい食事を充分に摂らなければならず、その食事は地域や民族の慣習に

合わせて、清潔な環境で調理されたものでなければならない。公共食堂は、食堂はもちろん、菜園、豆腐工場、片栗粉工場、味噌工場を備えているべきである。加えて、豚、羊、鶏、鴨、魚を飼育すべきである。食事は多様性に富み、味も良いことが望ましい。栄養士と相談し、必要な栄養とカロリーが揃った食事を用意すること。高齢者、子供、病人、妊婦、授乳中の母親には、必要とされる特別な配慮を行い、特定の構成員には家庭での調理を認めてもよい。公共食堂は民主的に運営されるべきであり、リーダーは政治的に信頼できる人々の間から、理想的には選挙で選ばれるべきである。[3]

一連の映画やポスターをただの粗末なプロパガンダと見るのは簡単だ。しかし、それでも、この『家庭菜譜』——技術的には単純なレシピで構成されていながら、魚、豚、新鮮な野菜を大量に必要とする料理書——が、実用目的で書かれていたことは間違いない。

目魚烤肉茭白《もくぎょこうにくこうはく》——サバヒーと焼いた豚肉のマコモ添え［二〇〇人分］（一九五九年）

材料

サバヒー（虱目魚）　六斤
豚モモ肉　一斤半
マコモ　五斤
酒　四両
醤油　一二両
油　三両

砂糖　一両
ネギ　二両
ショウガ　二分の一両
作り方
一　サバヒーのうろこを落とし、骨を取り除く。頭を落とし、きれいに洗う。一尾を六つに切り、今度は熱湯で洗う。豚肉は皮を剥《は》がし、厚めに切る。マコモは茹でて火を通し、薄切りにする。
二　中華鍋に油二両を入れる。先にショウガを入れ、次にサバヒーを入れる。ざっとかき混ぜ、醤油八両、酒、水一斤を加える。弱火で三〇分ほど煮る。
三　別の中華鍋で油一両を熱する。豚肉を入れ、さっと炒める。醤油四両と砂糖を加える。五分ほど煮てから、マコモと一緒に、魚の入っている鍋に加える。強火で三分熱して仕上げる。

白切肉萵筍底《はくせつにくかしゅんてい》——ステムレタスに載せた薄切り豚［二一〇人分］（一九五九年）
材料
豚の肩肉　二斤
ステムレタス　六斤
醤油　四両
ゴマ油　一両
塩　二両
作り方

一　ステムレタスは適当な大きさに切り、塩をしてボウルに入れる。一〇分後、水気を切って皿に盛る。

二　豚肉を茹でる。肉から血が出なくなったら、さらに五分間茹で、鍋から取り出して冷ます。六〇枚の薄切りにし、ステムレタスの上に載せる。醤油とゴマ油を一緒に煮て完成させる（これを料理の上にかけるのか、横に添えるのかは不明）。

飢饉が終息した後の数年間も、社会主義的に幸福な生活という理想に対して、革命的緊縮という美徳のバランスを取るのは容易ではなかった。わたしが所有する一九七三年版の『大衆菜譜』（初版は一九六六年）の冒頭には、共産党は大衆が直面する現実的な問題――つまり、衣服、食料、住宅、燃料、米、油、塩、医療、結婚の問題の解決を重視しているという毛沢東の言葉がある。ソ連と対立して以降、中国の革命家は、フルシチョフの非教条的で消費者主義的な共産主義を批判した。身の安全を守るためにも、『大衆菜譜』の著者はまず、執筆の土台固めをする必要があった。そこで、先に示した引用により、国民が正しい食生活を送ることは毛沢東の望みでもあると断言したのだ。

中身を見てみると、『大衆菜譜』には二七〇品目のレシピが概説されている。いずれも、国営レストランの厨房や市営食品サービス会社の調理場といった特定の場所、または特定の職場からも提供されたレシピである。その大半は比較的単純だ。多くの材料を必要とする料理はほとんどなく、当時はどんなものが入手されていたのかがよくわかる。植物油は揚げ物にのみ使われ、炒め物には豚脂が使用される。鶏肉のレシピの一部には、鶏の殺し方が最初に書かれている。調味料が準備されることはほぼなく、発酵豆――豆豉《とうち》、豆板醬《トウバンジャン》、醤油などが使われることも比較的稀だ。唐辛子は、四川発祥の数少ない料理に

社会主義時代初期の料理書。左端から、『済南菜譜』、『大衆菜譜』、『四川菜譜』、『家庭菜譜』。手前に見える２冊は、公共食堂向けの料理書である。

すらほとんど登場しない。

『大衆菜譜』は、その題名にかなう本である。掲載されている料理はどれもごく普通で、名前さえも派手ではない。比喩や婉曲《えんきょく》表現も一切ない。おおむね、徹底して実用的に書かれている。蘇州《そしゅう》の料理研修隊から提出された「青椒炒肉絲《チンジャオロース》（ピーマンと豚肉の細切り炒め）」という料理は、確かにピーマンと豚肉の細切りで構成されており、それ以外の材料は比較的少ない。

青椒炒肉絲《チンジャオロース》――ピーマンと豚肉の細切り炒め

（一九七三年）

豚モモ肉　三両
ピーマン　四両
豚油　八銭
醤油　六銭
砂糖　二銭
酒　三銭
塩　三分

一　豚肉は細切りにして、ボウルに入れて

おく。ピーマンは洗ってヘタと種を取り除き、やはり細切りにする。
二　中華鍋に豚油を四銭入れる。八割ほど熱したら、豚肉を炒めて火を通す。醬油、砂糖、酒を加え、泡立つまで煮る。肉はボウルに戻す。
三　別の中華鍋を熱し、豚油を四銭加える。ピーマンの細切りを投入し、さっと混ぜる。塩を加え、炒めて火を通す。必要に応じて、少量の水か出汁を加える。同じ鍋に豚肉を入れ、煮汁が泡立つまで炒める。このとき、ピーマンが（火の通しすぎで）茶色くならないように注意すること。

では、この本を、約三〇年後に同じ題名で出版された『新版 大衆菜譜』と比べてみよう。じつのところ、この定番書は一九九〇年代から、何度も改訂出版を繰り返されていた。わたしが所有する一九九九年版は、初版よりわずかに長いくらいだが、その内容には大きな違いがある。食材や器具はいっそう多様化している。四川料理の「桜桃肉」のような料理名が再び見られるようになったのは、料理における浪漫《ロマン》主義が一定の復活を遂げたことの表れだろう。『大衆菜譜』の新版の一部は、もはや個別の都市や施設に縛られず、料理を食材によってではなく、中国の「四大料理」という新たなカテゴリーによって分類している。

味覚の変化

二〇世紀に出版された料理書がすべて揃ったところで、いよいよ、同じ料理のアレンジ版同士を比較できるようになった。四川料理の傑作に数えられる、「公保鶏丁《ゴンバオジーディン》」に話を戻そう。

一　一九五六年の『家庭菜譜』より

公保鶏丁《ゴンバオジーディン》（一九五六年）

材料

鶏肉　二分の一斤（一羽）

豚脂　二両

乾燥赤唐辛子　二銭

紅白膾《なます》　二両

醬油　一両

春ニンニク　一両

キュウリ　一両

ピーナッツ　一両

腐乳　スプーン一杯

片栗粉

作り方

一　鶏から羽と内臓を取り除き、首をねじり切って、両脚と胸肉を分ける。鶏全体を六つの部位に分け、胸の骨と脚の骨を取り除いた後、残りの肉を小さな角切りにする。あばら骨は包丁で細かく刻み、首の部分は小さな角切りにする。キュウリと紅白膾も角切りにする。ニンニクは斜めに薄く切る。乾燥唐辛子は細切りにする。

二　豚脂二分の一両（一両は炒めるときに使用する）を強火で熱し、その後、弱火にする。鶏肉に醬油と片栗粉を手でまんべんなくまぶし、油の中に入れたら、火力を強火に戻す。鶏肉が卵黄のような色になったら、すくって取り出す。中華鍋に豚脂一両を入れ、キュウリ、膾、ピーナッツ、唐辛子を加える。数回かき混ぜて鶏肉を戻し、片栗粉を混ぜた醬油を加える。

三　ニンニクと腐乳を添えて、食卓に出す。

二　手書きによる一九六〇年の『重慶名菜譜（Chongqing Famous Recipes）』より

宮保肉丁《ゴンバオロウディン》（一九六〇年）

材料

豚ヒレ肉　三両

卵　一個

ニンニク　薄切りを数枚

ネギ、塩、醬油、ラー油、酢、ショウガ、白砂糖、紹興酒、水溶きの豆粉　それぞれ少量

豚脂　二両

乾燥赤唐辛子　数本

作り方

豚肉から銀皮を取り除き、角切りにする。豆粉、酒、塩をまぶす。醬油、酢、砂糖、豆粉、ショウガ、ネギ、ニンニク適量をボウルに加え、ペースト状になるまで混ぜる。ラー油を熱し、乾燥唐辛子を加えて赤茶色（文字通り、ゴキブリの色）になるまで炒める。ここに角切りの豚肉を投入し、手早くかき混ぜて肉をほぐす。ラー油とボウルの中身を加えて、強火でさっと炒めてから取り出す。

三　一九七三年の『大衆菜譜』
登場しない。この本に掲載されている他の鶏肉や豚肉のレシピはいずれも、この料理に近いとは言いがたい。

四　一九七七年の『四川菜譜』
登場しない。「椒麻鶏《しょうまけい》」のレシピは風味が似ているものの、ピーナッツを使用しない点が特徴的である。

五　一九九九年の『新版　大衆菜譜』より
宮保鶏丁《ゴンバオジーディン》（一九九九年）
主材料
鶏胸肉　二〇〇グラム
副材料
ピーナッツ　五〇グラム
調味料
醬油一〇グラム、料理酒三グラム、酢四グラム、塩二グラム、うま味調味料一・五グラム、砂糖一〇グラム、乾燥唐辛子二五グラム、花椒一〇グラム、片栗粉三グラム、卵一個、ネギ五グラム、ショウガ三グラム、ニンニク二グラム、油五〇グラム

作り方

一　鶏肉を一・五センチの厚さに揃えて斜めに切り、醤油二グラム、料理酒一グラム、塩〇・五グラム、うま味調味料〇・五グラム、唐辛子〇・五グラム、片栗粉一グラム、卵一個を加え、全体がペースト状になるまでむらなく混ぜる。

二　ネギ、ショウガ、ニンニクを薄切りにしてボウルに入れ、残りの醤油、料理酒、酢、塩、うま味調味料、砂糖、片栗粉を加えて混ぜ、液状にする。

三　ピーナッツを茹でて皮を剝き、一五〇度から一六〇度の油に入れて火が通るまで炒める。色は白いままを保ち、茶色くならないように注意する。

四　熱した中華鍋に花椒と唐辛子を入れ、花椒が黒っぽい色に、唐辛子が濃い赤色になるまで炒める。鶏肉を投入して火が通るまで炒めたら、調味料を混ぜた液を加え、鶏肉に液が絡むように手早く炒める。ピーナッツを加え、数回混ぜて、皿に盛りつける。

さて、どこから取りかかろうか？　まずは、本自体を比較してみよう。一冊目、三冊目、五冊目は中華料理全般を網羅するもので、それぞれ全国の読者に流通した。二冊目と四冊目は四川料理に関する本で、どちらも四川省で製作された。このうち、『重慶名菜譜』は明らかに地元の料理人の作品だ。内容は手書きで、字の間違いが多く、四川の方言が多用されている。たとえば、唐辛子を「ゴキブリの色になるまで炒める」という指示には、一般的な「蟑螂《しょうろう》（ゴキブリ）」という言葉ではなく、「偸油婆《ちゅうゆば》（油を盗む夫人）」という現地語が使われている。

三種類のレシピには、技術、食材、味の幅広さが表れている。一番目のレシピと五番目のレシピを比較すると、殺したての鶏が骨抜きの鶏胸肉に置き換えられ、揚げ物が炒め物になり、豚脂が植物油に変わっている。一九六〇年の豚肉料理にはピーナッツは入っていないが、一九九九年代後半の鶏肉料理にはピーナッツが入っている。膾《なます》を使うレシピがある一方で、他のレシピは野菜を一切使用しない。あるレシピでは、刺激的な腐乳が一さじ加えられ、別のレシピではラー油で調理される。最新のレシピでは、食材が一グラム単位で計量されているが、重慶の料理人による手書きレシピには、食材を「適量」使用せよとしか書かれていない。

何より、このちょっとした実験的比較は、料理の考古学の有用性について——少なくとも、その学問が真正性の保証のために行われるというのなら——きっぱりと答えを提示しているはずだ。たとえ「最古」の何かを見つけられたとしても、年代のみでそれが「本物」だと結論づけることはできない。先に挙げた料理書はどれも特定の時代を表す書物であり、その点においては、どのレシピも本物と見なされるべきだろう。

とはいえ、これらのレシピごとに完成品が大きく異なるはずだということは言うまでもない。最初のものは、骨付き鶏を豚脂でからっと揚げ、少量の唐辛子や膾《なます》と一緒に再び炒めた料理である。最後のものは、乾燥唐辛子に加えて、しびれるほど辛い花椒《ホワジャオ》も使用して、甘さとその二倍の辛さに仕上げる。この料理では、骨なしの鶏胸肉を植物油で炒めるため、味も食感も比較的淡白だ。本来必要なはずの宮保鶏丁は、一九七〇年代の『大衆菜譜』および『四川菜譜』からは完全に省かれている。また、一九五六年の『家庭菜譜』は、最初の音節の「宮」を同音異義語の「公」に置き換えることで、わずかに料理名を変えている。

食の新天地

こうした味やレシピの進化は、氷山の一角にすぎなかった。真に変化を遂げたのは、大衆文化における食全体の位置づけであった。雑誌『中国食品』を読むと、その時代のさまざまな社会問題が、大衆市場向けの食品出版業界の拡大とも絡み合うようになっていたことがわかる。わたしが入手した大量の『中国食品』誌は一九七八年に発行されたものだが、それはちょうど、中国の誇らしく新しい消費文化が花開こうとしていた時期だった。どの号も、ページの大部分は栄養と健康の話題に割かれ、たるんだ肌を若返らせる高齢者向けの食事や、肝臓病、糖尿病、高血圧に悩む人向けの食生活などがアドバイスされている。夫婦向けには、「夫婦を調和させる食事」が力強く提案されている記事もある。ここでは、精子数を増やして衰え気味の性欲を高めるとされるクルミ、クリ、ゴマをふんだんに使った料理が紹介されているが、クリの砂糖漬けを油で揚げた後、溶かした豚脂と砂糖で炒めるというレシピは、ロマンチックな夜の始まりにはあまりに退屈ではないだろうか。[4]

『中国食品』誌では、食とその周辺に関する議論も展開される。フランスの作家オノレ・ド・バルザックによるコーヒーのエッセイが掲載され、外国大使館の料理人へのインタビューが行われ、映画や文学に登場する食べ物が紹介されている。読者から寄せられた質問のコーナーでは、冷凍フルーツはなぜ味が落ちるのかといった謎が解明され、とくに栄養面でのアドバイスが示される。そして言うまでもなく、この雑誌には、新たなブランド商品がずらりと並ぶ。張裕《チャンユー》ワイン、ハルビンビール、粉末豆乳、缶入りのバタークッキーなどについては、全面カラーの広告が組まれていた。

実際のレシピは雑誌全体のわずかな部分を占めるのみだが、その内容は簡単な家庭料理から、プロに任せたほうがよさそうな料理——複雑にスライスされた「金毛獅子魚《きんもうしし ぎょ》」など——まで多岐にわたる。また、中国家庭の台所に加わったばかりだった圧力鍋には、特別な思い入れがあったようだ。誌面では、餃子を蒸すときやパンを焼くとき、そしてもちろん肉を煮込むときまで、あらゆる料理に圧力鍋を使用できると紹介されている。ただし、これらのレシピのうち、少なくとも一品については疑問が残る。一九八八年のレシピでは、圧力鍋で肉を調理する際、大さじ数杯の水分しか加えないことになっているのだ。これではほぼ確実に鍋が焦げてしまうだろうし、もっとひどいことが起きる可能性もある。

「質の高い製品を供給し、真心を込めて奉仕する」。この製品ポスターは、誰もが手に入れたいと願う商品のカタログのようだ。手前にはやかん、蒸し器、圧力鍋が置かれ、後ろの棚には色とりどりの皿や魔法瓶が並んでいる。

今日と同様に、当時も多くの人々は、レシピを実際に再現することよりも、それをただ読むことを楽しんでいた。これは料理における「のぞき趣味」の初期の表れであり、現代では「フードポルノ」として片づけられてしまう現象だが、この現象が真に意味しているのは、料理には食べる以外にも楽しみ方があるということだ。たとえそれが想像上にしか存在しなかったとしても、食は娯楽になりつつあったのだ。

カクテルは大流行した。八〇年代後半の料理をめぐる想像の世界では、カクテルは多彩なリキュールと果物のジュースから作られ、背の高いグラスに何層にも丁寧に注がれて、外資系ホテルのロビーなどの高級な場所で提供される——そうイメージされることが多かった。

一九八〇年代に北京の地下クラブシーンに頻繁に出入りしていた友人によると、現地で考案されたカクテルにはお粗末なものもあったが、他はなかなか悪くなかったという。

朗姆酒《ランムージウ》和《フー》蜂蜜《ファンミー》　鶏尾酒《ジーウェイジウ》——ラム酒と蜂蜜のカクテル（一九八〇年代）

材料

ラム酒　二分の一瓶、蜂蜜　ティースプーン一杯半、レモン汁　小さなスプーン一杯

材料を氷と混ぜる。オレンジの皮と桜の花を飾る。

試したことはないが、わたしは次のコーヒーカクテルに、まるで自分のことのような懐かしさを覚える。というのも、これは忘れられない夜の終わりに、わたしが作りそうなものにそっくりなのだ。映画に従うなら、この飲み物は、大きめのスーツの上着を羽織り、袖をまくり上げて楽しむのが最高だろう。

咖啡《カーフェイ》混合《フンヘ》　軟料《ルアンリョー》——コーヒーミックスドリンク（一九八〇年代）

材料

挽いて粉にした（インスタント）コーヒー　グラス二分の一杯、白酒《バイチュウ》　グラス二分の一杯、ブランデー　グラス四分の一杯、ラム酒　グラス二分の一杯、クリームグラス二分の一杯、卵三個、アーモンドプードルをスプーン四分の一杯

一　卵黄を泡立つまで攪拌《かくはん》し、砂糖（分量外）を加える。これを混ぜ続けながら、白酒をゆっくり加える。ラム酒とアーモンドプードルを入れてさらに混ぜ、冷蔵庫で冷やす。
二　卵白を泡立て、先ほど調理した卵黄とその他の材料を加えて軽く混ぜる。むらなく混ざったら、カクテルグラスに注ぐ。上記は五人分の材料。

白酒《パイチュウ》とは香辛料の効いた焼酎のことで、そのアルコール度数は通常四〇度から六五度である。白酒は慣れが必要な酒で、わたしは三〇年近く試してきたが、まだまだ慣れたとは言えない。白酒をカクテルにするという発想はわたしには悪夢のようだが、最後に紹介する飲み物はそこからさらに踏み込み、白昼夢の域にまで達している。

白酒鶏尾酒《バイジウジーウェイジウ》——白酒《バイジウ》カクテル（一九八〇年代）

材料
白酒　ショットグラス一杯、インスタントコーヒー　小さなカップ二分の一杯、レモン汁　スプーン一杯、アブサン　ショットグラス一杯
作り方
すべての材料をカクテルグラスに注ぎ、少量の氷を加えて混ぜる。上記は一人分の材料。

ビール

当時、ほとんどの人はビールを飲んでいた。

小麦とホップから醸造されるビールは、中国古来の飲酒文化に比較的最近加わった酒であり、当初は中国人にとってかなり外国風の味だった。中国最古のビール醸造所は、一九〇〇年にロシア人都市のハルビンに創設された。その直後には、イギリス人とドイツ人による醸造所が青島《チンタオ》市に設立され、いつしか「青島《チンタオ》」の名はビールの代名詞となった。国内のビール醸造者もこれに続いた。一九一五年には北京の五星《ごせい》ビールが、一九三四年には広州の五羊《ごよう》ビールが創業したが、赤ワイン同様に、ビールはもともと外国人と結びついていた。その代表である日本の企業は、一九一六年に青島ビールとその醸造所を買収し、青島市の主要な輸出市場となった。

中国の消費者の間で、ビールが実際に大衆飲料となったのは一九八〇年代に入ってからのことだった。中国のビール産業は一九四九年以降も発展を続けていたが、穀物と国内市場の不足による制約を受けていた。その両方の問題が解決されたのが一九八〇年代だったのである。それはちょうど、経済改革の後押しを受けた何百万もの新たな小規模産業が、トウモロコシを油に、豚をハムに、豆を豆腐に、あるいは穀物をビールに変えることで、地域の農業に付加価値を与えるようになった時期だった。一九八〇年から八八年にかけては、中国のビール生産量は六九万トンから六五〇万トンへと一〇倍に増加した。こうしたビールの大半は地域の小さな醸造所で生産され、一九八〇年代の終わりには、ほぼすべての県に醸造所が建てられた。地元で生産されたビールは地元の人々に消費され、安価な商品であったため、近隣の露天市より遠くへ出荷されることはまずなかった。

青島《チンタオ》のようなブランドは、壮大な計画を用意して世界進出の基礎を築き、一九九三年には中国企業として初めて香港株式市場に上場した。同時に、青島は国内にも広大な市場を発見した。とくに一九九〇年代になると、何百万もの中国の家庭が突然裕福になり、冷蔵庫とそこに入れる高級品を買える収入を手に入れたのだ。二〇世紀末には、何百という地域のビール会社が廃業するか、少数の大企業に合併された。そうした企業には、青島、雪花《せっか》、燕京《えんけい》、さらにバドワイザーやカールスバーグといった世界的ブランドの地方支社なども含まれていた。[5]

宴会

中国の改革開放初期の究極的な象徴は、宴会だった。一九八〇年代の中国の新聞に目を通せば、当時の指導者が一様に、演説を行ったり、工場を視察したり、外国の要人を宴会でもてなしたりしていたのがわかるだろう。宴会を主催する幸運にあずかったレストランは、その宣伝効果を余すことなく利用した。

当時の人々の宴会に対する新たな熱意は、豪華な食事を悪とする政府見解には明らかに逆行するものだった。中国共産党が山中で決死の反乱を続けていた頃、幹部たちは地元のエリートから接待を受けることを禁じられていた。それが腐敗に見えたり、腐敗につながったりするのを恐れてのことだった。共産主義における表面的な厳粛主義の大半がそうであるように、この政策も農民の素朴な知恵から独自に生まれたとされている。湖南省で起きた初期の農民運動に関する毛沢東自身の報告書によれば（夕食会と暴力革命の重要な区別を明確化したのもこの報告書である）、地域の農民委員会はいくつかの制限を自主的に設けたという。ある委員会は、接待の食事を鶏肉料理、魚料理、豚肉料理の範囲にとどめておくべきだと決めた。宴会の料理を八品以内とする委員会もあれば、五品以内とする委員会もあり、さらには宴会そのものを全面的に禁じる委員会もあった。ある家族が息子の結婚を祝って宴を催したところ、農民が「家に押し寄せ、参加者を解散させた」ことまであったそうだ。[6]

こうした動きとは対照的に、改革開放期の高級宴会は派手に行われるのが常であり、たちまち高額な費用がかけられるようになった。貧困を脱したばかりの中国において、宴会は大げさな接待の域を超え、真の俗悪へと転落した。招待客はマオタイ酒、XOブランデー、輸入品のスコッチ・ウイスキーなどの高価な酒を一気飲みするよう強要され、料理が何も提供されていないうちから、請求が数千元に膨れ上がることもあった。また、大量の残飯は豊かさと気前の良さの証《あかし》であったため、食卓に運ばれた料理はほぼ手つかずのまま、ゴミ箱行きになることが決まっていた。

一般論として、官界の宴会は普遍的な恥の源であり、腐敗の代名詞であった。というのも、宴会は何よりもまず、社交の場だからだ。家族や友人なら問題ないが、その輪の外から過分な厚意を受け取れば、見返りを期待する人が出てくる可能性は非常に高くなる。また、どんな贈り物でもそうだが、高価であればあるほどリスクも増大する。

外国の視察者の説明によれば、宴会は中国文化の本質であり、法的保護のない状況下で自衛のネットワークを築く手段でもあった。中国が世界貿易機関（WTO）に加盟すれば、この国の宴会サブカルチャーはすべて消滅し、結果としてその商慣習は個人的なものから合理的なものへ変わらざるをえないだろう――そう確信していた作家もいた。[7]

誰の招待を受けるにせよ、正式な宴会に参加するには、ある種の技能を身につけること、すなわち、非常に特殊な礼儀作法の訓練を受けることが必要とされた。不慣れな外国人に宴会の規則を説く書物は、当時から現在に至るまで何十冊も存在している。その規則とは、たとえば、座る場所やタイミング（席に案内されるまで待ち、ドアの向かい側の上座は固辞する）、正しい乾杯の方法（主人同士が乾杯を終えるまで待ち、自分の番になったら友人に合図してもらう）、食卓中央に出された料理の取り方とタイミング（迷ったときは、勧められるまで待つ）などだ。

接待と引き換えに利益を得ようという利己的な追求を切り捨てれば、宴会の規範精神は、友人をもてなす小規模な集まりにも受け継がれた。わたしが一九九〇年代初頭を過ごした北部ではとくにそうだったが、中国の飲酒文化は、寛大さを試すものだった。出された酒を断ることはほぼ許されず、泥酔することは真の友情の証だった。さらに段階が進むと、乾杯の儀式（自分のグラスを向かいの人のグラスより低い位置に下ろして触れることで、敬意を示す）の際に、参加者二人のうち少なくとも一人の男性が椅子から転げ落ちて終わることが多々あった（もちろん、性別をわかりやすく書いているのは意図的だ。少なくとも公の場でこのような飲み方をするのは、ほぼ男性だけだからである）。また、可能なときはいつでも、参加者は勘定書を奪い取ろうとした。文字通りの意味で、そうしたのである。わたしは以前、沿道の屋台で、いつものように勘定をめぐって押し問答をしていた人が、最後に肩を脱臼《だっきゅう》するのを見たことがある。

わたし自身が宴会で泥酔した話は、あまり細かく打ち明けるつもりはないが、一つだけ。ある昼食会で酔っ払ってトイレに行こうとしたとき、ふらふらとレストランを出て、公共バスに乗り込んでしまった。そうすると楽しいのではないか、となぜか考えてしまったのだ。その日の主催者は地位ある人々だったので、運転手つきの車を所有していた。去っていくバスを見ながら、彼らは慌てて追いかけてくれたが、わたしは後部座席でのんきに酔いつぶれたままだった。翌日、二日酔いと恥ずかしさで混乱していると、前日のグループの人たちから何度も電話がかかってきていたことに気づいた。彼らはわたしの無事を確かめると、その日の夕食会に参加しないかと尋ねてくれた。

映画におけるイメージ

映画の中の宴会に話を戻そう。こうして本物の食事が繰り広げられているというのに、なぜわざわざ映画を見る必要があるのか?

当時の食文化の大半がそうであったように、一九九〇年代初頭の豪華な食事は、おもに憧れの対象だった。世界の文化への扉はようやく開かれつつあったが、経済的な現実はまだそこに追いついていなかった。『中国食品』誌のレシピ同様に、この時代の宴会文化は、一般市民が間接的にしか楽しむことのできない体験だった。

食を題材にした当時の娯楽のなかには、滑稽《こっけい》なほど大げさなものもあった。香港映画は、誇張という一種の芸術形式を生み出した。犯罪ドラマでは悪玉がわかりやすく葉巻を吸い続け、フランス産のコニャックを大量に飲み干す。そうしたシーンを通じて、彼らの邪悪さを印象づけるわけだ。一九九六年の映画『食神《しょくしん》』のようなコメディでは、台所に武道のどたばた喜劇が持ち込まれた。わざとらしい演技、飛び交うナイフ、カンフー用の箸などが満載で、この映画のユーモアは過剰さから生まれている。『金玉満堂』という別の香港映画では、架空の「満漢全席」を中心にストーリーが作られた。

だが、この時代の精神を確実に捉えていたのは、台湾のアン・リー監督による静謐《せいひつ》な名画『恋人たちの食卓』(一九九四年)だろう。これは、三人の成人した頑固な娘たちの愛情をつなぎ止めようとする年老いたシェフの物語であり、劇中で何らかの事件が起きるときには、必ずその背景で料理が作られたり、食べられたりしている。

この映画において、食は単なる風景どころか、主役なのだ。本章冒頭のシーンは、心を込めて食事を準備する主人公と、食べることに関心がない、あるいは感謝すらしない人々との間に、明確な違いがあることを示している。わたしは映画評論家ではないが、このシーンは、世代を超えたコミュニケーションのあり方を模索する家族内で、それぞれの優先順位が変わっていくことの明確な比喩に思える。激動の一九八〇年代を脱したばかりの中国の観客にとって、これはまさしく、心に深く響くメッセージだったのではないだろうか。

『恋人たちの食卓』では、映画全体を通して同様の食い違いが見られる。ある印象的なシーンでは、主人公が孫娘を追いかけて学校まで弁当を届けに行く。その中身は、豚バラ肉の煮込み、エビ、ニガウリなどの豪華なごちそうだった。同級生たちは驚くが、孫娘本人は全員の注目を浴びて恥じ入ってしまう。別のシーンでは、妻を亡くした主人公の結婚相手と見込まれる女性が、タバコを立て続けに吸い、その吸い殻を食べかけの料理の皿に捨てていく姿が映し出される。だが、整合性のあるシーンもないわけではない。長女が新しい夫のために食事を準備しているとき、彼女は父親の情熱だけでなく、その技術――たとえば、魚の口を箸で突いて殺すなど――をも見習っていることをうかがわせる。当初、カメラは長女を父親と同じように映し、調理中の彼女にきっちりとピントを合わせている。だが、しばらくして食卓に向かう彼女を追いかけると、そこには夫がいる。夫は料理の一皿一皿を受け取りながら、はっきりと感謝を示してみせるのだった。

高度成長期にあった一九九〇年代の中国の観客にとって、『恋人たちの食卓』はどんな意味をもつ映画だったのだろうか。彼らの身近に感じられたことは確かだろう。台湾の映画ながら、香港映画のような大げさなファンタジーは一切登場しない。舞台や料理が異国風に描かれているところも一切ない。

『恋人たちの食卓』（冒頭の食事）

東坡肉《ドンポーロウ》　豚バラ肉を醤油と氷砂糖でじっくり煮込んだもの。

鶏煲翅《けいほうし》　鶏（老雌鶏が望ましい）にフカヒレ、鮑《あわび》、ハム、干し貝柱を詰めて縫い閉じ、丸ごと蒸したもの。劇中ではスープに入れられ、ハムの薄切りをトッピングされて供される。

涼拌海蜇《りょうはんかいてつ》　湯通しして薄切りにしたクラゲを、キュウリの薄切りと合わせ、酢で和えたサラダ。

爆炒双脆《ばくしょうそうせい》　鴨の砂肝とイカを生唐辛子で炒めたもの。

干貝芥菜心《かんばいかいさいしん》　ターサイと干し貝柱の炒め物。

氷糖元宝《ひょうとうがんほう》　豚のすね肉を氷砂糖で調理し、醤油ベースのソースで煮込んだもの。

菊花《きくか》鍋《か》　菊の花で風味づけした鍋。劇中では、生魚の薄切りと葉野菜を添えて供される。

松鼠魚《しょうけつぎょ》　料理人の高度な包丁さばきが求められる料理。調理シーンでは、正確な角度と深さで魚に切り込みを入れ、その切り込みに熱した油を注いで開く技術が披露される。

炸响鈴《さきょうりん》（チャーチャオショウ）　豆腐の皮で具材を包み、かりっと揚げたもの。この「鈴」とつく料理名も、皮のかりっとした音を指している。

烤鴨《こうおう》　鴨の調理の様子は見られない。鴨の体に空気をいっぱいに吹き込む手順があることから、直火焼きされると考えられるが、煮込まれる可能性もある。調理された鴨は、薄切りにして皿に盛りつけられた状態で紹介されている。

湯包《タンバオ》　豚肉が入った薄皮の水餃子（いわゆる小籠包《ショーロンポー》）。中の汁が漏れないように、つまんで閉じられる。劇中では、スープに入れて供される。

新たな経済による変化は急速にもたらされた。少なくとも一部の人々にとって、家族での夕食は、刺激的で新しい未来を想像するための安全な空間だった。

豪華な料理を構成する材料のほとんどは、どれもごく一般的な食品だ。鶏肉、豚肉、市場で手に入る魚、おなじみの調味料や野菜などである。しかし、その反面、これらはフェルメールの静物画に描かれる果物のようでもある。これらのありふれた食材は、優れた技術と繊細な心配りをもって調理されるからこそ、特別なものになるのだ。それはたとえば、長女が粗庵《そあん》豆腐を作る際、豆腐を薄切りにしてシート状に整え、その周りに具材を並べて蒸し上げる場面に垣間見える。[8] 経済的には、この家族は決して裕福ではない。家も台所も質素だ。普通の食材を何らかの驚くべきものに、そして何らかの驚くべき意味あるものに変えているのは、主人公と長女の技術と尽力なのである。

『恋人たちの食卓』に見られる心地よさと美しさは、中国の経済改革によって約束されるすべてを想起させると同時に、当時が恐ろしい変化の時代であったことをも想起させる。政治的にも経済的にも、あらゆることが崩壊しかねないという不安が現実に迫っていた。中国本土に住む何百万世帯もの家庭にとって、非効率的ながら少なくとも予測可能な集団化政策下での「鉄飯碗《てっぱんわん》」なしで暮らしていくという見込みは、新たな不安の種になった。縞模様のカクテルや大きな肩パッドに象徴される一九八〇年代の香港映画とはまったく異なり、『恋人たちの食卓』に登場するのは、ごく普通の家族三世代である。彼らが食卓を囲む様子、とりわけ、本土では損なわれていた伝統が確実に受け継がれているることを示す場面には、どこか特別な魅力があった。新たな経済に約束される、目がくらむような新たな富の世界とは対照的に、この映画は観客に故郷と安らぎを思い出させた。そして、厳格な革命期には幻想にすぎなかった、洗練された料理の伝統を蘇らせたのである。

第6章　フランチャイズの流行——効率の代償

次の宴会は、家を出ることを必要としない宴会だ。実際、わたしたちは最近、家を出ることがますます少なくなっている。

携帯電話から顔を上げること（これも、ますます少なくなっていることの一つだ）さえしなくても、夕食を注文し、その配達を追跡できる。すべての料理を小さなプラスチックの箱から取り出したら、写真を撮ってソーシャルメディアに投稿することもできる。

そして今夜の夕食は、間違いなく、撮影する価値のあるものになる。デリバリーはいまや当たり前だ。わたしたちはすでに、ほぼ毎日のように食事を届けてもらっている。ゴミ箱に山積みされているテイクアウト用の箱から判断すると、近所の人もみなそうしているのだろう。しかし今夜の夕食が特別なのは、それが火鍋で、注文品にはレストランで使用される同じ鍋セットの縮小版が付いてくることだ。プラグイン式の卓上鍋、三つのプラスチック容器に収められた冷凍牛肉（きれいに薄切りにされ、似たような形に丸められて、二列で容器に並べられる）、そして丁寧に包装されたキャベツ、トウモロコシ、ヨモギ、トウガン、凍り豆腐の盛り合わせもある。一つのビニール袋には、個別包装された香辛料やソースの容器が一二個入っており、別の袋には甘いオレンジソーダの缶が六本入っている。

ちょっとした親切なサプライズとして、このレストランは、鮮やかな黄色のケーキ菓子をいくつかおまけに付けてくれる。それぞれのビニールパッケージには、『怪盗グルー』シリーズに登場するミニオンのようなキャラクターが印刷されている。

届けられたものを一〇分ほどかけて開封すると、そこには、テーブルに載せ切れないほどの食品が並ぶことになる。だがそれらを――とくに、カメラに向かって並んで手を振るミニオンたちを――撮影すれば、最高の写真になることは確実だ。

一九九九年のように

過去二〇年間の大きな変化を充分に理解するために、まずは一九九九年の中国をざっと見ていこう。この年、中国は世界貿易機関（WTO）への加盟を目前に控えていた。

中国有数の大都市であり、わたしが二年間暮らした天津《てんしん》などの都市では、それ以前の一〇年間に、すでに見過ごせないほどの変化が生じていた。どこを見ても、古い住宅は取り壊されて新たな高層ビルが建てられ、ほとんどの自転車は自動車に取って代わられていた。誰もがノキアの携帯電話を欲しがったり、手に入れたりしていた。インターネットは、ちょうどその存在をインターネットカフェで知られ始めていた。たいていは薄暗いインターネットカフェで、学生たちは糖分を燃料にしながら、何時間もビデオゲームの対戦に興じていた。

中国のあらゆる都市と同様に、天津も商業で賑わっていた。その大半は非公式の露天市であり、行商はそこでノーブランドのTシャツや海賊版DVDなどの安価な商品を売っていた。スーパーマーケットは当時もめずらしかったが、主要都市には必ずいくつか存在していた。フランスのチェーンであるカルフールなどの大型店は、生産物をビニール包装するという発想を何百万人もの中国人に紹介した。また、焼きたてのパンや温かいローストチキン、さらにはチーズなどの希少品も販売していた。しかし、よく観察してみると、現実はまだ遅れを取り戻していなかったことがわかる。大手チェーンでも、売り場の大部分は、屋外で行商が売っているものとまったく同じ商品に埋め尽くされていたのだ。

外食は高級市場へ移行していた。ケンタッキー・フライド・チキン（KFC）やマクドナルドは、話題になった当初の時期を過ぎるとすっかり普及し、それぞれ八店舗から九店舗を都市の中心に構えるようになった。レストランチェーンの紅高粱《ホンガオリャン》や栄華炸鶏《ロンファザージー》といった類似店が増えると、その数はいっそう多くなったように感じられた。ピザハットは中国に進出したばかりだったが、やや高価で、当時はまだチーズを食べることに戸惑いを感じる人も多かった。最も話題になった新規参入企業はスターバックスだった。それでも、コーヒー一杯に四〇元、つまりマクドナルドのセット二食分に相当する金額を払うという発想は、依然として一般市民の理解を超えていた。レストランはいたるところに存在し、そのほとんどが中国の四大料理のいずれかを売りにしていた。一般的な北方系の料理以外では、四川料理と広東料理が最も多かったが、韓国の焼肉や日本のとんかつなどの外国料理もたまに見られた。

当時、飲食業界の大半はまだ非常に小規模だった。その代表が、饅頭《マントウ》、包子《パオズ》、餃子などを売る露天商だ。こうした露店で提供される料理は、素早く簡単に食べられて、かつ地域性の強いものだった。地域にはそれぞれ愛される麺料理があり、たとえば北西部では牛肉入りの拉麺《ラーミエン》が、四川省では香辛料の効いた担々麺《タンタンミエン》が、雲南省では「過橋米線《グオチャオミーシエン》」という米麺が、東南部ではワンタン麺が、山東省ではニンニク風味の麻醤麺《マージャンメン》が、北京では塩味のジャージャン麺が好まれた。上海を象徴するのは、カラシナの漬物またはネギ油——わたしのお気に入りは後者だ——をトッピングした麺料理だ。

北京近郊の村の市場で見られる煎餅果子。積極的な都市計画の影響で、こうした屋台は多くの都市から急速に姿を消しつつある。

葱油麺《ツォンヨウミエン》

麺を下茹でして、一人分を取り分けておく。

青ネギ（ややしなびたものが最適）を二・五センチの長さに切り、白ネギは取っておく。ネギがしっかり乾いていることを確認したら、油四分の一カップをごく弱火で熱し、青ネギが茶色を帯びてかりっとするまで炒める。油からネギを取り出し、白砂糖を小さじ二分の一杯、醤油大さじ二杯、茹でた麺を加える。

この油を熱し、麺にまんべんなく絡むように混ぜる。乾燥させたネギとかりっとした食感のピーナッツを添えて供する。

わたしにとって、寒い冬の朝の救いになる好物は煎餅果子《ジェンビングオズ》だ。煎餅果子は薄いパンケーキの一種で、生地を鉄板に広げてから、生卵を落として丸く平らな形に焼いていく。そこへ唐辛子味噌や青ネギ油を加え、棒状に揚げた生地（北京ではシート状に揚げた生地）を載せて折り畳むというものだ。塩と油の混じった温かい湯気が鉄板から立ち上る光景は美しく、わたしはそれを思い浮かべるだけで、天津の暗い冬でも朝五時の列車に合わせて起床する気分になった。

多くの行商と同様に、煎餅果子の売り子は朝になると屋台とともに現れ、昼にはいなくなっていた。消費者にとって、こうした機敏性は、とりわけ衛生面に関する不安の原因にもなった。

簡単に言えば、それは、自分が買っている食べ物に何が入っているかわからないということだ。噂は数え切れないほどあり、その多くは確かな事実だった。あるテレビ番組で、味つけしたボール紙が包子《パオズ》に詰められていると暴露されていたことは忘れられない。

素晴らしき新世界（貿易機構）

中国は二〇〇一年末に世界貿易機関（WTO）に加盟し、世界的な貿易と投資の渦中に身を投じた。この変化は、一九九〇年代のあらゆる動向をさらに加速させた。

中国の輸出品が世界市場に大量に流入したことで、中国は突如として裕福になり、それが所得の増加に反映された。一九七八年から九九年までの二一年間で、都市における一人あたりの収入は約三三〇%、つまり三倍以上に増えた。さらにWTO加盟後の二〇年間では、世帯可処分所得はそれまでの約二倍の速さで、計七倍近くに増加した。ある日突然、スターバックスのラテは手の届かないものではなくなった――また、それほど特別なものでもなくなった。

一方で、中国は世界からの輸入も増加させ、とくに食品を多く購入するようになった。米や小麦などの穀類は引き続き政治的に保護されていたが――中国政府は生活必需品を世界市場に依存したくはなかったのだ――、他の農産物は公平な競争の対象となった。[1] たとえば、穀物に分類されていたトウモロコシと、それに当てはまらなかった大豆の違いを見てみよう。トウモロコシの輸入量は低いままだったが、大豆は突如として主要な輸入品目へと成長した。実際あまりに多くの量を輸入したことから、中国は欧州連合（EU）諸国を大きく引き離し、世界最大の大豆輸入国となった。中国の購買力が向上すると、同国の大豆への需要は世界市場を変容させた。大豆はアメリカにとって中国への主要な輸出品となり、中国の国家関連の食品メーカーは海外で土地の買い占めを始めた。シンジェンタ、ニデラ、ウィルマーなどの大手種子会社や加工会社もこれに倣った。比較的短い期間に、中国の大豆への需要は、ブラジルをはじめとする地域の生態系を劇的に変えてしまった。[2]

中国はこうした大豆を何に利用していたのだろうか？　答えは二つ、油と豚だ。大豆は食用油の主原料となり、また国内の集中肥育場で飼育される何億頭もの豚の主飼料となった。これは、中国人の食生活におけるきわめて重要な変化――すなわち、肉の消費量が急増したことの理由である。豚肉だけでなく、鶏肉、牛肉、乳製品も、直輸入された食品と輸入飼料で育てられた国内の家畜の両方を含めて、すべて本質的にはグローバル化の産物だ。

実際、中国の市場には世界中の食品が流入するようになった。ニュージーランドからは牛乳が、ロシアからはビニールパック入りのティラミスが、チリからはワインが、オーストラリアからは大麦が、韓国からはニンニクが輸入された。それ以外にも違法取引が存在し、たとえば、南アジアから中国には毎年何十万頭もの牛が密輸されていた。こうした商品にはそれぞれ独自のストーリーがあったが、中国市場に機会を求めることは、多くの場合、そのストーリーにおいて政治的強引さを受け入れることを意味していた。たとえ関係が円滑なときでも、中国市場の規模の大きさは、そこに門戸《もんこ》を開くほぼすべての国を変容させた。ニュージーランドは古くから乳製品の輸出国だったが、中国における牛乳と乳児用調製粉乳の市場が実質的に無限であったことから、国内経済が急成長し、これによって放牧牛の価格がかつてないほど高騰した。[3] ニュージーランドは、中国との自由貿易を一貫して支持することで恩恵を受けていた。だが、逆のことが起こる場合もあった。新型コロナウイルス感染症への対応をめぐって中国を批判した後、オーストラリアは、同国の輸出するワインが中国市場から排除されたことを知った。

もう一つの大きな分野は金融だった。当時、外国企業は独立企業として、または中国企業との合弁企業として、すでに中国で事業を展開できるようになっていた。だが全体で見れば、中国国内における外国企業の存在感は比較的薄いままだった。WTOへの加盟を通じて、中国の生産者は真の国際競争にさらされることになったが、これは彼らが新たな投資を決断し、専門知識を得るチャンスでもあった。

外国人投資家は、いち早くこの流れに乗ろうと躍起になった。多くの産業において、新たな資金の流入は、小規模な地元生産者の統合による巨大企業の誕生に直結していた。一九八〇年代に何百もの地ビール醸造所が建てられたことを思い出してほしい。それらが買収され、ブランド名を改められたのは、ちょうどこの時期である。同様のことは乳製品業界でも起こった。一九九〇年代後半、ネスレは中国全土で買収を繰り返し、成功している乳製品企業を可能な限りその手中に収めた。中国のビジネス雑誌は、ネスレを「買収狂」と呼んだ。しかし、この流れの恩恵を受けたのは外国企業だけではなかった。同様の過程は、中国独自の農業関連複合企業の設立にもつながったからだ。今日の乳製品大手である中国蒙牛乳業（チャイナ・モンニュウ・デイリー）は、二〇〇二年にモルガン・スタンレーによる外資注入を受けたことで初めて急成長した。[4] やがて中国の投資家は外資の影響力とのバランスを取るようになったが（とくに二〇〇八年の世界金融危機以降は、国家または国家関連の投資の流入が目立った）、一つの変化には永続性があった。中国の食品業界は、その規模、業務、展望において、すべて根本的にグローバル化したのである。

ショッピング

こうした背景の変化の多くは、現地の消費者からは目に見えないものであったかもしれない。しかし、その複合的な影響は、中国の食を取り巻く風景全体を一変させた。ショッピングと外食という二つの主要な分野に着目してみても、やはり同様の傾向が見られる。つまり、大企業が小規模な競合企業を凌駕《りょうが》し、より安価で便利で効率的な食の体験を創造する一方で、その体験には個人的な要素や地域的な要素が少なくなるということだ。

ショッピングを例にとってみよう。一九九〇年代後半には、外資系の大型スーパーマーケットはまだ目新しい存在だった。たいていの大都市には一軒か二軒あったが、数は少なく、その可能性を充分に発揮できてはいなかった。WTO加盟後の数年間で、カルフール、伊勢丹、イトーヨーカ堂などの外資系の先駆者に続き、ウォルマート、サムズクラブ、コストコといった新たな競合が参入し、さらに中国の地元企業もその数を増やしていった。商品の陳列はもはや問題ではなくなり、また高額商品の販売スペースに顧客を集めることも問題ではなくなった（ただし、顧客にまとめ買いを決断させることはまた別の問題だった）。

中国の「スーパーマーケット革命」には、需要を超えたもう一つの推進力があった。それは都市計画だ。[5] 二〇〇二年、感染した家禽類からヒトに広がるＳＡＲＳ（重症急性呼吸器症候群）が流行して以降はとくに、中国の都市部において、あらゆる非公式な食品市場が排除される動きが活発化した。非公式な露天市には、税金の未納という別の問題もあった。「ウェットマーケット」は残されたが、専用の統合施設に囲い込まれることが増えた。この施設では、タイル張りのカウンターが定期的に消毒され、政府による監視が行われた。[6] 水面下では、小売業者が大型卸売業者――たとえば、北京の農産物の九〇％を供給する新発地市場など――にますます依存するようになった。農民がトラックいっぱいに瓜を積んで街の市場に乗り入れる時代は、終わりを迎えようとしていた。アメリカの大半の地域がそうであったように、中国都市部の消費者にとって、何千キロも離れた場所から季節外れの果物を購入することは、郊外の農場から新鮮な農産物を入手することよりも簡単になりつつあったのだ。

レストラン

飲食セクター、とくにレストランも同様の変化を遂げた。まずは大都市から、その数年前まで標準的だった単店舗型のレストランが姿を消すようになった。では、何がそれらに取って代わったのだろうか？　チェーン店やフランチャイズ店だ。これらの店では西洋のファストフードだけでなく、麺類、火《フォ》鍋《グオ》、フライドチキン、包子《パオズ》、さらには高級料理まで提供される。その理由にはいくつかの要因が絡み合っているが、すべてが行き着く先にあるのは、多店舗型チェーン店のほうが単純にビジネスの手段として優れているという冷徹な事実だ。

昔ながらの商店街に取って代わった新しいショッピングモールについて考えてみよう。レストランにとって、モール内に移るということは、すなわち支払うべき家賃が高くなるということだ。

これは所有者の利幅を圧迫するだけでなく、店舗の床面積全体で収入を得る必要があること、厨房《ちゅうぼう》などの些細なことへの浪費は許されないことを意味した。

そこでフランチャイズの登場だ。フランチャイズでは、効率良く、安く、すぐに食事ができる。運営面ではファストフード店とそれほど変わらず、大手フランチャイズチェーンは多くの食品を店舗外で調理している。ソースは事前に混ぜられ、野菜は洗って刻まれる。肉は薄切りにしてマリネされ、加熱して真空パックに密封される。それらの食材すべてが厨房に届けられる。厨房にはたいてい数台の電子レンジと、壁いっぱいの蒸し器、麺を茹でるための鍋がある。もちろん、すべてのフランチャイズ飲食店がこのように簡素化されているわけではない。だが高級フランチャイズ店でも、調理を可能な限り店舗外で済ますことにより、規模の効率性を利用できるのは確かだ。そうすることで、時間、厨房の床面積、熟練労働者の人件費を節約すると同時に、量、見た目、味ともに高品質な食品を生産できるのである。

規格品を繰り返し生産できる能力は、フランチャイズによるもう一つの大きな革新——ブランディングと広告の統合につながっている。コストが上昇し競争が激化するなか、顧客を引きつけるだけでなく、投資家や潜在的なフランチャイズ加盟者を魅了するためにも、ブランドを維持することの重要性は飛躍的に高まった。単店舗型レストランは毎日の売り上げを死活問題としているが、多くのチェーンにとって真の目標は、自社を新規株式公開（IPO）の状態まで引き上げることだ。こうした壮大な計画では、絶えず成長しているという実績に未来がかかっている。つまり、厨房からどれだけの量の食事が生まれるかではなく、どれだけの数の新しい厨房がオープンするかによって、すべてが決まるのだ。

これはやや屈折した言い方に聞こえるかもしれないが、一九九〇年代後半のドットコム・バブルを経験した読者にはよくおわかりだろう。二〇一〇年以降、中国の食品産業に活気を与えたのは投機であり、あらゆる機会を追求するための多額の資金であり、次なる大きな流行に乗り遅れまいとする人々だったのだ。

地方都市のショッピングモールに吊り下げられたレストランの広告。 多くのフランチャイズの厨房では直火が使用できないため、蒸し料理や煮込み料理が提供される傾向にある。

そうした次なる流行は、短命に終わることもあった。一八六四年に創業した「全《ぜん》聚《しゅ》徳《とく》」は、北京ダックを提供する北京の老舗レストランだった。文化大革命の暴動による被害を免れたわけではなかったが、それでも革命期を通じて営業を続けた数少ないレストランの一つであり、中国を訪れる議員団はここで北京ダックを楽しむ様子を必ずといっていいほど写真に撮られていた。一九八〇年代になると、全聚徳はかつての栄光を取り戻し、北京および全国各地に新たな支店を開業した。これは大いに理にかなった展開だった――というのも、北京ダックは規模拡大に適しているからだ。複雑で時間のかかる薪焼きの工程はすべて店舗外で行われ、レストランの厨房は皮をぱりっと焼き上げたり、つけ合わせを調理したりするスペースに充てられる。全聚徳が成長を続けるなか、中国の新聞は、北京ダックが世界を席巻することを堂々と予見した。問題は、全聚徳のオーナーが過度に野心的になり、二〇〇七年の深圳《しんせん》証券取引所への上場を控えた時期に、大規模な世界進出を計画したことだった。この壮大な計画では、北京ダックに対する世界の需要が過大評価され、店舗数を三倍に増やした状態で品質を維持する同チェーンの能力が過信された。結果は言うまでもない。全聚徳は批評家から非難され、株価とともに売り上げも落ち込んだ。本書の執筆時点で、北京ダックは（当時、推進派が約束したような）「新たなマクドナルド」の地位には至っていない。

他のあらゆる産業と同様に、食品産業においても、テクノロジーという概念はそれ自体が投資家にとって魅力的だった。二〇一七年に創業したラッキンコーヒーは、次のスターバックスになることを期待された。その根拠は何だろう？　同社は中国国内で早くも三〇〇〇店舗近くを展開していたことに加え、スマートフォンアプリを用意し、配達料を低く設定していた。これにより、自宅にいる顧客は、自分でコーヒーを淹れるよりも注文したほうが簡単だと感じるようになったのだ。店舗で購入する場合、看板商品の価格は比較的高めだった。しかし、インターネットベースのクーポンを無制限に利用できたため、消費者は高級品を安く手に入れているかのように錯覚した。ラッキンコーヒーはまた、愛国主義的な広告に力を入れた。地元の有名人からの支持を利用し、中国発の世界的ブランドになるという野望を強調した。しばらくの間、この戦略は機能しているように思われた。ウィーワークのようなオフィススペース企業と同じく、そのアルゴリズムは完璧であるという噂に後押しされ、ラッキンコーヒーは、まずは「テクノロジー企業」と呼ばれるようになった。二〇一九年には新規株式公開を果たし、カタールとシンガポールの裕福な政府系ファンドから多額の投資を集めた。しかし、その後まもなく、ラッキンコーヒーのアプリがごく普通のアプリであること、同社が大きな損失を出していること（赤字販売を行えばそうなりやすい）、さらに同社の成長率が実際には大規模な不正会計に基づいていることが発覚した。その株は取引停止に追い込まれ、ラッキンコーヒーはニューヨーク証券取引所から追放された。以降、中国では復活を遂げ、二〇二二年には七〇〇〇から八〇〇〇店舗を展開してスターバックスを上回ったが、利益を得るにはまだ程遠い状況だ。

当時、中国の投資資金は海外にも流出していた。中国は長年にわたって外貨獲得に専念していたが、二〇一〇年代には相当な金額が逆方向に流れ始めた。その激動の一〇年間に、中国はエネルギー、鉱業、テクノロジーなどの戦略的分野に重点を置き、一兆ドル以上を海外資産に投資した。食品の分野はこの全体像の一部にすぎず、投資総額の一〇％にも満たなかった。それにもかかわらず注目を集めたのは、海外の食品生産者が中国に買収されるという発想を通じて、飢えた中国が文字通りに「世界を飢えさせる」というイメージが呼び起こされたためである。また、中国の投資（政府による低金利融資に推進される）が、現地で最も有名な企業を威圧的に買収する形式で行われていたことも要因だ。一部の初期の買収、たとえば中国の零細企業がアメリカの豚肉生産業者スミスフィールドを購入したときなどは、そうした大型買収への懸念を和らげるため、企業の評価額を大幅に上回る価格が支払われた。一方、上海に拠点を置く光明《こうめい》乳業（ブライト・デイリー・アンド・フード）がイスラエルの乳製品協同組合を数十億元で購入しようとしたときのように、壮大な失敗に終わった買収もある。つまり、中国の買い手のなかには、取引成立前に資金を溶かしてしまう企業もあったということだ。[7]

代替案

ここで話をまとめよう。中国の世界貿易機関（WTO）への加盟によって、既存の食の流行は乗っ取られ、新たな流行が加速した。ほんの数年のうちに、この国の食をめぐる風景は急速に変化したため、一九九〇年代からやってきた人はそこを中国だと認識できなかったことだろう。昔ながらの店、市場、レストランが並ぶ通り全体が姿を消した。多くの場所で、地元の人気店は、世界的ブランド、全国チェーン、規格化された味にすっかり取って代わられた。

効率化の代償は、食が没個性化したことだった。かつて、外出先で焼餅《シャオビン》を買うときにはいくつかの選択肢があり、その選択肢は買う人にとって好ましくない場合もあった。塩気が強すぎる（焼餅自体の、あるいはそれを調理した人の）、店主に釣り銭をごまかされたことがある、店主がタバコをくわえたまま生地を丸めることに嫌悪感がある、などといったことだ。しかし何を選ぶにせよ、それらの小さな露店やそこで売られている商品は人間のネットワークの一部であり、買う人自身の交友、習慣、嗜好で構成される世界の一部であった。大手小売チェーンの登場以降、食品生産の過程は可視化されなくなり、制御できないものとなった。食材が運ばれ、カットされ、洗浄され、光沢のあるビニールで包装されるまでの過程と、その関係者を信用できる人にとって、このことは問題ではないだろう。

だが、そうでない人とっては、話は別だ。

二〇〇七年後半、中国のソーシャルメディア上で、ある有名なブランドの調製粉乳を飲んだ子供たちが体調を崩しているという噂が流れ始めた。まもなく、この製品がすでに数十万人もの乳児に被害を与えていることや、そのうち六人がのちに腎不全で死亡したことが確認された。原因は、この粉乳にメラミンが混入されていたことだった。工業用プラスチックであるメラミンは、特定の臨床試験においてたんぱく質に似た性質を呈する。つまり、誰かが生乳を水で薄めたあと、有毒な化学物質を添加してその事実を隠蔽しようとしていたわけだ。結果的に、その「誰か」とは、「全員」であることが判明した。酪農家、集乳所、中間業者などのあらゆる関係者が、サプライチェーンの各段階で利益を少しでも多くかすめ取ろうと企み、最終的には有毒な製品づくりに加担することになったのだ。腐敗行為によって中国の牛乳供給が汚染されたのは、じつはこれが初めてではなかった。そのわずか数年前には、安徽省《あんき》のある工場で粉乳からたんぱく質が除去されていたことが発覚し、これがたんぱく質の検査を実施するそもそものきっかけとなった。[8]

すぐに激しい反発が起きた。第一に、誰も中国産の食品を買おうとしなくなった。これは牛乳に限った話ではなく、中国の果物や海産物の輸出先となる外国市場が一夜にして消滅した。中国の親たちも同じ気持ちだった。混入の責任は公式には北京の三鹿《サンルー》集団にあるとされたが、この事件が産業全体にはびこる慣行の反映であることは広く認められていた。高価な外国製乳製品は飛ぶように売れ、その供給が尽きると、海外から中国へ乳児用調製粉乳を密輸する巨大な闇市場が発展した。三鹿の事件からしばらく経っても、生計を立てるために香港との国境を行ったり来たりし、その都度、粉乳の缶が詰まったスーツケース二つを中国に持ち込む人は後を絶たなかった。当時、オーストラリアのような遠く離れた国々の商店では、顧客が一度に購入できる粉乳の量が制限されていた。中国政府は包括的な食品安全法でこれに対処しようとしたが、その制度に対する信頼は修復不可能なほどに損なわれた。

振り返ってみると、この毒粉乳スキャンダルは、すでに生じつつあったエネルギーを爆発させる引き金にすぎなかった。新興の富裕層をはじめとする中国の消費者は、食品に関する安全性の保証だけでなく、信頼性の回復も求めて、長年にわたり不安を募らせていた。一部の人々にとって、その要求は、遺伝子組み換え食品や特殊なプラスチック包装を拒否することを意味した。また、有機認証型や環境配慮型の食品を――両者の違いを理解していなくても、あるいは、そうしたラベルを付与する政府機関を完全に信頼しているわけでなくても――買い求める人々もいた。

さらに本質的な反応として、人と農業とのつながりを取り戻そうとする動きも見られた。三鹿の不祥事が世間を賑わせた二〇〇八年、北京の名門大学である中国人民大学の博士課程の学生たちは、街のすぐ北にある丘に「小毛驢《しょうもうりょ》」という農場を設立した。その着想の源は、ヨーロッパ、アメリカ、日本で当時すでに定着していた地域支援型農業（ＣＳＡ）運動だった。小毛驢農場は有機食品を栽培するだけでなく、都会人に農業とのつながりを回復させる社会的・教育的運動を担った。ほどなくして、この学生たちは、街から車で一時間ほどの場所に大規模な「分享収穫農場《ぶんきょうしゅうかくのうじょう》」を立ち上げた。分享収穫農場は農場として機能するばかりでなく、通年の教育プロジェクトも実施しており、ここに参加した小学生は堆肥の勉強をしたり、手を泥だらけにして花を植えたり、本物の家畜が走り回る様子を見学したりできる。そして、わたし自身も、農業とのつながりを取り戻そうとする数少ない都会人の一人だ。わたしは週末になると街を抜け出し、農場から借りている小さな土地で野菜を育てている。

小毛驢農場や分享収穫農場は決してめずらしい施設ではない。これらはいずれも中国のＣＳＡネットワークの一部であり、このネットワークには全国で数百万の農場と数百万人の消費者が属しているからだ。新型コロナウイルス感染症のロックダウンによって食品配達が主流になる以前から、中国では数百万の世帯がＣＳＡのプラットフォームを利用し、野菜、果物、肉、そして増えつつあった手作り食品を購入していたのだ。

これとやや関連した二つ目の傾向として、中国の食遺産を再発見し、復興させようという動きもある。中国がＷＴＯに加盟する直前、この国の複数の政府機関は、伝統的な企業を公式に認定するキャンペーンを開始した。その目的は、中国の商業慣習に対する国民の誇りを高めることであり、有名ブランドの普遍的な価値が外国企業によって安く買い占められて下落するのを防ぐことでもあった。この戦略の成果は、現在、店頭や広告、パッケージに誇らしげに表示されている「老舗《しにせ》有名ブランド」の認定マークに見てとれる。[10] それ以外にも、地域独自の製品であることを強調するため、そして手工芸の伝統を保存・継承する人的ネットワークを守るための文化遺産認定制度が存在する。金華《きんか》ハムや鎮江《ちんこう》産の黒酢などに関する文化遺産認定制度は、シャンパンやパルミジャーノ・レッジャーノ・チーズに関する「テロワール」の認定制度と同

1930年代の北京で売られていた焼餅。

様に、製品と地域を――「地域」とは、多くの場合、特定の職人のコミュニティのことだが――結びつけるものである。

文化遺産を地域に基づいて公認すれば、紛争につながることは避けられない。ユネスコ無形文化遺産登録制度などのプロジェクトは、名物料理の所有権をめぐる問題解決のため、各国に利用される議論の場の一つである。フムスはアラブ料理か、イスラエル料理か？ ボルシチはロシア料理か、ウクライナ料理か？ キムチは韓国料理か、中国料理か？ もちろん、双方にとって有益な解決策が見つかる場合もある。たとえば、身体にたまった熱を排出する効果のあるとされる健康飲料の「涼茶《リャンチャー》」は、中国、香港、マカオの事前の取り決めによって共同申請されたため、これら三地域の無形文化遺産として正式に登録されている。

だが、こうした友好関係があってなお、食遺産をめぐる境界線は明確でないことがほとんどだ。マカオの名物料理の一つに、素朴なエッグタルトがある。フレーキーペストリーにクリームを詰め、表面に焦げ目をつけたマカオのエッグタルトは、同じくポルトガル名物のパステル・デ・ナタを彷彿《ほうふつ》とさせる。このパステル・デ・ナタは、リスボンのベレン地区にある元祖の菓子店で、毎日何千個も販売されている。しかし、早合点してはいけない。エッグタルトは香港の茶餐《チャーツアンティン》庁でも人気があるが、ここではフレーキーペストリーの代わりにさくさくしたショートクラストが使われ、表面は焦がさずに、イギリス伝統のエッグタルト風に焼き上げられる。二〇一四年には、エッグタルトはその他三〇種類以上の食品や調理法と並んで、香港の無形文化遺産に指定された。ならば、この例は、二つの旧植民地にそれぞれ異なる経路を通じて文化が伝わったことを――つまり、イギリス式エッグタルトは香港へ、ポルトガル式エッグタルトはマカオへ渡ったことを示しているのだろうか？ その答えは、「ノー」だ。広東料理の点心にも、「炖蛋《とんたん》」のように卵を蒸して作る定番料理があるが、これらは塩辛い料理で、甘さはなく、エッグタルトの特徴であるパイ皮も見られない。さらに複雑な事情もある。マカオ名物のエッグタルトを販売している店は、実際には一九八〇年代にイギリス人実業家のアンドリュー・ストウが、現地に故郷の味を提供しようという思いから創業したものだった。そのレシピはストウの元妻によってKFCに売却され、KFCは現在、一日に何百万個ものエッグタルトをアジア全土で販売している。[11]

政府の認定を受ければ、もともとは無名だった地産品が世界的な名産品へ一気に押し上げられることもある。一九九〇年代半ば以降、四川省の郫《ひ》都《と》区政府は地元産の豆板醤《トウバンジャン》を精力的に宣伝し、ある成都《せいと》出身の芸術家から「郫都区の豆板醤は四川料理の魂だ」とする発言を引き出した。誤解のないように言うと、郫都区の四川豆板醤は確かに素晴らしい。ニンニクやショウガなどの香味野菜と一緒に炒められた豆板醤は、多くの四川料理の根幹をなすものだ。とりわけ、郫都区の唐辛子入り豆板醤は広く知られており、わが家を含め、何億世帯もの家庭の台所に堂々と鎮座している。だが、「四川料理の魂」とはどういうことだろうか？　つい最近まで、四川省の農村部の一般家庭は、それぞれに豆板醤を手作りしていた。豆板醤を瓶に入れて中庭に置き、一日一回、瓶の蓋《ふた》を開けて日光に当てながら発酵させるのだ。熟成が進むほど味は良くなったが、その家庭独自の正確なレシピは門外不出だった。いずれにせよ、「四川料理の魂」というキャッチフレーズがついたことで、郫都区の豆板醤は有名になり、いまや四川料理と切り離すことのできない定番の味であるという正統性を認められた。しかし、そのすべては、実在しなかった過去への郷愁に基づいている。結局のところ、マーケティングとは、ストーリーを語る技術にほかならない。あらゆる地域の消費者と同じく、中国の消費者もまた、「それが本物かどうか」というストーリーを聞きたがっているのだ。

中国の経済成長の初期には、成り金趣味の悪習が蔓延していた。下品な自慢やブランドの追求が流行り、人々は白酒《バイチュウ》のボトルに数千元を（たいていは他人の支払いで）費やしながら、その日の晩にはすべて吐き出してしまうこともあった。そうしたあからさまな消費が一九九〇年代の特徴であったとすれば、二〇〇〇年代初頭は食べ放題のビュッフェの時代であった。まず一つに、ビュッフェは経済的であり、それをゲームとして楽しむこともできた。ピザハットが、当時まだ少なかった中国国内の店舗に均一価格のサラダバーを導入した際、客ができるだけたくさんの料理を皿に盛りたがるだろうということは、同社も予想していただろう。しかし、ピザハットにも想像しきれなかったのは、サラダバーへの熱狂が、高さ三〇センチを超える「サラダタワー」の制作という科学に発展したことだった。この高さを実現するには、それなりの計画が必要だった。よく見られる設計は、ボウルの底にパン粉を敷き詰めて摩擦力を確保し、さらに縁に沿ってキュウリの輪切りを器用に積み重ねることで、円形の保持壁を構築するというものだ。この壁が高くなるにつれ、内部の空間は重量に耐える芯材——豆腐の角切りやポテトサラダなど——に支えられ、場合によってはニンジンのスティックが下に並べられる。この構造物は、テーブルに持ち帰って写真撮影ができるまで長く保持されることが理想とされた。ピザハットのサラダタワーは、価値よりも楽しさを求める人々の間で一時的に流行した。しかし、同チェーンが中国国内の店舗からサラダバーを突然撤去したことにより、姿を消した。

わたしの考えでは、この一〇年間を総括するものとして、レストランチェーン「金銭豹《きんせんひょう》（ゴールデン・ジャガー）」の盛衰に勝るものはない。金銭豹では、二六八元のセット料金のみで、刺身からフォアグラまでありとあらゆる料理を食べられ、ビールも無制限に飲むことができた。一時期、このレストランは上海や北京から下級都市まで拡大し、なぜかホテルまで開業するほどの人気を博した。しかし、そ

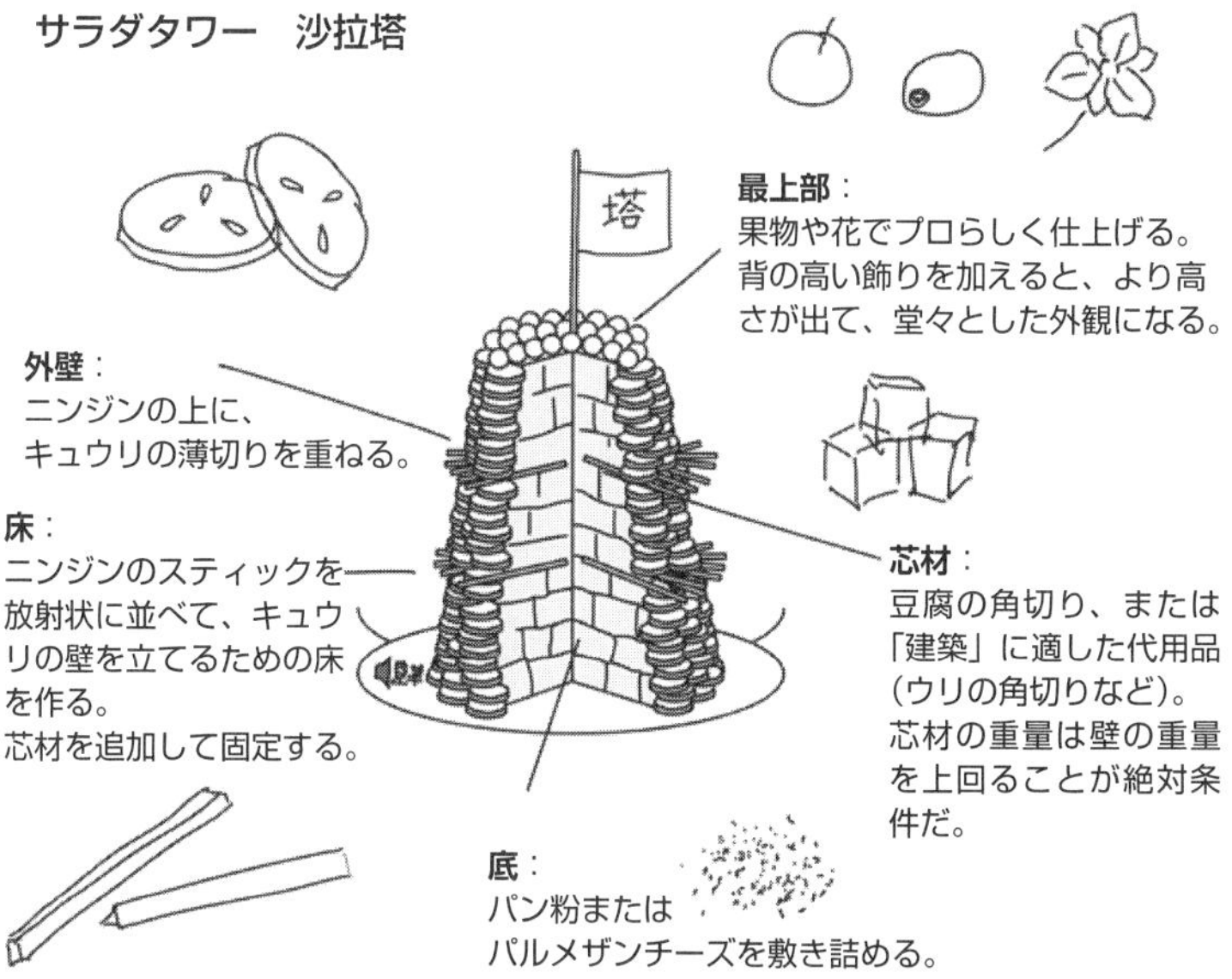
サラダタワー　沙拉塔
塔
最上部：
果物や花でプロらしく仕上げる。背の高い飾りを加えると、より高さが出て、堂々とした外観になる。
外壁：
ニンジンの上に、キュウリの薄切りを重ねる。
床：
ニンジンのスティックを放射状に並べて、キュウリの壁を立てるための床を作る。
芯材を追加して固定する。
芯材：
豆腐の角切り、または「建築」に適した代用品（ウリの角切りなど）。
芯材の重量は壁の重量を上回ることが絶対条件だ。
底：
パン粉または
パルメザンチーズを敷き詰める。

「サラダタワー」の設計図。実際にこれを制作していた人から説明してもらったもの。

の衰退も同様に速かった。過剰な拡大の結果、金銭豹は安価な業者を使うようになり、やがて供給元への支払いが完全に滞るようになった。二〇一八年には同チェーンは倒産し、その広大な金箔張りの食堂は、悲運のタイタニック号の大宴会場のごとく廃墟と化した。

　では、そこで何が起きたのか？　ビジネスモデルに欠陥があったことに加え、金銭豹は時代に取り残されていた。わたしも一度このチェーンで食事をしたことがあるが、料理は単純に不味かった。ステーキは加工された味がして、刺身からはかすかなアンモニア臭が感じられた。美しいデザートは、明らかに大量生産された品だった。インターネット上の評価でも、豪華な見た目とは裏腹に、料理自体は二流品ばかりだという意見で一致していた。こうした衰退の一因は企業の経営難にあったのかもしれないが、実際に変化したのは料理ではなく、食事をする人々だったのではないかと、わたしは考えている。中国の消費者は裕福になるにつれ、ますます舌を肥やし、安価なフォアグラを食べることに興味を失っていったのだ。

二〇二〇年代には、世代交代の兆しがはっきりと見えてきた。若者は依然としてベンツの車やプラダのバッグを欲しがっていたが、彼らの親世代ほど、これらのブランドを盲目的に崇拝してはいなかった。なかには、「醜い金持ち」の習慣を問題視しはじめる若者もいた。「醜い金持ち」というのは、裕福だが趣味は悪く、そのお金を手に入れたそもそもの経緯について、いくつかの美しくない秘密を抱えていると思しき人々のことである。こうした世代交代はゆっくりと起きており、まだ完了には至っていない。しかし、その根底にあるのは、意味あるものや正統なものを求める気持ちの高まりだ。

さらに大きな一歩を踏み出す人もいる。そうした深遠なつながりへの欲求は、オンライン・マーケティング・ネットワークの急成長に伴い、「本物の体験」を売るソーシャルメディア・スターを次々と誕生させた。最初に登場したスターの代表格は、超人気インフルエンサーの李子柒《りししつ》（リー・ズーチー）である。台詞《せりふ》のないその動画は、ユーチューブ上で何百万人もの視聴者を魅了し、ビリビリなどの中国のサイトではさらに多くの視聴者を引きつけている。李の動画は、毎回一品の料理作りに焦点を当てており、たいていは彼女が山の中をハイキングし、筍《たけのこ》やキノコなどの新鮮な食材を集めるところから始まる。その後、李は屋外の台所に立ち、素朴な道具を使って食材を調理する。そして一人で、または年老いた村人と一緒に、静かに食事を楽しむ。その舞台が明らかに演出されたものであること、レシピ自体が実用的でないと批判されていること、また李の質素なライフスタイルを宣伝する巨大なソーシャルメディア・チームが背後にいることなどは、一切気にする必要はない。というのも、李が売っているのは、レシピではなく感情だからである。シダから立ち上る新鮮な霧の印象を、澄んだ水の入った桶に竹筒から滴り落ちる水の音を、売っているのだ。そうした美的イメージは、李自身が見出したものではない。その多くは、大成功を収めたテレビシリーズの『舌尖上的《ぜっせんじょうてき》中国（舌の上の中国）』で可愛らしくロマンチックに紹介された料理の見た目に似ている。とはいえ、このソーシャルメディア的な世界において、李は独自の領域を切り開いてきた。料理を題材にしたエンターテインメントの一端を占めるのが、怒って罵声を浴びせるレストランのシェフだとすれば、李はその対極に位置している。そして、成功を収めたすべてのソーシャルメディア・スターと同様に、彼女を模倣する有名人は何千人も存在し、ささやかな名声を享受している。

テクノロジーを利用したもう一つのつながりは、オンライン取引から生じている。これはもちろん、商品販売をおもな収入源としているという点で、ソーシャルメディアのインフルエンサーとも重なる。しかし、オンライン取引が小規模な手作り食品メーカーに及ぼす影響力は、単純に動画が閲覧された際の影響力よりもはるかに大きい。

「乳扇《ルーシャン》」と呼ばれる乾燥チーズを例にとろう。中国南端の雲南省に伝わるこのチーズを作る際には、新鮮な牛乳を加熱し、乳酸を凝固剤として加えて、たんぱく質を分離させる。次に、熟練の職人が凝固した乳をフレッシュチーズの塊に成形し、このチーズを引き延ばして弾力性を高めてから、竹の棒に巻きつけて扇の形に整える。さらに、この棒を、高原の爽やかな日光の下で乾燥させる。完成したシート状の乳扇は岩のように硬いが、蒸したり、揚げたり、炭火で焼いたりすると、適度に柔らかくなる。

比較的最近まで、乳扇を手に入れるには、雲南省まで出かけていく以外になかった。雲南省の観光名所である大理《だいり》や麗江《れいこう》を訪れる人々は、乳扇、バラの花びらの菓子、香辛料の効いた干し肉などの地産品を、袋いっぱいに買って帰るのが普通だった。観光業界もその需要に応じ、地元の商店では、これらの商品が贈り物用のさまざまなサイズで販売されていた。現在はこの地産品経済全体が廃れたが、その理由は、北京を訪れた人々がマクドナルドのハンバーガーを袋いっぱいに買って帰ることが普通ではなくなったことと同じである。つまり、かつては品薄だった商品がいまでは簡単に手に入るようになったのだ。JD.comやTaobao.comなどのオンライン・プラットフォームは、手作りの乳扇を客の玄関先まで届ける態勢を整えている。これは観光客向けの商店には悪い知らせかもしれないが、生産者にとっては、オンライン取引によって地産品の知名度と市場が想像を超えて拡大したことを意味する。五年前、わたしの友人が大理で営んでいる乳扇の工房では、一日につき約四〇〇リットルの生乳が使われていた。しかし、中国全土の消費者に直接販売するようになった現在、その量は一〇倍に増えたという。これと同様の話は、考えられるすべての手作り食品にも当てはまる。北京にあるわたしの自宅の小さな台所を訪ねた人は、燻製《くんせい》の豚バラ肉、ヤクの胸肉、塩漬けにした鴨の卵、筍《たけのこ》の漬物などを目にするはずだ。なかには友人からの贈り物もあるが、中国全土の生産者からオンラインで購入した商品もある。もちろん、興味をそそられるという理由だけで購入した、各種のニッチな製品——酒、油、酢、調味料など——も揃っている。

発泡スチロールの箱に詰められた世界

こうした利便性に関しては、別の側面も存在する。梱包用廃棄物（しかもその量は膨大だ）という明白な問題を生んでいるだけでなく、食品デリバリーのモデルはレストランの食事に影響を及ぼしている。

そう、ここでいよいよ、デリバリーアプリについて検討すべき時が来たのだ。

わずか数年のうちに、「アプリ経済」は中国の大都市をはっきりと変容させた。レンタル自転車が突然いたるところに出現し、タクシーは配車サービスにすっかり取って代わられた。かなり控えめに言っても、携帯電話のアプリが人々の意識に浸透し、日常生活の細部に至るすべてを変えたのは間違いない。

その一つは食事だ。二大デリバリープラットフォームの「餓了麼（ウーラマ）」（「お腹が空いていませんか?」）と「美団（メイトゥアン）」は、どちらも二〇一〇年前後に登場した。いずれも大手テクノロジー企業の支援を受けているが、それはつまり、各自が既存の支払い、評価、オンライン取引のエコシステムに接続されており、また当然のように、忠実なユーザー基盤にもつながっているということだ。食品デリバリーのセクターは、中国に5Gの携帯電話サービスが導入されたことで急拡大し、その後まもなく、新型コロナウイルスによるロックダウンを通じてさらに勢力を広げた。

中国語でいう「外売《ワイマイ》」、すなわちデリバリーの人気がこれほど高まったのはなぜだろうか? 理由の一つとしては、安価だったことだ。顧客は一元化されたリストからレストランを検索し、その検索結果を価格の安い順に並べ替えることができる。その結果、旅行サイトが航空業界に与えたのと同じ影響がレストラン業界にもたらされた。つまり、たとえ僅差であってもリストの最上位に表示されるように、最低価格で食事を提供しようと企業が競争を始めたのだ。特別割引、お得意様プログラム、VIPカードなどの保証があれば、配達料は相殺《そうさい》されることが多かった。また、配達料自体もそれほど高くはなかった。この新たな産業が成り立っていたのは、低賃金のスクーター運転手たちが（自分自身の、あるいは進路に立ち塞がる誰かの）生命や身体を危険にさらしつつ商品を時間通りに届けていたおかげだった。時間に間に合わなければ、彼らのわずかな給料から差し引かれる可能性もあった。

利便性が大きな魅力であることは確かだった。ファストフードが急成長したのは、それが目新しかったからであり、定着したのは、それが手軽だったからに他ならない。デリバリーも同様だ。デリバリーサービス企業が自ら収集したデータによると、最も早期から、最も安定してデリバリーを利用しているのは、デスクで手早く食事をしたい会社員か、一日デスクに向かって疲弊し、帰宅後すぐ手軽に食事をしたい会社員のいずれかだった。しかし、その後まもなく、他の消費者グループ――高齢者、新米の親、学生など――も、これに追随するようになった。意外なことに、メニューの豊富さは、あまり魅力とは捉えられていなかった。街中のレストランのメニューからどれでも好きな料理を選べるという状況に直面しても、たいていの人は同じものを何度も注文することが多い。これはいわゆる、「選択疲れ」と呼ばれる行動傾向だ。

中国のレストランは、他の地域にあるレストランが同じ理由でそうしているように、デリバリーサービスを好まなかった。デリバリーのプラットフォームは熾烈な競争を促し、そのサービスはレストランの薄利の大部分を吸収する。デリバリーのプラットフォームは、手数料を支払って自社の店舗を検索リストの上位にとどめておくことができるが、小規模チェーンはそこから締め出される。利益の減少に直面して、ほとんどのレストランは、注文の量に依存するようになった。新型コロナウイルスによるロックダウンの最盛期などはとくに、昼食時に中価格帯のレストランに入ってみると、食堂がすっかり空っぽだったということもある。それでも配達員たちは、包装されてタグ付けされたビニール袋の並ぶテーブルから自分の担当する注文品を引っつかみ、次々と慌ただしく店を出ていくのだった。

まだ触れていなかったが、品質の問題もある。デリバリー利用客のほとんどは価格志向で注文することに慣れているため、この問題を解消するには相当な努力が必要だ。毎日同じものを注文していると、

北京のショッピングモールの外に集まった、食品デリバリーの運転手たち。

その日の昼食に多少がっかりすることがあったとしても、翌日には忘れてしまうだろう。利便性を最も重視する人であれば、もともとそれほど高い基準は設けていないかもしれない。どんなに丁寧に調理された食事でも、プラスチックの箱に詰められ、スクーターの荷台の上で冷やされると、味は大きく損なわれてしまう。その解決策は、機内食の場合と同じである。つまり、唐辛子、酢、油、塩、うま味調味料（グルタミン酸ナトリウム）などをたっぷり使い、料理の味つけを濃くするのだ。グルタミン酸ナトリウムは自然界にも存在するという意見に異論はない。ただし、一品の料理に何気なく振りかけられるグルタミン酸ナトリウムの量は小さじ半分ほどで、これはトマト〇・五キロ分に含まれるうま味成分に相当することに注意してほしい。要するに、グルタミン酸ナトリウム自体に問題はなくても、わたしたちが摂取している量は決して「自然」ではないということだ。料理人は認めないだろうが（とはいえ、認める人も少なくはないが）、外売の注文品は、レストランで出される同一の料理と比べて、はるかに杜撰《ずさん》に作られている。素早く調理され、塩とうま味調味料を加えられて、容器に放り込まれるのだ。そうでもしなければ、注文が殺到する昼食時に多くの食事を提供することはできない。したがって、その料理が記憶に残るほど不味いものでない限り、問題になることは少ない。

中国の味

わたしはここで、中国人が一斉に家庭の台所を放棄したかのような印象を与えたいわけではない。そうではなく、外売《ワイマイ》が特定の習慣や市場セグメントを侵食したのである。デリバリーの最大の消費者である多くの会社員にとって、外売は、インスタント麺を中心とする昼食用の加工食品に取って代わるものとなった。とはいえ、少なくとも中国国内において、インスタント麺が姿を消すことはないだろう。なぜなら、中国は依然として他と大差をつけて世界最大のインスタント麺消費国に君臨しているからである（これは総売上高の話であり、一人あたりの消費量で計算すると、韓国は中国の約三倍である）。世界ラーメン協会——強調しておかなければならないが、これは実在する団体だ——によると、中国のインスタント麺需要は二〇一三年から二〇一六年にかけて大きく落ち込み、その後、二〇一七年から再び増加に転じた。では、そこで何が起きたのか？　経済学者や観測筋は、次のように考えた。二〇一六年にインスタント麺の需要が低迷したのは、その主要消費者である出稼ぎ労働者の減少と、農村部の所得上昇のためである。だがそれ以来、他の消費者グループは食費の削減を断行し、とくに惣菜などを買い控える代わりに、安くて腹持ちの良いインスタント麺を好むようになった。[12] 健康面から見れば、インスタント麺が体に悪いのは明らかだ。最も悪質な製品には、一食分に一日分のナトリウムが含まれていることもある。

だが、独創的な家庭料理の作り手たちは、これにめげることなく、美味しく食べられる工夫をさまざまに考案してきた。「インスタント麵の改良版（昇級版方便麵《しょうきゅうばんほうべんめん》）」をインターネットで検索すると、いかにも美味しそうだがヘルシーとは言いがたい料理の世界が広がっている。どのアレンジ版でも中心になるのは、付属の調味料を別のものに置き換えるというアイデアで、トマトソース、日本のキューブ型カレールウ、ピーナッツバター、韓国のコチュジャン、またはそれらを組み合わせたものが代用される。そこから先は、調理済みのニンジン、豆腐、ハムの薄切り、ランチョン・ミート（スパム）、魚肉団子などを加えてもいいし、仕上げにネギの薄切りを散らしてもいい。一台のコンロと少々の調理器具しかないことが多い都会の台所には、まさにぴったりのレシピだ。この郊外住宅式の流行を象徴する一品があるとすれば、それはインスタント麵にプロセスチーズを加えたものだろう。

奶酪方便麵——チーズ入りインスタント麵

片手鍋または土鍋に牛乳と水を四分の三カップずつ入れ、中火で沸騰させる。乾燥インスタント麵一袋と、チキン風味調味料（粉末または液体、麵に付属している調味料でも代用可）小さじ一杯を加える。その上にプロセスチーズ二枚を載せ、麵に（チーズで覆われていない部分に）卵一個を直接割り入れる。火を止め、蓋《ふた》をして一〇分蒸らすと、卵の黄身はまだ半熟の状態だ。乾燥海藻を振りかけて食卓に出す。

（チーズ入りインスタント麵は、これ以外にも数多くの方法で調理されている。他には、茹でた麵の上のチーズをオーブントースターのグリル機能を使って溶かし、そこにトマトケチャップをかけるという方法もある。そしてもちろん、チーズ入りインスタント麵はレストランでも提供されている）。

ほとんどのインスタント食品、たとえば個包装で常温保存可能なスナック菓子などは、かつて屋台で売られていた食品の大量生産版にすぎない。これに当てはまるのが、ビニール包装されたくすんだ色の茶葉蛋《チャーイエダン》や、コンビニエンスストアの棚に何カ月も陳列される小さな塊状の五香豆干《ウーシャンドウガン》だ。他方、大量生産される多くの食品と並行して、ヘルシーで美味しいアレンジ版も、いまなお家庭で手作りされている。

豆腐干《とうふかん》——五香豆干

木綿豆腐を厚さ一センチに切る。蒸しトレイまたは直火式の蒸し器に平らに置いて、一〇分間蒸す。豆腐が冷めて扱いやすくなったら、チーズクロスか清潔なキッチンタオルの上に、重ならないように並べる。重ねる場合は、層と層の間をクロスで仕切る。別のクロスで覆い、上に大きなまな板を載せ、さらにその上から水を入れたボウルを載せて、重しをする。

約一時間放置すると、豆腐は薄くなり、曲げても折れないほど硬くなる。硬さがまだ足りなければ、再度温め、さらに重い物を載せて押し固める作業を繰り返す。この豆腐を、縦半分に切る。

片手鍋に五〇〇ミリリットルの水を入れて火にかけ、大きめに切ったネギ二分の一カップ（ネギ一本分、またはタマネギ二分の一個）、ショウガの薄切り四枚、ニンニクの薄切り四枚、乾燥唐辛子四本、花椒少々、スターアニス一個、ローリエ一枚を加える。塩小さじ一杯、氷砂糖（または普通の砂糖）、濃口醤油、オイスターソース各大さじ三杯も追加する。沸騰したら、豆腐の薄切りを入れる。

一五分後には、豆腐は茶色になり、香辛料の良い香りがするはずだ。鍋から取り出し、ペーパータオルで水気を拭き取る。細切りにしてから、ゴマ油と和える。この料理は、ご飯のおかずとして食べてもいいし、そのまま食べてもいい。

ほかにも、流行の食品は独自に普及していった。家庭では、豚バラ肉をコカ・コーラで煮込む料理が人気を博し、やがてこの料理は鶏手羽肉のコーラ煮にアレンジされた。また、ＫＦＣのメニューにニューオーリンズ風チキンが加わった二〇〇〇年代初頭以降にはとくに、「ニューオーリンズ」風の香辛料も流行した。本書の執筆時点で、ニューオーリンズ風の鶏手羽肉は中国国内のＫＦＣでしか食べられない。中国では全店でニューオーリンズ風のミックススパイスも購入できるため、わたしの中国人の友人のなかには、このスパイスをアメリカで暮らす子供たちに送っている人もいる。では、このミックススパイスとニューオーリンズにどんな関係があるのだろうか？　マクドナルドの四川風ソースと四川にどんな関係があるのかということと同様に、要は、何の関係もない。実際、ＫＦＣのスパイスもマクドナルドのソースも、塩、砂糖、オニオンパウダーという同じ材料を基本としている。だがそれでも、家庭料理の名人たちは、この一〇年で調理器具の主力となったエアフライヤーを使い、ニューオーリンズ風の鶏手羽肉を調理することに夢中になった。

空気油炸新奥爾良粉鶏翅——ニューオーリンズ風の鶏手羽肉

包装されたニューオーリンズ風のスパイスミックスを使用する。どのブランドのものでも構わない。手に入らない場合は、辛さ控えめのチリパウダーを小さじ三杯、オニオンパウダー、ガーリックパウダー、オイスターソースをそれぞれ小さじ一杯、砂糖、塩、五香粉をそれぞれ小さじ二分の一杯混ぜて、手作りしよう。

鶏手羽肉を一パック用意する。水気を拭き取り、一つ一つの皮に、包丁の先で四回から五回穴を開ける。手羽肉をボウルに入れ、醤油を軽くまぶしてから、ミックススパイスをまぶす。一五分間休ませた後、エアフライヤーの指示に従って調理する。

この節を高級料理のロマンチックなイメージではなく、スナック食品の説明で終わらせようとしていることで、私は多くの友人を失望させるかもしれない。だが、スナック食品はきわめて大きな成長を遂げた分野であり、年間に何十億個という規模で販売されている。事実として、誰かがそれを購入しているのだ。これには、利便性以上の理由がある。スナック食品が一般化したことは、嗜好の変化にも由来している。砂糖や塩分の多いものを日常的に食べていると、人はその味に慣れてしまう。外売の食品や、レストランの出来合いの料理に強い味つけが施されるのも、この傾向を反映してのことだ。それを最もよく表しているのが、二〇〇〇年代に人気が出た「串《チュアン》」というスナック食品である。

「串」とは文字通りに、「串に刺さったもの」を意味する。串にはさまざまな種類がある。「烤串《こうかん》（ケバブ）」とは、牛肉や羊肉にクミンと唐辛子をまぶし、炭火で焼いた料理のことだ。中央アジア発祥の烤串は、屋台の食べ物の定番である。つい最近までは、どこの市場でも、バス停でも、学校の玄関前でも、細長い串で肉を焼く行商人が必ず一人は立っていた。烤串は、水っぽくて大きすぎる牛肉の塊――わたしの故郷には、そういう粗悪な料理を無知なバーベキュー愛好家につかませようとする店もある――とはまったくの別物だ。烤串の肉は薄切りにして、内側を蒸すのではなく直火焼きする。赤身と脂身が交互になるように串に刺し、シャワルマの要領で、水平方向に九〇度回転させて焼き上げる。烤串の調理は比較的簡単だが、肉を串に刺すという面倒な作業を手伝ってくれる人を確保できるなら、なおさら手軽に作ることができる。レシピによっては、手順を余計に複雑にして、肉をナシの果汁に漬け込む、肉に塗るための調味油を用意する、あらかじめ香辛料で肉を燻製してから炭火焼きする、などの指示が書かれていることもある。だが、そうしたことは一切必要ないとわたしは思う。質の良い羊肉さえ手に入れば、それで充分だ。

烤羊肉串――羊肉の串焼き

烤羊肉串《カオヤンロウチユアン》を作るにはまず、〇・五キロの羊肉から大きな脂肪の塊を切り落とす。この脂肪は脇に置いておく。赤身と脂身の比率は、およそ四対一になるのが望ましい。両方の肉を二センチ角から三センチ角に、脂身はやや小さめに切る。赤身と脂身を一緒にボウルに入れ、みじん切りにしたタマネギ一個分と、塩をたっぷり加える。肉の硬さが気になる場合は、重曹を小さじ四分の一杯加えると柔らかくなる。よく混ぜ合わせ、小麦粉小さじ一杯を加えてさらに混ぜる。油大さじ二杯を追加して全体をコーディングするように混ぜたら、蓋をして二〇分間休ませる。

次に、ミックススパイスを作る。クミンと挽いた唐辛子を大さじ一杯ずつ、ゴマと塩を小さじ一杯ずつ用意して、混ぜ合わせる。

休ませた肉を、あらかじめ水に浸しておいた竹串に刺していく。このとき、赤身と脂身が交互になるように、均等に押し付けるように刺すこと。串が肉でいっぱいにならないように注意する。トレイの上に平らに並べ、ラップで覆い、冷蔵庫で一時間冷やす。調理開始の遅くとも三〇分前になったら、炭に火をつける。

串に刺した肉を炭火（または電気グリル）で焼く。たまに裏表を返し、ミックススパイスを振りかける。串を一度につかんでひっくり返すと、香辛料と溶け出した脂が肉に行き渡り、見た目も美しく仕上がる。肉には完全に火を通すこと。焼き足りないよりは、少し焼きすぎるくらいが好ましい。

また、出汁で煮込むタイプの串もある。肉の代わりに、魚肉のすり身、肉団子、ミニソーセージ、カニのかまぼこ、油揚げ、ジャガイモの薄切り、大根、トウモロコシの穂軸の輪切りなどを使い、これらを小さな串に刺して、ぐつぐつとスープで煮込むというものだ。理屈の上では、どれもきわめて美味しそうだが、現実的には、こうした食材は過剰に加工されている。実際、その工場で製造されたばかりの塩辛く濃い味つけは、職場での長い一日の終わりにはかなり食欲をそそられる。さらに理由が必要なら、この串はビールにもぴったりだ。

煮込み用のスープには、日本のおでんを参考にした関東《かんとう》風の魚の出汁が使われる。関東（広東とは別の地域）風の出汁は、伝統的には、うま味豊かな昆布と、燻《いぶ》したかつお節から作られてきた。だが、現在の出汁は粉末から作られることがほとんどであり、その主原料は、塩、うま味調味料、砂糖だ。

さらに、ビールによく合う人気のアレンジ版として、麻辣《マーラー》スープで串を煮込むものもある。これは実質的には重慶《じゅうけい》火鍋の簡易版で、基本的に同じスープを使用するが、面倒な具材の調理はすでに済んでいるのが特徴だ。関東風の串の煮込みと同様に、麻辣火鍋の品質は千差万別である。伝統的な作り方では、大量のタマネギ、唐辛子、豆板醤《トウバンジャン》、香辛料を、牛脂をたっぷりと溶かした鍋で炒めるという重労働が必要になる。これは、実際には業務用厨房でしか行うことのできない作業だ。麻辣スープの素を最初から作る方法を知っていたとしても、牛脂で炒めた唐辛子の匂いはしばらく消えないため、それまで友好的だった隣人から急に距離を置かれることもあるだろう。その代わりに、家庭では、大きな塊状になった既製品の素を熱湯に溶かして麻辣スープを作ることもできる。この方法ははるかに簡単だが、それでも、スープに入れる具材はすべて買いに出かけなければならない。串の煮込みであろうと火鍋であろうと（事実上はどちらも同じ料理だが）、誰かに作ってもらう方がずっと簡単なのだ。

需要に応じた宴

火鍋レストランの「海底撈《ハイディーラオ》」は、一九九四年に創業した比較的新しい会社である（本書では海底撈をこの先も「レストラン」と呼ぶが、ここからは企業としてのあり方に徹底して着目するため、「レストランという概念」と考えるべきかもしれない）。

このチェーン店は、火鍋レストランがあふれる四川省《しせん》で始まった。先述したように、火鍋はさまざまな地域で見られ、その発祥に関する俗説も数多くある。しかし、ごく一般的な料理であることから、多くの地域にその土地独自の作り方がある。北京火鍋は、伝統的に、中央に炭を入れて熱したサモワール式の銅鍋で供される。四川火鍋は、素朴なスープと辛いスープの二種類を添えて供されることが普通だ。かつて重慶の埠頭で働く船頭たちに好まれた火鍋は、決して高級ではないものの、手早く食べられ、活力源となる塩分とエネルギーを補給できる料理だった。現在、家庭やレストランの厨房では、既製の香辛料で簡単に味つけされることがほとんどだが、昔ながらの重慶火鍋は、多段階にわたる面倒な工程を経て作られていた。ある工程では、何種類もの香辛料——タマネギ、生のショウガ、ショウガの漬物、豆鼓《とうち》、シナモン、スターアニス、フェンネル、ローリエ、花椒《ホワジャオ》、そして大量の漬けた唐辛子や乾燥させた唐辛子——を、一気に牛脂で炒めて鍋の素を作らなければならない。一キロ単位で作られた場合でも、あるいは一〇〇キロ単位で作られた場合でも、この素は半永久的に保存することが可能だ。

　では、火鍋レストランのオーナーは、どのように他と差別化を図ればいいのだろうか？　良質な家畜で知られる地域、たとえば内モンゴル自治区北部のフルンボイル草原のような場所に店があるのなら、そのことをアピールすべきだろう。フルンボイル市ハイラル区の火鍋レストランはそれを実践しており、同店で使用される牛肉は陳《ちん》バルグ旗《き》産、羊肉は西ウジムチン旗産だと顧客に説明している。内情に詳しいフルンボイルの客にとって、これは多くを物語る情報だ。というのも、陳バルグ旗は牛の放牧に適しており、西ウジムチン旗の牧草は最高級の羊の飼育にとりわけ適しているからだ。地元の人々は、それをよく知っているのである（わたしは以前、内モンゴルの牧畜民たちに、フルンボイル産牛肉の品質を尋ねたことがある。すると誰もが携帯電話を取り出し、初めて誕生日を迎えたわが子の写真であるかのように、解体された肉の写真を見せてくれた）。内モンゴルの牧畜民に大量飼育の牛肉をつかませようとすれば、そのレストランはただでは済まされないだろう。

　だが、海底撈《ハイディーラオ》には、高品質を目指すという選択肢はなかった。内モンゴルの火鍋は通常、具材を水で煮込み、ショウガ、タマネギ、少量のクコの実だけで味を調える。肉にこだわりのある人々（フルンボイルに住む私の友人たちのように）は、肉の味をごまかそうとして濃いスープを使うという発想を不快で、侮辱的とさえ感じるだろう。四川火鍋はしびれるほど辛く、客はその味に妥協を許さない。しかし、だからといって最高級の食材を使用するのは、店としては採算が合わないというわけだ。また、海底撈が創業したのは簡陽《かんよう》という小さな工業都市であり、この地域には高級レストランがほとんど存在しなかった。そこで、中価格帯のレストランとして競合の間で独自の地位を築くため、海底撈はおもに価格競争力と消費者体験の維持を重視したのである。

ソーシャルメディアによって、食品デリバリーという便利なサービスがもたらされた。だが同時に、誰もが注意散漫に食事をする時代も到来した。

海底撈を一躍有名にしたのは、まさにその消費者体験だった。一九九〇年代、簡陽市の本店は、待っている客にマニキュアを塗るなどの独特なサービスを提供し、最高のもてなしをする店として評判を確立した。同チェーンに伝わる話では、創業者の張勇《ちょうゆう》（元溶接工）は、客の靴が汚れているのを見かけると、その靴を無料で靴磨きに出していたという。料理はいたって普通のままだったが、それ以上に、こうした過剰なほどのサービスが海底撈の特徴となった。ここで空席待ちをしている客は、いまでも無料でネイルケアや靴磨きなどのサービスを受けることができる。

海底撈は一九九〇年代後半に中国で、二〇〇〇年代には海外で事業を拡大するようになった。同時に、独自のサプライチェーン・インフラに投資し、二〇一〇年には宅配サービスも開始した。その間、同社が株式公開の準備を進めているという噂は絶えず流れていた。二〇一八年、ついに香港でＩＰＯを果たすと、個人投資家や機関投資家からの熱心な投資が集まった。ヒルハウス・キャピタル、モルガン・スタンレー、さらには中国、シンガポール、ノルウェーの銀行や政府系ファンドもその例外ではなかった。こうして、海底撈の企業価値は一〇億ドル近くまで跳ね上がった。[13]

では、同チェーンの何がそれほど魅力的なのだろうか？　投資家の観点から言えば、海底撈は、本章で取り上げてきた多くのことを体現している。フランチャイズではなく直営店を展開するというのは、多額の手元資金を必要とする一方で、供給の効率を高める戦略である。[14] また、とくにテクノロジーに関しても、将来を見据えた戦略が採用されている。海底撈は、ほぼすべての調理を店舗外で完了させる「シェフのいない厨房」の先駆けだった。他の中級チェーン、たとえば四川料理レストランの「眉州東《びしゅうとう》坡《は》」などもパンデミック期間中にこのモデルに切り替えたが、客からの苦情はほとんどなかったという。

　顧客にとって、レストランの魅力はやはり料理ではない。北京で外食をする二五〇人を対象とした調査では、顧客がチェーン店を「品質」と関連づけていることが確認されたが、「品質」とは具体的に何を意味するのかと尋ねられると、ほとんどの顧客は従業員の熱意やプロ意識を最も重視していると答えた。つまり、海底撈は、いまなお上質なサービスで一般に知られているというわけだ。料理の質は安定しているが、それを特別なものだと考えている人は少ない。[15]

　この点で、海底撈《ハイディーラオ》は他の企業と同様に、中国におけるフランチャイズ時代の核心的価値を内包している。過剰な拡大を続けながらも（ＩＰＯ直後、同チェーンは意欲的に店舗数を倍増させた）、海底撈は驚くほど効率的に利益を生み出している。まさにファストフード店のように、このチェーンの店舗は、美味しく信頼性の高い料理を明るいテーブルセッティングとともに提供しているのだ。

　場合によっては、そのテーブルセッティングこそが何よりも「手近さ」を生むこともある。多くの火鍋チェーン同様に、海底撈も外売の流行に飛びつこうとしていた。あるいは少なくとも、デリバリー市場に居場所を確保したいと考えていた。問題は、火鍋は持ち運びに向かないということだ。伝統的なセットでは、大きな青銅製のサモワールとそれを加熱するための炭入りバケツが使われるが、近代的なセットでも、ヒーター内蔵の特別なテーブルが必要になる。家庭の電気コンロで火鍋を作るのは簡単だが、それでも食材は買ってこなければならず、後片づけもしなくてはならない。だがオンラインで注文すれば、食材、調味料、紙のテーブルクロス、使い捨ての皿、電気式の卓上鍋がすべて一緒に届けられる。食べ終わったら、鍋を元の箱に入れ、回収されるまで放っておけばいい。ルームサービスを注文するときとほぼ同じだ。

海底撈は、こうしたサービスを提供する最初の企業ではないし、唯一の企業でもない。だが、多くの人々にとって、海底撈は最初の選択肢なのだ。このチェーンが莫大な売り上げを誇っているのは、二一世紀において最も価値があり、かつ最も捉えどころのない資質を備えているためである。すなわち、海底撈には知名度があるのだ。

第7章　その先にあるもの

　最後の宴には、いくつかの選択肢がある。わたしたちは、大学のカフェテリアに向かうのかもしれないし、ブランドを一新したファストフード・チェーンに向かうのかもしれない。あるいは、食品技術系スタートアップ企業の敷地に向かうのかもしれない。世界各地で生産された農産物を味わうのかもしれないし、そのごく一部しか享受できないかもしれない。シェフがそこに存在していなければ、その姿を見ることはないかもしれない。自分で料理を選ぶのかもしれないし、誰かがわたしたちのために選んでくれるのかもしれない。

　最後の宴がどのような形に落ち着くにせよ、多様な中華料理の未来に必要な材料は、すべてもう揃っている。

　ここまで五〇〇〇年の歴史を旅してきた読者のみなさんは、当然、中国の食の未来をのぞいてみたくなるはずだ。

多くの意味において、この未来の種はすでにまかれている。政治的には、中国は食の安全を守るための強固な基盤を築いてきた。世界に大きな衝撃が走らない限り、この国は世界市場における自らの影響力をますます確信するようになるだろう。植物由来の肉、スマートファーム、ブロックチェーンの利用といった未来の食品技術に流れ込んでいる国や民間からの投資は、いずれ実を結び、市場に参入するだろう。中国の消費者は、こうした未来を――費用と利便性が他のあらゆる懸念を上回る可能性が高いという一点だけでも――受け入れる兆しを見せている。

二〇年後の中国の宴は、どんなものになっているだろうか？　現在の傾向と、中国が二〇二二年の北京冬季オリンピックなどで披露したがっていた最先端技術から推測すると、いくつかの近未来のシナリオが想定される。それを紹介して、七つの宴を締めくくることにしよう。

先へ進む前に、まずは中国の五〇〇〇年にわたる食物史を駆け抜けた教訓を振り返っておこう。

私が払拭したいと願う虚構の一つは、「伝統的な中国」という概念だ。これは、中国がいまなお活用している文化の深い源泉を否定するものではない。わたしが否定しているのは、過去を写真に撮ってそのまま凍結させたものが伝統であるという考え方だ。歴史家にとって、こうした伝統は、実在しなかった過去についての幻想にすぎない。それは変化のない過去か、または変化が遅すぎて誰にも影響を与えることのなかった過去なのだ。

だが、歴史において唯一繰り返されるものがあるとすれば、それは変化である。セピア調の「伝統的な」中華料理のイメージ、すなわち一八世紀の美食家の袁枚《えんばい》に賞賛されたような料理は、その前世代にあたる唐代の食通にはきわめて異質に映ったことだろう。まして、儒教の黄金期の人々にとってはなおさらだったのではないか。絶えず変化していたのは食材のリストだけでなく、料理やテクノロジーについても、比較的最近まで存在しなかったものがあるのだ。

伝統という概念は郷愁と切り離すことはできず、郷愁はつねに変化の対象である。あらゆる古いものは、かつては新しく、多くの場合には、その時代の人々に衝撃や不快感を与えた。一九三〇年代の上海と聞いて想像されるような、古典的な食堂の光景を考えてみよう。体にぴったり合った絹のチャイナドレスを着た女性たちが、大きなマホガニーの食卓を囲む上品な客たちに、料理を運んでいる。隣の部屋に置かれた昔懐かしい蓄音機からは、ジャズ音楽が静かに流されている。このロマンチックな光景のほとんどは、じつは新しいもので構成されている。蓄音機は最もわかりやすい例だが、ここでは電気の明かりも取り除いてしまおう。上海ジャズも、崑曲《こんきょく》のような地方歌劇のパフォーマンスに置き換えてみよう。

では、これで伝統的になったと言えるだろうか？　いや、まだ不充分だ。なぜなら、崑曲自体は比較的新しい形式の歌劇で、当時の純粋主義者からはけばけばしいと評されたに違いないからである。服装についてはどうだろうか？　もちろん、男性は夜会服を「燕尾服」から長いガウンに変更しなければならないが、給仕の女性たちも同様に着替えが必要だ。というのも、絹のチャイナドレスは二〇世紀初頭の発明品であり、いわば満州族の宮廷衣装の現代版だからである。たとえすべての料理が厳格に古典的であったとしても――このレストラン自体が袁枚に敬意を表するものであったと仮定しても――その食材はどれも船や鉄道で運ばれ、氷で保存され、瓶詰めや缶詰などに加工されている。これはいかにも郷愁を誘う光景に見えるかもしれないが、昔の人の感覚では、すべてが悲しいほどに現代的であってもおかしくないというわけだ。

しかし、変化はすべて同じとは限らない。流行はやって来ては去っていくものだが――それこそが流行の性質なのだが――、テクノロジーの進歩などは、直線的に進みながら、わたしたちの足元の地盤を変えていく進歩である。変化の主要な原動力、たとえば、産業化、グローバル化、フランチャイズ、ソーシャルメディアなどは、それらの到来以前の世界に戻ることをほぼ不可能にしたという点で、革命的だった。

そして現在、こうした変化はかつてないほど急速に進んでいる。

今後に起こりそうなこと

変化の方向を予測するため、まずは、中国が今後一〇年間に直面する可能性のある食についての課題を考えてみよう。大きな課題は、いくつかのカテゴリーに分けられる。

一つ目は食糧安全保障、つまり中国が充分な食料を確保できるかということだ。ここでいう「食料」とは、通常は主食穀物として定義される。しかし、中国の人々が節約した食生活に戻ることは考えられないため、彼らが日常的に親しんできた食品や、重要な産業の維持に必要な食品もこれに含めるべきだろう。

二つ目に、自然環境の限界が挙げられる。ここで中国が直面する課題は、国内の食料生産を維持、拡大、あるいは代替しながら、数十年に及ぶ環境悪化の影響を抑制、または反転させるというものだ。

三つ目は食の安全である。これは、ある面では食品から農薬や毒を排除することだが、より広範な公衆衛生という点では、良質な栄養への意識を高め、健康的な食品を一般の人々にとって入手可能なものとすることも意味している。

最後の課題は、生活の維持だ。急速な都市化から数十年が過ぎても、中国は依然として農業国であり、何億世帯もの家庭が農業を生活の糧としている。加えて、何百万人もの人々が食品産業に従事しており、そうした産業の多くが国や地方レベルで政治的に重要だという事実がある。

これらの課題に向き合う際、決定的な要因となるのは政策の方向性だ。これは決して意外なことではない。中国は一党独裁国家であり、計画経済も導入しているため、北京の政策立案者が最も大きな発言力を有することになるのは当然だ。テクノロジーは要因としては二の次であり、それ自体が政策に支配される。中国政府は同国で最大の技術投資家でもあるため、あらゆる進歩的なテクノロジーは、政治的配慮を経なければ一般には普及しない。市場動向は今後も重要な役割を果たすだろうが、この国が進む方向を決定づけはしないだろう。

中国の食に関する多くの課題については、すでに明確な政治的指示が出されている。食料安全保障は、中国政府にとって長年にわたる最大の懸案だった。一九九〇年代半ば以降、最高指導部は毎年、同国の農業計画を「中央一号文件」として発表している。一時期は、世界市場に依存するか、または国内の穀物生産を促進するかで揺れていたが、自給自足を堅持するということで議論は決着したようだ。

穀物を自給せよという中国政府の指示は、不足している土地や水資源に大きな負担をかけるが、その利点は明らかである。それは、市場動向に影響されず、貿易戦争によって窮地に追い込まれる心配もないということだ。この教訓は、ウクライナ侵攻後のロシアの国際的孤立を通じて、決定的に強固なものとなった。

国内の穀物自給を確保するため、中国は早くも、主要な地球化プロジェクト、乾燥した北部への灌漑《かんがい》、そして北東部における広大な農業用地の開拓に巨額の投資を行っている。これらによる生産物の大半

（とくにトウモロコシの収穫量は大きく増加した）が最終的には人間ではなく家畜の餌《えさ》となる運命だとしても、一〇〇〇年以上の歴史上で初めて、北から南へ輸送される食料の量が、南から北への輸送量を上回っているという事実に変わりはない。[1] 穀物自給は引き続き最大の懸案であることから、中国は、広大な土地での大規模農業を可能にすべく、貯水やＧＰＳ主導型の自動化農業といった新たなテクノロジーも必要とするだろう。こうしたプロジェクトには費用がかかるが、政治的意志はそこにあるのかもしれない。

　それ以外の分野においては、中国は世界市場に対する支配力を強めようとするだろう。単に農産物の輸入大国であるだけでなく、中国は世界市場の形成にも積極的に関与しようとしてきた。その最大の輸入品である大豆に関しては、豆そのものだけでなく、種子会社、製油業者、貿易会社などの産業インフラも購入済みだ。また、南米やアフリカ全土で農地を賃借し、農業面積を拡大するとともに、自国の食肉消費量の増加による環境コストを実質的に外部委託している。これは中国が市場ゲームに興じているだけなのか、それとも新たな形の帝国主義なのか、という問題については深入りしないでおこう。この議論については、両陣営からすでにさまざまな意見が出されている。重要なのは、中国は世界市場のリスクから自らを保護する大きな一歩を踏み出しており、その立場から後戻りはしないだろうということだ。世界市場、とりわけ政治的に敵対する国々に経済を依存する危険性を着実に学んできた中国にとって、これは妥当な判断だと言える。新たな冷戦によって世界貿易が閉ざされてしまうようなことがあれば、それに備えたいと中国は考えているのだ。

　一方（これは未来の話なので、あらゆるシナリオを同時に想定しなければならない）、中国が世界の食料経済に対して、とくに自国の安全に影響しない分野での影響力を強めていくと予想される理由も充分にある。中国の食料投資はいまや世界中に広がり、食料および高度な食料生産技術を同国にもたらしている。そうした未来の事業、すなわち貯水農業やGPS主導型の自動化農業は、すでにイスラエルやオーストラリアなどの国々で先駆的に開発されている。したがって、中国にとってはゼロからの開発を目指すよりも、単純にそのテクノロジーを購入したほうがはるかに得策なのだ。政府による低金利融資が終了して以降も、海外への新たな投資は続いている。

中国は現在、果物や野菜をはじめとする食品の主要輸出国だ。しかし長期的な傾向として見ると、同国の輸出は価値連鎖の上流へ移行している。これはつまり、地域の生産者に対して、未加工の鉄鉱石ではなく高品質の鋼鉄を、自転車ではなくスマート・カーを、プラスチック製のおもちゃではなくコンピューターを重点的に生産するよう促すということだ。食品に関しては、中国の将来的な輸出は、スマート農業や食品加工システムの構築といったインフラ分野に集中する可能性が高い。中国が海外に高速鉄道を設置しているのと同じく、海外にターンキー式農業計画を供給すれば、政府はそれによって食品分野への巨額な支出の一部を回収できるだろう。

政治とテクノロジーの融合が食に影響を与えるもう一つの分野は、いわゆる「未来の食品」の開発だ。こうした新しい食品のなかには、一過性の流行で終わるものもあるが、真に革新的な可能性を秘めているものもある。ここでは、後者の食品に注目してみよう。

中国（およびすべての国々）にとって最も重要なのは、代替たんぱく質である。肉、卵、魚介類、牛乳の生産における現在の方法に代わる実現可能な選択肢があれば、世界は一変するだろう。地球規模でみれば、それは気候変動や森林破壊を阻止する大きな原動力になる。中国にとっては、トウモロコシを育てる必要がなくなり、大豆やアルファルファなどの飼料作物の輸入に数十億ドルを費やす必要もなくなる。言うまでもなく、肉や牛乳の直輸入もなくなるだろう。さらに、中国の慢性的な水不足を解消する大きな一歩になることも期待できる。もちろん、これらは一気に実現するわけではない。ただし充分な時間を与えられれば、代替肉はまず加工食品に導入されるだろう――ＫＦＣやバーガーキングは、すでにビヨンド・ミートを使用する製品ラインを用意している。続いて、家庭やレストランで使用される冷凍餃子や牛肉団子などの半調理品に導入され、最後には冷凍ひき肉に導入されるだろう。中国は、この分野にいち早く参入しようと意気込んでいる。最終的にどの代替たんぱく質――エンドウ豆由来のもの、細胞由来のもの、３Ｄプリント技術を使ったもの、あるいはまだ想像もつかない何か――が主流になるにせよ、中国がこのテクノロジーの最前線に立つであろうことは充分に予想できる。「グリーン・バイオマニュファクチャリング」は二〇二〇年の国家重点研究開発計画の優先事項に指定され、その中心地である南京などには、研究・製造に関する専門知識が集まると同時に、強力な国営および民間のベンチャーキャピタルが殺到している。スターフィールドや香港のオムニポーク（いずれも現在は植物由来の豚ひき肉を生産している）などによる地元企業への多額の投資は、中国が次なる流行を生むきっかけとなるかもしれない。少なくともそれによって、代替肉は迅速に市場へ投入されるようになるだろう。[2]

　だが、人々はそれを買うだろうか？　豚肉はいつでも特別な食事に使われるが、価格や食の安全の問題を受けて、消費者はこれまでに代替品へ移行しつつある。ならば、真に受け入れられる代替品はまだ遠い未来にあると考える理由はないし、新世代がその変化に慣れるまでには時間がかかりそうだと考える理由もない。代替乳への移行は、それよりはるかに簡単だろう。というのも、中国で牛乳が好まれるようになったのはつい最近のことであり、市販されているヨーグルトなどの製品もすでに加工されているからだ。

テクノロジーに基づく未来の食品がもたらす予期せぬ効果の一つは、それが中国の食の地理学に及ぼす影響だ。インフラに何兆円も投資したことで、中国は商品を迅速かつ安価に輸送できるようになった。しかし、食品が輸送を一切必要としなくなったらどうだろうか？　高密度水耕法――現在のあらゆる都市を取り囲むビニールシートの温室から、テクノロジー的な進歩を遂げたのがこの方法だ――を導入すれば、都市部で新鮮な野菜をほぼ自給自足できる可能性がある。多くのたんぱく質を研究室で生産できれば、生鮮食品の供給のほとんどをまかなうことができるだろう。

都市への農産物の供給だけでなく、フランチャイズモデルとデリバリーアプリを組み合わせることの可能性についても考えてみよう。フランチャイズが機能するのは、食品調理の大部分をセントラルキッチンに外部委託する手段を確保しているからである。デリバリーアプリは、顧客の需要を顧客の要求前に把握する予測アルゴリズムを目指して（まだ完全とは言えないが）進化している。これらを第三の技術革新、すなわち半自動化または完全自動化された厨房と組み合わせると、食品産業を大きく変容させるすべての材料が揃う。

焼きそばのような一品料理を例にとろう。現在、焼きそばは料理人によって調理される。熟練の料理人や未熟な料理人が、食事を提供する合間の休憩時間に、洗って下ごしらえした新鮮な食材を使って作っている。では、焼きそばをもっと効率良く作るために、現状想定されるテクノロジーに何ができるのかをあらゆる点から考えてみよう。真に賢明なアルゴリズムなら、当日の天気から前日のサッカーの試合の勝利チームまで、無数の要因を考慮したうえでその日の注文を予測するだろう。これにより、新鮮な材料を無駄なく注文でき、緊急に追加したいものはすべてドローンで届けてもらうことができる。肉は注文に応じてフードプリンターでカットされることも、その場でプリントされることもあるだろう。

調理は完全に自動化されるため、同じ面積の厨房スペースでの調理能力が飛躍的に高まるのはもちろん、つねに標準的な味が保証される。料理は食堂で待つ客に届けられるのかもしれないし、無人車両で家庭やオフィスに配達されるかもしれない。

つまり、このシナリオを構成する要素は、どれも既存のものだということだ。ごく初歩的な形に限られるとしても、テクノロジーはもう存在している。あとは、それらをまとめて機能させる野心的な人物さえいればいい。冷凍食品やファストフードの製造は、その大部分がすでに機械化されている。ならば、それ以外のレストランビジネスも、この流れに追いつくべきではないだろうか。厨房スタッフの大半を解雇できるという一点においても、経費削減の効果は見逃せないほど大きい。こうした変化は少しずつ訪れる可能性がある。初めは、料理人なら目を閉じたままでも作れるような繰り返しの多い料理に取り入れられ、次第に学校や会社の食堂といった施設に試験的に導入されるかもしれない。だがスマートフォンやノートパソコンと同じく、当初は高価で扱いにくく目新しいテクノロジーも、やがては主流となり、それなしでは生活できないほど生活に浸透するのだ。

ただし、これは「効率の向上」についての話であって、「品質の向上」についての話ではないことに注意してもらいたい。現在の傾向が指標となるなら、単純に希少であるというだけでも、手作りの食品はつねに特別な地位を占め続けるだろう。大量生産の食品が中間に鎮座し、手作りの食品が最上段に、その他の食品が最下段に位置する未来がやってくることは、想像に難くない。

家庭での食事についてはどうだろうか？　それを知る手がかりがいくつかある。一つ目に、中国の消費者はすっかりデリバリーに魅了されているということだ。わずか数年のうちに、何億という世帯が、週に数回、または一日に一回以上もデリバリーを頼むようになった。自動化による当然の結果として、デリバリーは以前よりも手軽で迅速で安価になり、その成長曲線は上昇傾向を続けることがあらゆる理由から予想される。反動が起きる可能性もあるが、アメリカ人が加工食品に夢中になり、その習慣をやめられずにいるように、いったん便利さに慣れてしまった人は、それをなかなか手放そうとはしないだろう。

二つ目に、家庭で料理をするのは今後ますます難しくなるかもしれない。これには二つの理由がある。まず、不動産価格が、一言で言えば「異常なほど」高騰している。一部の中国の都市では、アパートの価格が八〇年分の賃金に相当する。アパートがますます狭くなると、最初に犠牲にされる空間は台所だ——このことは、シンガポールに住んだ経験のある人に聞いてみてほしい。次に、多くの都市部の家庭は、二人の疲弊した親と、一人の疲弊した子供と、家のすべてを取り仕切る一人以上の祖父母で構成されている。中国の市場を昼間に訪れると、見かける人のほとんどは退職者で、夕食用の野菜を買っているのがわかる。この世代の人々は永久にわたしたちのそばにいてくれるわけではなく、彼らの現在のケア能力が代替されることもないと想像するのは、まったく理にかなったことだ。次世代の祖父母は、祝日の料理だけは手作りするかもしれないが、それ以外のほとんどは注文品で充分満足するだろう。

ここで、大きな疑問が浮かぶ。人々は将来的にどんなものを、どのようにして食べるのだろうか。当然、わたしたちには知る由もないが、全体像を念頭に置けば、いくつかのシナリオが想像できるはずだ。

世界に誇る収穫

最初のシナリオは、中国が現在のグローバル化の道を歩み続け、次第に食料輸入国から輸出国へと変わっていくというものだ。長年にわたる賢明な投資と、巧みな外交の駆け引きを通じて、中国は世界の食料動向と食料価格を主導する立場になるのだ。金融と提携のグローバルネットワークに取り込まれている中国企業は、世界中に広がり、世界市民として尊敬される。

グローバル化によって誰よりも得をしているのは、中国の食品消費者だ。自由貿易協定によって商業が促進された結果、中国の消費者はあらゆるグローバル化の恩恵を受けられるようになった。価格が引き下げられただけでなく、中国が世界の食品を受け入れたことで、人々の嗜好も変化した。

この理想的なシナリオに登場する宴は、「アダム・スミス・カフェ」での軽食である。テーブルには、ニュージーランド産の牛乳、ヨーロッパ産のサクランボ、ロシアから輸入されたパンが並んでいる（このような世界貿易が着実に成り立っているのは、中国が数時間で食品を配達できるチェーンに投資を続けてきた結果であることを忘れないでもらいたい）。塩漬けハムは、中国南西部の小さな職人の工房で作られたものである。ここは、かつては広大な工場式農場で豚を育てていた地域だが、より高価値で小規模な有機豚の飼育に切り替えて以降は、この豚肉が中国でも世界各地でも高額で取引されるようになった。

冷戦

第二のシナリオでは、世界は政治的な貿易ブロックに分断される。食料貿易の足かせとなるのは世界的な緊張であり、その一例として、河川水や海洋漁場などの国際資源をめぐる紛争が頻発することが挙げられる。そこで、中国は独自の食料要塞を築いた。砂漠を緑化するプロジェクトや、北部の森林を育成するプログラムに投資を行ってきたのだ。アフリカや南米の農地を一〇〇年間賃借することは供給の確保につながっているが、これは新たな植民地主義だとして非難される恐れもある。中国の食品会社の多くは、世界的な株式市場から締め出され、いまでは国家投資に大きく依存している。同様に、中国の広大な市場は、非友好的な競合に門戸《もんこ》を開いていない。

このシナリオに登場する宴は、国際色を残しているものの、どこか冷戦の様相を呈している。ファストフード・チェーンの「ライジング・チャイナ」では引き続き輸入食材が使用されるが、それは友好国からの輸入品に限られる。小麦粉はロシアから、牛肉はアンゴラにある中国の国営農場から仕入れたものだ。この店にどこか親しみを感じるとしたら、それはマクドナルドが中国撤退を決定して以降、「ライジング・チャイナ」がその二〇〇〇以上の店舗を引き継いだからである。これらの店舗はすでに中国資本であったため、変更点はロゴが新しくなったことと、サプライチェーンが国有化されたことだけだった。名前が変わったことを除けば、メニューはほぼ同じに見える。ただし、味は若干異なり、価格は以前より確実に高くなっている。マクドナルドのピエロはCGのサルに取って代わられ、子供たちが入店すると名前を呼んで「いらっしゃいませ」と言う。

テクノロジーの食堂

最後のシナリオが見られるのは、「ウィーイート（WeEat）」という会社の食堂の昼食だ。ウィーイートは、中国の国営穀物企業である「中糧集団《ちゅうりょう》」とネットサービス大手「テンセント」の架空の食品技術子会社である。テクノロジー業界のあらゆる競合と同様に、ウィーイートは高給と手厚い福利厚生で若い新卒者を引きつけており、広い会社内では無料の住宅や食事が提供されている。

これは本当に未来の食事風景なのか？　そう焦らないで考えてみてほしい。こうした未来は、すでにわたしたちの身近にあるのだ。

従業員は、手入れの行き届いた敷地内のどこへ行くにもカメラで追跡される。追跡されるのは身元だけでなく、心拍数や血圧などの基本的な健康データも同時に把握される。従業員が食堂に入ると、アルゴリズムがこれらの健康データを過去の購入履歴と照らし合わせ、非接触型タッチスクリーン（通称「ポイントスクリーン」）がその従業員に合わせた定食メニューの選択肢を三つ提示する。豊富なメニューから自由に注文することも可能だが、ほとんどの人はアルゴリズムが提示した最初の選択肢を選ぶ。今日の場合は、ライム果汁入りのシーフードパエリアだ。

　注文が確定すると、厨房で作業が始まる。まずは、自動化された農場産の米――厨房に保管されている数少ない生鮮食材の一つだ――がスチームトレイに広げられる。次に、天然香辛料と人工香辛料を正確に調合したミックススパイスが、一連の容器から合成チキンスープに振りかけられる（袋入りの食材をただ混ぜ合わせていたのは、遠い過去の話だ）。高圧スチームオーブンでさっと火を通された後、プリントされたばかりのエビや輪切りのイカがたっぷり盛りつけられ、再びオーブンで加熱される。完成した料理は配膳ロボットによって直接テーブルへ運ばれ、ここで初めて、人間はこの料理を目にすることになる。

あの日をもう一度

これらのシナリオのうち、中国の実際の食の未来と最終的に重なるものはどれだろうか？　わたしが推測するとしたら（もちろん推測するべきだろうが）、中国は最初の二つのシナリオの間を揺れ動くことになるだろう。第三のシナリオも水面下では進行しており、これが実現すれば舞台は大きく変わることになる。確実に言えることは二つある。一つは、世界は密接に結びついているため、あらゆる変化が世界中に衝撃を与え、その影響が波及する可能性があるということ。もう一つは、どのような変化が訪れるにせよ、中国は次なる大きな流れの重要な一部を占めるであろうということだ。

解説

中国には「以食為天」という言葉がある。「食をもって天となす」。このたった四文字に、中国における食べることの大切さが集約されている。例えば、日本や西洋と比べてみると、食に向き合うそれぞれの姿勢の違いがよくわかる。質素を旨とする武士が長らく支配階級を占めたために食の華美な展開を見なかった日本や、キリスト教によって性とともに食への欲が大罪とされた西洋などでは、食べることへのストイシズムが人々の精神の根底をかたちづくった。よって日本では古くから色恋や四季の移ろいなどには繊細な感性を発揮してきたが、食に対する言及や探求は驚くほど少ないし、西洋でもギリシア・ローマ以降は近代に近づくまで食は社会の関心の埒外《らちがい》にあった。

しかし、中国はまるで異なっていた。何しろ、食べることこそが人としてのあり方の根幹をなしていることに、為政者も、知識人も、民衆も疑いの余地はなかったのである。それは単に、人は生命維持のため、飢えを満たすために食べ物が必要であるという自然の摂理にとどまらない（もちろんそれが大前提であるのは間違いないが）。何を、いつ、どう調理して、誰と、どんなふうに食べるか。事細かな状況に応じたしかるべき処し方について、孔子をはじめ儒者たちや、知識人たちは熱心に考え、言葉に表してきたのである。ひとかどの人物や風流人たるもの、食にこだわって一家言持つのは当然の素養であったし、美食を愉しみ生を謳歌することこそ、成功の証《あかし》であり、その動因であった。さらに、食はおいしさや楽しさはもちろん、「医食同源」という言葉があるように（ただしこれは日本の造語で、中国では「薬食同源」と言ったが、根本にある発想は同じである）、人間の身体や、人々の世界観と不可分に結びついている。「マルチスピーシーズ」などがもてはやされるはるか以前から、世界はありとあらゆるもののつながりで構成されているという思想体系の中に位置付けられていたのが中国における食であり、食べることなのである。食は、まさに中国の基軸である。ならば、その基軸としての食を通して中国の歴史を描いてみよう。この命題に大胆にも挑んだのが本書である。

著者のトーマス・デイヴィッド・デュボワ（Thomas David DuBois、中国語名：杜博思）はアメリカ出身の歴史学者である。UCLAで博士の学位を取得後、シンガポールやオーストラリア等で教育・研究に携わった後、二〇一九年から北京師範大学で教授を務める。中国東北部の村落における宗教の変遷や、日本の満州統治下の宗教政策をはじめとし、近年では食の研究に重点的に取り組んでおり、単著としての最初の成果が本書である。調査と研究のための中国経験が長く、さらに中国の大学で教えているだけあって、本書は広範に渉猟《しょうりょう》された歴史資料の活用はもとより、鋭い現地感覚に裏打ちされた記述に支えられている。もちろん異国に長く住んでも、いや、生まれた社会についてであっても、そうした感覚の利鈍には興味や修練の如何により個人差はあるし、生きるうえで必ず何かは口にしなければならない宿命のもとにある食に関してはなおさらだろう。その点、著者のデュボワは、中国社会にも、食にも、あくなき探求心を抱く研究者であり、本書ではその資質と取り組みが結実している。

英文の原著が *China in Seven Banquets: A Flavourful History*、訳せば、『七つの宴にみる中国——味わい深い歴史』となるように、全7章が、それぞれの時代を代表する宴に焦点を当てるかたちで描かれている。考古学的古代から、中国が形作られる孔子の時代、文化が爛熟する宋代、どろどろの愛憎劇『紅楼夢』から社会と食が読み解かれる帝国末期の清代、革命と食が結びつけられた新中国、そして極限まで伸長したかに見えるバーチャル空間とモビリティによってもたらされる現代の食のシーンまで、中国の五〇〇〇年余の社会史が食とそれを取り囲む人たちを通してダイナミックに描かれる。

各章の記述はそれぞれ興味深く、読者の皆さんには細部にわたるまでゆっくり味わっていただきたいが、本書全体を通して得られる最大の知見、それは食がかくも様々な由来と要素から形づくられるという混淆《こんこう》性であり、そしてそこから彫琢《ちょうたく》されて顕れてくる独自性と言ってよいだろう。「胡瓜《きゅうり》」や「胡椒《こしょう》」など、「胡」がつくたくさんの食品は、中華世界の中心であった中原《ちゅうげん》にとっての西域を主とした外来のものであることを示しているし、ヨーロッパ人のアメリカ大陸到達以来のいわゆる「コロンブス交換」によってもたらされた数多の食品がなければ、中華料理は今の私たちが知るものとは大きく異なっていただろう。唐辛子なしでは麻婆豆腐も火鍋も、最近話題の麻辣湯もありえないし、子どもたちが大好きな番茄炒鶏蛋（トマトと卵の炒め物）は文字通りトマトあってのものだ。しかし一方で、そうした様々な食材や調理法が地域や国を超えて流通しても、食への姿勢や実際の料理の体系は驚くほど多様でユニークな様相を呈する。有史以来、中国と大陸部からの多くの人とものの流れで成り立ってきた日本でも、冒頭で述べたようにかなり独特の食への思想が涵養《かんよう》されてきたし、つい最近まで油も肉もほとんど食べつけなかった。明治以降、洋食に遅れて取り入れられた中華料理は日本の隅々まで広まったが、きわめて日本独自の展開を遂げたことは、昨今の町中華ブームで皆さんもご存じのことだろう。反対に、例えば同じようなサラダバーがあったとしても、本書で紹介されているように、いかに多く美しく盛り付けるかを競う「サラダタワー」の隆盛を見たのは中国ならではの現象だろうし、SNSとデリバリーを含めたサービスと食の密接な結びつきと人々の過度な依存は、日本で暮らすわれわれの想像のはるかに上を行く。私たちは生物として畢竟《ひっきょう》、何かを食べなければならないからこそ、そこには個々人の、さらにはそれを集約したその社会と文化の特徴が鮮明に表れるのだ。

もちろん食はおいしく楽しいだけではない。「人新世《じんしんせい》」と言われるように、莫大に膨れ上がった人口と「自然」を搾取し続けることで成り立つ人間の営為は地球に甚大な負荷をかけている。世界中が分かちがたくつながっている以上、直接的にせよ間接的にせよ、遅かれ早かれ、その影響は私たち一人一人に及んでくる。ここ数年、日本が直面している物価高は、長らくデフレ下にあったことや、未曾有の円安、賃金の伸び悩みなど種々の要因の関数という面もあるが、特定の食品にはもう手が届かないという状況がこれまで以上に常態化していることに疑いの余地はないであろう。食料の争奪戦や食糧危機は絵空事ではなくなってきている。終章では、そんな近未来の宴を想像力豊かなシミュレーションで描き、本書は閉じられる。われわれが造るのは、やさしさと分かち合いの精神が科学の進歩と調和したユートピアか、あるいはそれらの成果をめぐって不断な争いがおこり、不均衡な独占状態がもたらされるディストピアか。これは私たち一人一人が向き合っていかねばならない問いとして突きつけられている。本書を読みながらそうした思考がはぐくまれ、活発な議論へとつながっていくことを期待したい。

最後にルビについて記しておきたい。日本語の語彙は古来より漢語から多くを取り入れてきたハイブリッドであり、その読みには音訓をもって対応してきたが、一方で、例えば、餃子《ギョウザ》や米粉《ビーフン》や回鍋肉《ホイコーロー》など、日本独自の現地語風の読みが定着しているものも少なくない。さらに、料理名にせよ店名にせよ、海底撈《ハイディラオ》や麻辣湯《マーラータン》に代表されるように、最近のものは日本語読みよりも、現地語により近く依拠した読みがなされる傾向にある。古代から現代までを扱い、しかも原著が英文の本書を日本語訳するにあたり、最も苦労したのがルビの方針の統一であった。出版社との熟議の上、あくまで読者の読みやすさを優先するというところに落ち着き、現代以前のものには日本語の音読みのルビを振ることにした。私たちの決定が功を奏しているかどうか、読者の判断を仰ぎたい。

最後に、本書をきっかけに、食はもちろん、等身大の中国の生活と文化への関心がいっそう高まることを願うばかりである。

五年ぶりに訪れた広州にて、夜を徹した宴のあとで

川口幸大

焼《しょう》金《きん》華《か》火《か》腿《たい》　（清）　Braised Jinhua Ham　p. 143
紅煨鰻《こうわいまん》　（清）　Red-Simmered Eel　p. 143
山東白菜《さんとうはくさい》　（清代後期）　Shandong Cabbage　p. 145
甘辣菜《かんらつさい》　（清）　Sweet and Hot Cabbage　p. 145
塩煎猪《えんせんちょ》　（明）　Salt-Fried Pork　p. 147
川炒鶏《せんしょうけい》　（元）　Sichuan Chicken Cubes　p. 149
芋《う》粉《こ》団《だん》　（清）　Taro Flour Balls　p. 157
作《さく》酥《そ》餅法《へいほう》　（清）　Method for Making Crispy Cakes　p. 157
筍煨《しゅんわい》火《か》肉《にく》　（清）　Braised Bamboo Shoots with Ham　p. 158
田鶏《でんけい》　（清）　How to Cook Water Chickens　p. 158
煮羊頭《しゃようとう》　（清）　Boiled Sheep's Head　p. 159
鴨羹《おうかん》　（清代初期）　Duck Geng　p. 161
醤煨蛋《しょうわいたん》　（清代初期）　Eggs Cooked in Sauce　p. 162
法制《ほうせい》紫《し》姜《きょう》　（清）　Prepared Purple Ginger　p. 164
茄《か》鮝《しょう》　（清）　Salted Fish Aubergine [Eggplant]　p. 165
茄《か》鮝《しょう》　（第2の版）　Salted Fish Aubergine [Eggplant]　p. 167
鵪鶉《あんじゅん》茄《か》　（宋）　Quail Aubergine　p. 168
炸《さ》鶏《けい》　（1925）　Fried Chicken　p. 185
炸《さ》鶏《けい》脯《ほ》　（清）　Dry-Fried Chicken　p. 186
鶏肉の卵蒸し　（1933）　Steamed Egg and Chicken　p. 189
果《か》珍藕《ちんぐう》　（1990年代）　Orange Drink Lotus Root　p. 209
米粉蒸肉《べいふんじょうにく》　（1956）　Rice-Flour Steamed Pork　p. 213
番《ばん》茄《か》鶏蛋糕《けいたんこう》　（1956）　Tomato and Egg Cake　p. 214
目魚烤肉茭白《もくぎょこうにくこうはく》〔20人分〕　（1959）　Milkfish Roasted Pork with Water Bamboo　p. 216
白切肉《はくせつにく》萵《か》筍底《しゅんてい》〔20人分〕　（1959）　White Sliced Pork over Lettuce Hearts　p. 217
青椒炒肉絲《チンジャオロース》　（1973）　Green Peppers Fried with Pork Strips　p. 219
公保鶏丁《ゴンバオジーディン》　（1956）　Gongbao jiding　p. 221
宮保肉丁《ゴンバオロウディン》　（1960）　Gongbao rouding　p. 222
宮保鶏丁《ゴンバオジーディン》　（1999）　Gongbao jiding　p. 223
朗姆酒和蜂蜜鶏尾酒《ランムージウフーファンミージーウェイジウ》　（1980年代）　Rum and Honey Cocktail　p. 228
咖啡《カーフェイ》混合《フンヘ》軟料《ルアンリョー》　（1980年代）　Mixed Coffee Drink　p. 228
白酒鶏尾酒《バイジウジーウェイジウ》　（1980年代）　Baijiu Cocktail　p. 229
葱油麵《フォンヨウミエン》　Onion-Oil Noodles　p. 242
奶酪方便麵　Cheese Instant Ramen　p. 267
豆《とう》腐《ふ》干《かん》　Spiced Dried Tofu　p. 268
空気油炸新奥爾　良粉鶏翅　New Orleans Chicken Wings　p. 269
烤羊肉串《カオヤンロウチュアン》　Grilled Lamb Chuan　p. 271

本書に登場するレシピ付き料理

全谷醪糟《ぜんこくろうそう》　（先史時代）　Fermented Grains　p. 43

造肉醤《ぞうにくしょう》　（宋）　Prepared Meat Sauce　p. 50

淳熬《じゅんごう》　（古典時代）　Chun ao　p. 60

淳《じゅん》母《ぼ》　（古典時代）　Chun wu　p. 60

炮豚《ほうとん》　（古典時代）　Pao　p. 60

搗珍《とうちん》　（古典時代）　Dao zhen　p. 61

度《ど》夏《か》白《はく》脯《ほ》　（北魏）　Autumn Dried Meat　p. 61

漬《し》　（古典時代）　Zi　p. 62

熬《ごう》　（古典時代）　Ao　p. 63

肝膋《かんけん》　（古典時代）　Gan jun　p. 63

糝《さん》　（古典時代）　San　p. 64

到口酥《ダオコウスウ》　（清）　In the Mouth' Crisps　p. 76

常熟《じょうじゅく》饅頭《マントウ》　（清）　Changshu mantou　p. 78

餺飥《はくたく》　（北魏）　Botuo　p. 78

山薬麺《さんやくめん》　Yam Noodles　p. 79

蓮《れん》花《か》茶《ちゃ》　（元）　Lotus Flower Tea　p. 82

辣椒醤《ラージャオジャン》　（清代後期）　Chilli Paste　p. 96

満州《まんしゅう》餑餑《ボーボー》　（清）　Manchurian Bo bo　p. 111

挂《けい》爐《ろ》肉《にく》　（清）　Hanging Roasted Meat　p. 114

文《ぶん》武《ぶ》肉《にく》　（清）　Wen-Wu Pork　p. 119

茘《れい》枝《し》鶏《けい》　（清）　Lychee Chicken　p. 119

焼《しょう》鹿《か》筋丁《きんてい》　（清）　Braised Deer Tendon Cubes　p. 119

面条魚《めんじょうぎょ》　（清）　Noodle Fish　p. 121

糟《そう》茄《か》子《し》法《ほう》　（宋）　Lees-Pickled Aubergine　p. 128

金山《きんざん》寺《じ》豆《とう》鼓《ち》　（宋）　Jinshan Temple Salted Beans　p. 129

肉生法《にくせいほう》　（宋）　Method to Prepare Fresh Meat　p. 130

爐《ろ》焙鶏《ばいけい》　（宋）　Stove-Braised Chicken　p. 131

蟹生《けいせい》　（宋）　'Fresh Crab'　p. 131

社飯《しゃはん》　（宋）　Offerings Rice　p. 133

酔蟹《すいけい》　（清）　Wine-Pickled Crab　p. 133

茄《か》子《し》饅頭《マントウ》　（元）　Aubergine Mantou　p. 136

油《ゆ》肉《にく》醸《じょう》茄《か》　（元）　Minced Aubergine with Meat and Oil　p. 136

羊臓羹《ようぞうかん》　（元）　Sheep Organ Geng　p. 139

度量衡の換算表

	1929年以前	1930〜1959年	1960年以降
重さ			
斤	600g	500g	500g
両	37g	31g	50g
銭	3.7g	3.1g	5g
分	0.37g	0.31g	0.5g
長さ			
寸	3.2㎝	3.3㎝	3.3㎝
分	3.2㎜	3.3㎜	3.3㎜
容積			
斗	10.3ℓ	10ℓ	10ℓ
升	1.03ℓ	1ℓ	1ℓ
合	103㎖	100㎖	100㎖

カップとボウル

20世紀以前のレシピでは、カップとボウルで分量を示すことが多かった。任意の基準が妥当だと思われる読者は、カップは200㎖、ボウルは300㎖と考えることができる。現代のレシピ（わたし自身の再現を含む）では、240㎖の米国式カップが使われている。

中国のおもな帝国年表

先史時代	夏《か》	紀元前2070－前1600年
古代	殷《いん》（商《しょう》）	紀元前1600－前1046年
	周《しゅう》	紀元前1046－前256年
初期帝国	秦《しん》	紀元前221－前207年
	漢《かん》	紀元前202－紀元220年
	北魏《ほくぎ》	386－534年
中世	隋《ずい》	581－618年
	唐《とう》	618－907年
	遼《りょう》	916－1125年
後期帝国	宋《そう》	960－1279年
	元《げん》	1271－1368年
	明《みん》	1368－1644年
	清《しん》	1644－1912年
現代	中華民国	1912－1949年
	中華人民共和国	1949年－

第7章　その先にあるもの

1. Mindi Schneider and Shefali Sharma, 'China's Pork Miracle? Agribusiness and Development in China's Pork Industry', *Institute for Agriculture and Trade Policy*, iatp.org (2014).
2. Doris Lee and Thomas David DuBois, 'China's Quest for Alternative Proteins', *Asia Global Online* (2022), www.asiaglobalonline.hku.hk.s

Cecilia Tortajada and Hongzhou Zhang, 'When Food Meets bri: China's Emerging Food Silk Road', *Global Food Security*, xxix (2021), pp. 1–13.
2. Brian Lander and Thomas David DuBois, 'A History of Soy in China, from Weedy Bean to Global Commodity', in *The Age of Soybeans: An Environmental History of the Soyacene during the Great Acceleration*, ed. Claiton Marcio da Silva (Cambridge, 2022), pp. 29–47. Philip M. Fearnside, 'Soybean Cultivation as a Threat to the Environment in Brazil', *Environmental Conservation*, xxvii/1 (2011), pp. 23–38.
3. Thomas David DuBois, 'Behind China's Overseas Food Investments: A Tale of Two Dairies', *Asian Studies Review* (2019).
4. Thomas David DuBois, 'Milk from the Butterfly Spring: State and Enterprise in the Yunnan Dairy Industry', *Rural China*, xvii/1 (2020), pp. 87–110.
5. Globally, the supermarket revolution started in the United States and gradually spread outwards. Thomas Anthony Reardon and Ashok Gulati, 'The Supermarket Revolution in Developing Countries Policies for Competitiveness with Inclusiveness', *International Food Policy Research Institute (ifpri), Policy Briefs*, www.ifpri.org (2008).
6. Shuwen Zhou, 'Formalisation of Fresh Food Markets in China: The Story of Hangzhou', in *Integrating Food into Urban Planning*, ed. Yves Cabannes and Cecilia Marocchino (London, 2018), pp. 247–63.
7. DuBois, 'Behind China's Overseas Food Investments'.
8. Changbai Xiu and K. K. Klein, 'Melamine in Milk Products in China: Examining the Factors That Led to Deliberate Use of the Contaminant?', *Food Policy*, xxxv (2010), pp. 463–70.
9. Yan Shi et al., 'Safe Food, Green Food, Good Food: Chinese Community Supported Agriculture and the Rising Middle Class', *International Journal of Agricultural Sustainability*, ix/4 (2011), pp. 551–8.
10. Thomas David DuBois, 'China's Old Brands: Commercial Heritage and Creative Nostalgia', *International Journal of Asian Studies*, xviii/1 (2021), pp. 45–59.
11. Christopher St Cavish, 'kfc's Egg Tarts', *Smart Shanghai*, www.smartshanghai.com, 27 February 2017.
12. World Instant Noodles Association, https://instantnoodles.org.
13. Laura He, 'Chinese Hotpot Chain Haidilao's u.s.$963 Million ipo Makes It Hong Kong's Fifth Largest This Year', *South China Morning Post*, www.scmp.com, 18 September 2018. Laura He, 'China's Biggest Hotpot Chain Haidilao Taps Hillhouse, Morgan Stanley as Cornerstone Investors in up to u.s.$963 Million ipo', *South China Morning Post*, www.scmp.com, 18 September 2018.
14. Haidilao doubled its number of outlets in 2020, even as imitators adopted a franchise model that passes the cost of expansion on to licence owners. A franchise might cost between 700,000 and 2.5 million yuan, depending on location.
15. Jing Wang and Lijuan Cheng, 'The Relationships among Perceived Quality, Customer Satisfaction and Customer Retention: An Empirical Research on Haidilao Restaurant', International Conference on Services Systems and Services Management, icsssm (2012).

pp. 22–43.
23. Mao Zedong, 'Report on an Investigation of the Peasant Movement in Hunan', 1927, www.marxists.org.
24. Frank Dikötter, *Mao's Great Famine* (London, 2011).
25. Karl Gerth, *Unending Capitalism: How Consumerism Negated China's Communist Revolution* (Cambridge, uk, 2020).
26. Jianhua Zhang, 'Beijing "Lao Mo canting" gonggong kongjian de Sulian xingxiang yu Zhong-Su guanxi bianqian de yingxiang' [Beijing 'Ol' Moscow Restaurant': Public Space Images of the Soviet Union as a Reflection of Changes in Sino-Soviet Relations], *Eluosi xuekan* xiii/46 (2017), pp. 80–94. *Beijing ribao*, 7 October 1954.
27. Beijing zhanlanguan Mosike canting, ed., *E-shi dacai liubai li* [600 Russian Dishes] (Beijing, 1987).

第５章　「人生は宴である」――活気ある九〇年代の食文化

1. Xipeng Zhu, 'Huanfa xinguangcai de laozihao – Taifenglou fandian xiandaihua' [New Lustre on Old Brands – Modernization of Taifenglou Restaurant], *Fandian xiandaihua*, 4 (1994), pp. 19–20.
2. Yunxiang Yan, 'McDonald's in Beijing: The Localization of Americana', in *Golden Arches East: McDonald's in East Asia*, 2nd edition, ed. James L. Watson (Redwood City, ca, 2006), pp. 39–76. Thomas David DuBois, 'Fast Food for Thought: Finding Global History in a Beijing McDonald's', *World History Connected*, xviii/2 (2021), https:// worldhistoryconnected.press.uillinois.edu.
3. ccp Central Committee, 'Decisions concerning People's Communes', in Youbao Wu, *Gonggong shitang caipu* [Cookbook for mass canteens] (Shanghai, 1959).
4. *Zhongguo shipin*, 4 (1988), p. 11.
5. Beer is an industry that naturally favours consolidation. See Kevin Hawkins and Rosemary Radcliffe, 'Competition in the Brewing Industry', *Journal of Industrial Economics*, xx/1 (1971), pp. 20–41. China's dairy industry followed a similar path. Thomas David DuBois, 'Milk from the Butterfly Spring: State and Enterprise in the Yunnan Dairy Industry', *Rural China*, xvii/1 (2020), pp. 87–110.
6. Mao Zedong, 'Report on an Investigation of the Peasant Movement in Hunan', 1927, www.marxists.org.
7. Eugene Cooper, 'Chinese Table Manners: You Are How You Eat', *Human Organization*, xlv/2 (1986), pp. 179–84. Mayfair Yang, *Gifts, Favors and Banquets: The Art of Social Relationships in China* (Ithaca, ny, 1994). Doug Guthrie, *Dragon in a Three-Piece Suit: The Emergence of Capitalism in China* (Princeton, nj, 1999). Ellen Oxfeld, 'The Moral Registers of Banqueting in Contemporary China', *Journal of Current Chinese Affairs*, xlviii/3 (2019), pp. 322–39.
8. Zu'an was a polite name used by the inventor of the dish, Hunan chef Tan Yankai.

第６章　フランチャイズの流行――効率の代償

1. Elizabeth Gooch and Fred Gale, 'China's Foreign Agriculture Investments', eib-192, u.s. Department of Agriculture, Economic Research Service, www.ers.usda.gov (April 2018).

2. 同上, pp. 123, 340.
3. D. Fernández Navarrete, *Tratados historicos, politicos, ethicos y religiosos de la monarchia de China* (Madrid, 1676), pp. 347–8. Quoted in Brian Lander and Thomas David DuBois, 'A History of Soy in China, from Weedy Bean to Global Commodity', in *The Age of Soybeans: An Environmental History of the Soyacene during the Great Acceleration*, ed. Claiton Marcio da Silva (Cambridge, 2022), pp. 29–47.
4. May-bo Ching, 'Chopsticks or Cutlery? How Canton Hong Merchants Entertained Foreign Guests in the Eighteenth and Nineteenth Centuries', in *Narratives of Free Trade: The Commercial Cultures of Early U.S.–China Relations*, ed. Kendall Johnson (Hong Kong, 2012), pp. 99–115.
5. 'Macanese Cuisine Database', Macao, City of Gastronomy, www.gastronomy.gov.mo, 15 November 2022.
6. The 'sick man' moniker was applied fairly broadly, first in reference to the Ottoman Empire.
7. Edward East quoted in Jayeeta Sharma, 'Food and Empire', in *The Oxford Handbook of Food History*, ed. Jeffrey M. Pilcher (Oxford and New York, 2012), pp. 241–57.
8. Thomas David DuBois, 'Borden and Nestlé in East Asia, 1870–1929: Branding and Retail Strategy in the Condensed Milk Trade', *Business History* (2019).
9. On the actual state of meat eating in pre-Meiji Japan, see Hans Martin Krämer, '"Not Befitting Our Divine Country": Eating Meat in Japanese Discourses of Self and Other from the Seventeenth Century to the Present', *Food and Foodways*, XVI/1 (2008), pp. 33–62.
10. Kanagaki Robun, 'Aguranabe' [Sitting around the Stew-Pan], (1871), in *Modern Japanese Literature: An Anthology*, ed. Donald Keene (New York, 1956), pp. 31–3.
11. Fukuzawa Yukichi, 'On Meat-Eating' (1870). Translation by Michael Bourdaghs, used with permission from www.bourdaghs.com.
12. From the 1927 speech 'Jianguo fanglüe zhiyi, xinli jianshe' [Psychological Construction, a Strategy for National Foundation].
13. *Minhai zhengbao*, 8 August 1948.
14. On restaurants in Beijing, see Jianzhong Wan and Mingchen Li, *Zhongguo yinshi wenhua shi. Jingjin diqu juan* [Cultural History of Chinese Food, Beijing and Tianjin] (Beijing, 2013), pp. 299–306; on culinary nostalgia in Nanjing, Jin Feng, *Tasting Paradise on Earth: Jiangnan Foodways* (Seattle, WA, 2019), pp. 129–55.
15. Isaac Taylor Headland, *Home Life in China* (London, 1914), p. 174. Quoted in the saintcavish WeChat blog, www.stcavish.com.
16. *300 Chinese Recipes for the Home* (n.p., 1933) pp. 167–8.
17. *Minguo ri bao*, 1 January 1921.
18. *Suzhou ming bao*, 9 November 1927.
19. *Nanjing wan bao*, 28 August 1934.
20. Thomas David DuBois, 'Counting the Carnivores: Who Ate Meat in Republican-Era China?', *Social Science History*, XLVI/4 (2022), pp. 751–75.
21. Joshua Specht, *Red Meat Republic: A Hoof-to-Table History of How Beef Changed America* (Princeton, NJ, 2019).
22. Thomas David DuBois, 'Many Roads from Pasture to Plate: A Commodity Chain Approach to China's Beef Trade, 1732–1931', *Journal of Global History*, XIV/1 (2019),

26. *Pleasure Boats of Yangzhou*, quoted in Qiu, *Zhongguo caiyao*, pp. 438–9.
27. Qiu, *Zhongguo caiyao*, p. 393.
28. 同上, pp. 393–9. I am grateful to Wang Chengwei for his insight on China's cooking-fuel revolution.
29. Duosheng Zhu, 'Cong Qianlong dao Minguo: Sichuan haiwei cai 200 nian' [From Qianlong to Republic: 200 years of Sichuan seafood cuisine], Shiyuan zatan, 26 November 2022, pp. 42–5. *Qiu, Zhongguo caiyao*, pp. 452–4.
30. On the evolution of individual dishes, see Yong Lan, *Zhongguo Chuancai shi* [History of China's Sichuan Cuisine] (Chengdu, 2019), especially pp. 151–226.
31. *Mr Song's Book of Longevity*, quoted in Yong Lan, *Zhongguo Chuancai shi*, pp. 160–70.
32. 同上, p. 175.
33. Charles Kwong, 'Making Poetry with Alcohol: Wine Consumption in Tao Qian, Li Bai and Su Shi', in *Scribes of Gastronomy*, ed. Isaac Yue and Siufu Tang (Hong Kong, 2013), pp. 45–68. Translations changed slightly from the original.
34. On culinary writing as an arena of cultural production, see Jin Feng, 'The Female Chef and the Nation: Zeng Yi's "Zhongkui lu" (Records from the kitchen)', *Modern Chinese Literature and Culture*, xxvii/1 (2016), pp. 1–37.
35. Cynthia J. Brokaw, *Commerce in Culture: The Sibao Book Trade in the Qing and Republican Periods* (Cambridge, MA, 2007).
36. Qiu, *Zhongguo caiyao*, p. 307.
37. Yuan Mei, *Recipes from the Garden of Contentment*. I draw on Sean Chen's artful translation. Sean J. S. Chen and Yuan Mei, *Recipes from the Garden of Contentment: Yuan Mei's Manual of Gastronomy* (Barrington, MA, 2018).
38. Henry Notaker, *A History of Cookbooks from Kitchen to Page over Seven Centuries* (Oakland, ca, 2017), especially pp. 58–64. Quote from p. 55.
39. 秋油 , the first extraction of sauce from a vat. Similar to extra virgin olive oil.
40. Yan Liang, 'Beef, Fish and Chestnut Cake: Food for Heroes in the Late Imperial Chinese Novel', *Journal of Chinese Literature and Culture*, v/1 (2018), pp. 119–47.
41. Wankuan Shao, 'Cong Ming Qing shiqi shipu kanke de liuxing kan Ming Qing xiaoshuo Zhong de yinshi miaoxie – yi Jinpingmei Hongloumeng zhongde cai weili' [Descriptions of Food in Ming-Qing Literature as Seen from trends in Ming-Qing Food Literature: Example of *Plum in the Golden Lotus Vase and Dream of Red Mansions*], *Nongye kaogu*, iv (2014), pp. 270–75.
42. Cao Xueqin, *Dream of Red Mansions*, chapter 19.
43. Zhanghua Ding and Weibing Li, *Honglou shijing* [Foods of the Red Mansion] (Nanjing, 2019).
44. Chapter 52, from the Yang Hsien-yu and Gladys Yang translation of Cao Xueqin, *Dream of Red Mansions: (Hung Lou Meng)*, (Beijing, 1978).
45. *Secrets of the Table* quoted in Ding and Li, *Honglou shijing*, pp. 110–11.
46. Xueqin, *Dream of Red Mansions*, chapter 54.

第 4 章　高級食材と海外の流行——中国は世界を席巻する

1. *The Travels of Marco Polo: The Complete Yule-Cordier Edition* (New York, 1993), pp. 338–9.

Songdai shiliao shi [History of Food Materials in Song Dynasty Hangzhou] (Beijing, 2018), pp. 142–79.

5. *Mrs Wu's Records from the Kitchen*, recipe 94.
6. *Old Records of Hangzhou (Wu lin jiushi)*, quoted in Qiu Pangtong, *Zhongguo caiyao shi* [History of Chinese Cuisine] (Qingdao, 2010), pp. 222–3.
7. *Mrs Wu's Records from the Kitchen*, recipe 42. *Sharen* is the aromatic seed of *Wurfbainia villosa*.
8. 同上, recipe 32.
9. Qiu, *Zhongguo caiyao*, p. 208.
10. *Dream of Splendour* (autumn sacrifice).
11. Strained bean paste（清酱）is made by cooking bean paste with salted water, while using a weight to compress bean solids at the bottom of the vat. This technique from wine making gave birth to liquid soy sauce.
12. Françoise Sabban, 'Court Cuisine in Fourteenth-Century Imperial China: Some Culinary Aspects of Hu Sihui's *Principles of Eating and Drinking*', *Food and Foodways*, I (1985), pp. 161–96.
13. *Principles of Eating and Drinking. Lao* could mean either yoghurt or cheese. Most versions of *Sheik al Mehshee* cook the aubergine in tomato, but the traditional recipe uses yoghurt.
14. The character 釀 usually means 'to ferment', but here it means 'chopped finely'. *Qiu, Zhongguo caiyao*, p. 326.
15. Paul D. Buell and Eugene Anderson have made stunning advances in tracing the global culinary and medical knowledge in the *Principles of Eating and Drinking* and more recently in their work the *Muslim Medicinal Recipes (Huihui yaofang)*. Paul D. Buell and Eugene Anderson, *A Soup for the Qan: Chinese Dietary Medicine of the Mongol Era as Seen in Hu Szu-Hui's Yin-shan Cheng-yao* (London and New York, 2000) and *Arabic Medicine in China: Tradition, Innovation and Change* (Leiden, 2021).
16. See Livia Kohn, *Daoist Dietetics: Food for Immortality* (St Petersburg, FL, 2010).
17. *Dietetic Pharmacopeia* (persimmon).
18. Weijie Yu, *Hangzhou Songdai shi shiliao* [Materials on Diet in Song Dynasty Hangzhou] (Beijing, 2018), p. 46.
19. Conversely, 'not poisonous' also means that the medical benefits are not very potent. Vivienne Lo, 'Pleasure, Prohibition and Pain: Food and Medicine in Traditional China', in *Of Tripod and Palate: Food, Politics and Religion in Traditional China*, ed. Roel Sterckx (New York and Basingstoke, 2005), pp. 163–85.
20. *Principles of Eating and Drinking*. Instruction to 'eat as much as you like' means that there are no adverse side effects.
21. *Dream of Splendour* (juan 6).
22. Haitian Hu and Jianhui Liang, eds, *Yinshi liaofa* (Guangzhou, 1985), part 3, p. 30.
23. Timothy Brook, *Praying for Power: Buddhism and the Formation of Gentry Society in Late-Ming China* (Cambridge, MA, 1994).
24. Jin Feng's wonderful *Tasting Paradise on Earth* (Seattle, WA, 2020) is the first and last word on Jiangnan cuisine during this era.
25. *Tianmianjiang* is a salty, dark brown paste made from fermented wheat.

29. Imperial visits to Manchuria were costly and often dangerous but clearly very meaningful to the Qing rulers. Ruth Rogaski, *Knowing Manchuria: Environments, the Senses and Natural Knowledge on an Asian Borderland* (Chicago, IL, 2022).
30. Sources record these as 'meat-eating parties'.
31. Issac Yue, 'The Comprehensive Manchu–Han Banquet: History, Myth and Development, *Ming Qing Yanjiu*, XX/1 (2008), pp. 93–111.
32. Zhao Rongguang, *Man Han quanxi yuanliu kaoshu* [Study of the origins of the Manchu-Han Feast] (Beijing, 2003), pp. 206–28.
33. *Pleasure Boats of Yangzhou*, 4:60. Yuan Mei mentions this event but provides no detail.
34. Ingredients lists from *Guanglusi zeli* [Protocols of the Imperial Kitchen] 1839. See also Wang Renxing, *Man Han quanxi yuanliu* [Origins of the Manchu-Han Feast] (Beijing, 1986), pp. 19–25.
35. I base this on instructions in the *Protocols of the Imperial Kitchen* juan 47 to allocate tents, cooking utensils and funds for buying materials based on the unambiguous 'number of seated diners' (*xi shu*). The exaggerated largesse of the meals most likely found its way to the diner's retinue.
36. Wang Renxing, *Man Han quanxi*, p. 2.
37. The Chinese name *sanzi* is a transliteration from Uighur. An early twelfth-century source explains *sanzi* as a fried cake called *huanbing*, but by the Ming it is clearly identified as today's dish of crisp fried noodles.
38. Shaodan Zhang, 'Cattle Slaughter Industry in Qing China: State Ban, Muslim Dominance and the Western Diet', *Frontiers of History in China*, XVI/1 (2021), pp. 4–38.
39. *Zhaoshi* literally means 'bright style', but it more likely is a Manchu word written in Chinese characters.
40. *Flavouring the Pot*, p. 95.
41. This menu is further explained in Zhao, *Man Han*, pp. 244–5.
42. Meng Zhang, 'Knowing Exotica: Edible Birds' Nests and the Cultures of Knowledge in Early Modern China', *Harvard Journal of Asian Studies*, LXXXIV/2 (2024).

第 3 章　喜びの庭——中華帝国の高級料理

1. Zhanghua Ding and Weibing Li, *Honglou shijing* [Foods of the Red Mansion] (Nanjing, 2019), pp. 255–65.
2. Kent Deng and Lucy Zheng, 'Economic Restructuring and Demographic Growth: Demystifying Growth and Development in Northern Song China, 960–1127', *Economic History Review*, LXVIII/4 (2015), pp. 1107–31.
3. For those interested in a more literal translation, the Master of Provisions is the 'Master of Measuring the Tea, Rice and Wine'; the 'grain burners' are 'lighters of the grain dregs' (probably referring to some sort of alcohol stove). The indigent young men were *xianhan* and *sibo*. The needles were 'guest needles', because they were so hard to dislodge. Sazan means a 'brief respite', most likely meaning that one was paying them to go away. *Dream of Splendour* (juan 2, Food and Produce).
4. The market for meat was even more elaborate in the coastal southern capital of Lin'an, today's Hangzhou, which also consumed large amounts of seafood. Weijie Yu, *Hangzhou*

15. Craig Lockard, '"The Sea Common to All": Maritime Frontiers, Port Cities and Chinese Traders in the Southeast Asian Age of Commerce, ca. 1400–1750', *Journal of World History*, xxi/2 (2010), pp. 219–47. Momoki Shiro, 'Dai Viet and the South China Sea Trade: From the 10th to the 15th Century', *Crossroads: An Interdisciplinary Journal of Southeast Asian Studies*, xii/1 (1998), pp. 1–34.
16. Xu, Guanmian, 'Junks to Mare Clausum: China-Maluku Connections in the Spice Wars, 1607–1622', *Itinerario*, xliv/1 (2020), pp. 196–225.
17. Ping-Ti Ho, 'Early-Ripening Rice in Chinese History', *Economic History Review*, ix/2 (1956), p. 207.
18. 同上. For a critical analysis of the Champa rice theory, see Kent Deng and Lucy Zheng, 'Economic Restructuring and Demographic Growth: Demystifying Growth and Development in Northern Song China, 960–1127', *Economic History Review*, lxviii/4 (2015), pp. 1107–31.
19. Jennifer Downs, 'Survival Strategies in Ming Dynasty China: Planting Techniques and Famine Foods', *Food and Foodways*, viii/4 (2000), pp. 273–88. Ping-Ti Ho, 'The Introduction of American Food Plants into China', *American Anthropologist*, lvii/2 (1955), pp. 191–201.
20. Brian R. Dott, *The Chile Pepper in China: A Cultural Biography* (New York, 2020); Cao Yu, *Zhongguo shila shi* [China's Spicy History] (Beijing, 2022), pp. 50–81.
21. Qiu, *Zhongguo caiyao*, p. 404.
22. The Mongol 'empire' was actually an overlapping mix of khanates and princedoms, of which the Chinese Yuan was just one part. Its numerous capitals and princely towns also included Qara Qorum, Shangdu and Khotan. Nancy Shatzman Steinhardt, 'Imperial Architecture along the Mongolian Road to Dadu', *Ars Orientalis*, xviii (1988), pp. 59–93. Hodong Kim, 'Was "da Yuan" a Chinese Dynasty?', *Journal of Song-Yuan Studies*, xlv (2015), pp. 279–305.
23. Jingming Zhang and Jie Zhang, *Yinshi renleixue: Shiyuxia de Liaodai yinshi wenhua yanjiu* [Food Anthropology: Liao-Era Food Culture Beneath the Horizon] (Beijing, 2021), pp. 91–8.
24. Thomas David DuBois, 'Many Roads from Pasture to Plate: A Commodity Chain Approach to China's Beef Trade, 1732–1931', *Journal of Global History*, xiv/1 (2019), pp. 22–43.
25. Jianzhong Wan and Mingchen Li, *Zhongguo yinshi wenhua shi. Jingjin diqu juan* [Cultural History of Chinese food, Beijing and Tianjin] (Beijing, 2013), p. 135.
26. Jun Li, '"Zhama" kao' [Study of 'Zhama'], *Lishi yanjiu*, 1 (2005), pp. 179–83.
27. Jianxin Gao, 'Yuandai shiren bixia de "Zhamayan" lüe kao' [Initial Study of the 'Zhamayan' in Yuan poetry], *Nei Menggu daxue xuebao (Zhexue shehui kexue ban)*, xlviii/2 (2016), pp. 5–8.
28. Jianxin Gao, 'Yuandai shiren'. Scholars have convincingly suggested that distilling might have been known earlier. See David R. Knechtges, 'Tuckahoe and Sesame, Wolfberries and Chrysanthemums, Sweet-Peel Orange and Pine Wines, Pork and Pasta: The Fu as a Source for Chinese Culinary History', *Journal of Oriental Studies*, xlv/1–2 (2012), pp. 1–26. In such cases, Yuan-era records may have been recording a better or more efficient method.

Ch'i-Fa of Mei Ch'eng', *Monumenta Serica*, xxix/1 (1970), pp. 99–116; Sterckx, 'Sages', p. 7.

35. Adapted from Knechtges and Swanson, 'Seven Stimuli'. Yi Yin and Yi Ya are two historical figures associated with cuisine.
36. David R. Knechtges, 'A Literary Feast: Food in Early Chinese Literature', *Journal of the American Oriental Society*, cvi/1 (1986), pp. 49–63.
37. *Book of Rites, Neize 50–56.*
38. Ho Shun-yee, 'The Significance of Musical Instruments and Food Utensils in Sacrifices of Ancient China', *Monumenta Serica*, li (2003), pp. 1–18.
39. This additional detail comes from an early fifteenth-century commentary called the *Complete Etiquette and Rites* (Liji daquan).
40. *Essential Techniques*, recipe 75.
41. Ancient brewers had learned to concentrate alcohol by freezing or steaming fermented mash. See Constance A. Cook, 'Moonshine and Millet: Feasting and Purification Rituals in Ancient China', in *Of Tripod and Palate: Food, Politics and Religion in Traditional China*, ed. Roel Sterckx (New York and Basingstoke, 2005), pp. 9–33.
42. Sterckx, 'Sages', p. 13. Chung-lin Chiu, 'Jinglao shi suoyi jianlao– Mingdai xiangyin jiuli de bianqian jiqi yu difanghui de hudong' [Respecting the Elders to Despise the Elders: The Evolution and Local Interaction of the Ming Dynasty Wine Drinking Ritual], *Zhongyang yanjiuyuan lishi yuyansuo jikan*, lxxi/1 (2005), pp. 1–79.

第2章　シルクロードと公海――中国に到来した新たな食

1. Saishi Wang, *Tangdai yinshi* [Foods of the Tang Dynasty] (Jinan 2003), p. 38.
2. 同上, pp. 1–5, 11–13.
3. *Flavouring the Pot*, pp. 294–5.
4. *Essential Techniques*, recipe 82.
5. Wang, *Tangdai yinshi*, pp. 6–8, 14–17, 32–4. Zhang Jing, *Canzhuoshang de zhongguo shi* [Tabletop History of China] (Beijing, 2022), pp. 64–71.
6. *Principles of Eating and Drinking.*
7. James Benn, *Tea in China: A Religious and Cultural History* (Honolulu, hi, 2015).
8. From 'Tasting Tea in a Western Hills Monastery', in Ronald Egan, 'The Interplay of Social and Literary History: Tea in the Poetry of the Middle Historical Period', in *Scribes of Gastronomy*, ed. Isaac Yue and Siufu Tang (Hong Kong, 2013), pp. 69–85.
9. Sun Pingzhong quoted in Yuemei Shi, 'Tangdai shaoweiyan kaoshi' [Study and Explanation of the Tang Dynasty Burning-Tail Banquet], *Xingtai xueyuan xuebao*, xxxiii/3 (2018), pp. 133–5.
10. Pangtong Qiu, *Zhongguo caiyao shi* [History of Chinese Cuisine] (Qingdao, 2010), especially p. 175. The original list and comments appear in the tenth-century *Qingyilu.*
11. This recipe appears in *Shi zhen lu* [Treasures of the Table] (fifth or sixth century).
12. *Essential Techniques*, recipe 80.
13. *Taiping yulan* [Readings of the Taiping Era] (tenth century).
14. Alain George, 'Direct Sea Trade between Islamic Iraq and Tang China: From the Exchange of Goods to the Transmission of Ideas', *Journal of the Royal Asiatic Society*, xxv/4 (2015), pp. 1–46.

14. Jiajing Wang et al., 'Revealing a 5,000-y-Old Beer Recipe in China', *Proceedings of the National Academy of Sciences of the United States of America*, CXIII/23 (2016), pp. 6444–8. Patrick E. McGovern et al., 'Chemical Identification and Cultural Implications of a Mixed Fermented Beverage from Late Prehistoric China', *Asian Perspectives*, XLIV/2 (2005), pp. 249–75. Solomon H. Katz, Fritz Maytag and Miguel Civil, 'Brewing an Ancient Beer', *Archaeology*, XLIV/4 (1991) pp. 24–33. Li Liu et al., 'The Origins of Specialized Pottery and Diverse Alcohol Fermentation Techniques in Early Neolithic China', *Proceedings of the National Academy of Sciences of the United States of America*, CXVI/26 (2019), pp. 12767–74. Jingwen Liao et al., 'A New Filtered Alcoholic Beverage: Residues Evidence from the Qingtai Site (ca. 5,500–4,750 cal. BP) in Henan Province, Central China', *Frontiers of Earth Science*, 9 May 2022.
15. Chi Han, *Nanfang caomu zhuang* [Botany of the South], quoted in MuChou Poo, 'The Use and Abuse of Wine in Ancient China', *Journal of the Economic and Social History of the Orient*, XVII/2 (1999), pp. 123–51. *Ge* is a kind of wild taro.
16. The same starter is used in other Asian fermented foods, such as tempeh and Korean *doenjang* paste.
17. *Etiquette and Rites*, quoted in Poo, 'Use and Abuse', p. 136.
18. Tak Kam Chan, 'From Conservatism to Romanticism: Wine and Prose-Writing from Pre-Qin to Jin', in *Scribes of Gastronomy*, ed. Isaac Yue and Siufu Tang (Hong Kong, 2013), p. 16.
19. Sterckx, 'Sages', p. 38.
20. Poo, 'Use and Abuse'.
21. Adapted from Nicholas Morrow Williams, 'The Morality of Drunkenness in Chinese Literature of the Third Century CE', in *Scribes of Gastronomy*, eds Isaac Yue and Siufu Tang (Hong Kong, 2013), p. 27.
22. Yuan Chen, 'Legitimation Discourse and the Theory of the Five Elements in Imperial China', *Journal of Song-Yuan Studies*, XLIV (2014), pp. 325–64.
23. *Rites of Zhou, Tianguan zhongzai 100.* The last line refers to the diagnostic technique of observing the life force and complexion of the patient.
24. *Rites of Zhou, Tianguan zhongzai 98.*
25. Sterckx, 'Sages'.
26. Pangtong Qiu, *Zhongguo caiyao shi* [History of Chinese cuisine] (Qingdao, 2010), pp. 27–32. Sterckx, 'Sages', p. 6.
27. Lin Yu et al., 'Wo guo Shiji jizai de jiang ji jiangyou lishi qiyuan yanjiu' [Historical Origin of Chinese Pastes and Sauces as Recorded in the Shiji], *Shandong nongye daxue xuebao* (2015), pp. 14–22.
28. Zhao Jianmin, *Zhongguo caiyao wenhua*, pp. 37–8.
29. Qiu, *Zhongguo caiyao shi*, pp. 29–31.
30. *Book of Rites*, in Sterckx, 'Sages', p. 41.
31. 同上, p. 42.
32. Zhao, *Zhongguo yinshi*, p. 194; Sterckx, 'Sages', pp. 18–19.
33. *Etiquette and Rites, Pinli 16.*
34. Adapted from David R. Knechtges and Jerry Swanson, 'Seven Stimuli for the Prince: The

11. Richard S. Rivlin, 'Historical Perspective on the Use of Garlic', *The Journal of Nutrition*, CXXXI/3 (2001), pp. 951–4.
12. Arjun Appadurai, 'How to Make a National Cuisine: Cookbooks in Contemporary India', *Comparative Studies in Society and History*, XXX/1 (1988), pp. 3–24.
13. Hannele Klemettilä, *The Medieval Kitchen: A Social History with Recipes* (London, 2012). For the novice, there is no better place to start than Stephen Schmidt's short blog post 'On Adapting Historical Recipes' at the Manuscript Cookbooks Survey, www. manuscriptcookbookssurvey. org, 20 November 2022.

第 1 章　肉と道徳について——周の八珍

1. Neolithic cultures like Houli are named after a modern village located near the dig site. We of course have no idea what the people actually called themselves.
2. Deliang He and Yun Zhang, 'Shandong shiqian jumin yinshi shenghuo de chubu kaocha' [Initial investigation into the diets of prehistoric Shandong], *Dongfang Bowu*, II (2006), pp. 50–61.
3. Li Liu et al., 'Paleolithic Human Exploitation of Plant Foods during the Last Glacial Maximum in North China', *Proceedings of the National Academy of Sciences of the United States of America*, CX/14 (2013), pp. 5380–85.
4. Dorian Q. Fuller and Michael Rowlands, 'Towards a Long-Term MacroGeography of Cultural Substances: Food and Sacrifice Traditions in East, West and South Asia', *Chinese Review of Anthropology*, XII (2009), pp. 1–37. Dorian Q. Fuller and Michael Rowlands, 'Ingestion and Food Technologies: Maintaining Differences over the Long-Term in West, South and East Asia', in *Interweaving Worlds: Systematic Interactions in Eurasia, 7th to the 1st Millennia BC*, ed. T. C. Wilkinson et al. (Oxford, 2011), pp. 37–60.
5. Ye Wa and Anke Hein, 'A Buried Past: Five Thousand Years of (Pre) History on the Jing-Wei Floodplain', *Asian Archaeology*, IV (2020), pp. 1–15.
6. Gideon Shelach-Lavi, 'How Neolithic Farming Changed China', *Nature Sustainability*, V (2022), pp. 735–6.
7. *Huainanzi,* book 19, second century BCE.
8. Cheng Gao, *Shiwu jiyuan* [Origin of things], quoted in Zhao Jianmin, *Zhongguo caiyao wenhua shi* [History of China's Food Culture] (Beijing, 2017), pp. 29–30.
9. Just to clarify that Confucius was just one voice in a much larger school of thought, and that he was not especially influential during his own lifetime.
10. Roel Sterckx, 'Sages, Cooks and Flavours in Warring States and Han China', *Monumenta Serica*, LIV (2006), pp. 42–3.
11. 同上, pp. 31–5.
12. Jean Levi, 'The Rite, the Norm and the Dao: Philosophy of Sacrifice and Transcendence of Power in Ancient China', in *Early Chinese Religion, Part One: Shang through Han (1250 BC–220 AD)*, ed. J. Lagerwey and M. Kalinowski (Leiden, 2009), pp. 645–748. Rongguang Zhao, *Zhongguo yinshi shilun* [Essays on China's food history] (Harbin, 1990), pp. 199–200; Sterckx, 'Sages', pp. 13–14.
13. These texts are the *Rites of Zhou (Zhouli), Etiquette and Rites (Yili)* and the *Book of Rites (Liji)*. On aging, see *Book of Rites, Neize* 47.

原 注

はじめに　食の歴史とは何か？

1. Margaret Visser, *Much Depends on Dinner: The Extraordinary History and Mythology, Allure and Obsessions, Perils and Taboos of an Ordinary Meal* (Toronto, 1986). Those interested in close-up studies of individual foods can see the more than one hundred titles in the Reaktion Books 'Edible' series.
2. Lizzie Collingham, *The Hungry Empire: How Britain's Quest for Food Shaped the Modern World* (London, 2017), pp. 57–70, 239–49; Patricia J. O'Brien, 'The Sweet Potato: Its Origin and Dispersal', *American Anthropologist*, LXXIV/3 (1972), pp. 342–65.
3. Veronica S. W. Mak, *Milk Craze: Body, Science, and Hope in China* (Honolulu, hi, 2021), pp. 85–7.
4. David Kessler and Peter Temin, 'The Organization of the Grain Trade in the Early Roman Empire', *The Economic History Review*, LX/2 (2007), pp. 313–32; G. E. Rickman, 'The Grain Trade under the Roman Empire', *Memoirs of the American Academy in Rome*, XXXVI (1980), pp. 261–75.
5. David Foster Wallace discussed the social rise of lobster in his iconic essay 'Consider the Lobster', *Gourmet*, viii (2004), pp. 50–64. Diets are a specialty of the detail-loving *Annales* school of historians. To appreciate the complex interaction of forces that shape what food people ate, see Emmanuel Le Roy Ladurie's unequalled classic, *The Peasants of Languedoc* (Urbana, IL, 1976).
6. W. Jeffrey Bolster, *The Mortal Sea: Fishing the Atlantic in the Age of Sail* (Cambridge, ma, and London, 2014).
7. Paul Freedman, *Out of the East: Spices and the Medieval Imagination* (New Haven, ct, 2008). Kara Newman, *The Secret Financial Life of Food: From Commodities Markets to Supermarkets* (New York, 2012), pp. 17–26. Kevin H. O'Rourke and Jeffrey G. Williamson, 'Did Vasco Da Gama Matter for European Markets?', *Economic History Review*, LXII/3 (2009), pp. 655–84.
8. Martha Washington, transcribed by Karen Hess with historical notes and copious annotations, *Martha Washington's Booke of Cookery and Booke of Sweetmeats* (New York, 1995).
9. Anna Bryson, *From Courtesy to Civility: Changing Codes of Conduct in Early Modern England* (Oxford and New York, 1998); John Gillingham, 'From Civilitas to Civility: Codes of Manners in Medieval and Early Modern England', *Transactions of the Royal Historical Society*, XII (2002), pp. 267–89.
10. Patricia Monaghan, 'Calamity Meat and Cows of Abundance: Traditional Ecological Knowledge in Irish Folklore', *Anthropological Journal of European Cultures*, XIX/2 (2010), pp. 44–61.

Dunlop, Fuchsia, *Land of Fish and Rice: Recipes from the Culinary Heart of China* (New York and London, 2016)
Höllmann, Thomas O., *The Land of the Five Flavours: A Cultural History of Chinese Cuisine* (New York, 2013)
Lin, Hsiang Ju, *Slippery Noodles: A Culinary History of China* (London, 2015)
Yuan, Mei, trans. Sean Jy-Shyang Chen, *The Way of Eating: Yuan Mei's Manual of Gastronomy* (Great Barrington, ma, 2019). This outstanding translation also has a companion volume devoted specifically to recipes.

科学技術

Bray, Francesca, *Science and Civilisation in China*, vol. vi, part ii: *Agriculture* (Cambridge, 1984)
Huang, H. T., *Science and Civilisation in China*, vol. vi, part v: Fermentations and Food Science (Cambridge, 2001)

文化と政治

Feng, Jin, *Tasting Paradise on Earth: Jiangnan Foodways* (Seattle, wa, 2019)
Sterckx, Roel, *Of Tripod and Palate: Food Politics and Religion in Traditional China* (New York, 2005)
Swislocki, Marc, *Culinary Nostalgia: Regional Food Culture and the Urban Experience in Shanghai* (Stanford, ca, 2009)

社会科学

Oxfeld, Ellen, *Bitter and Sweet: Food Meaning and Modernity in Rural China* (Oakland, ca, 2017)
Watson, James, *Golden Arches East: McDonald's in East Asia* (Stanford, ca, 2006). Especially Yunxiang Yan's classic chapter on McDonald's in Beijing.

参考文献

中華料理の著書

このリストでは、本文中で触れた料理の著作のみ掲載した。英訳タイトルは大まかに翻訳されている。その他の中国語文献については「原注」を参照。

家庭向支那料理三百種　*300 Chinese Recipes for the Home*, 1933
茶經　*Book of Tea*, 陸羽　Lu Yu, 8世紀
中国食品　*China Food*, 1978
重庆名菜　*Chongqing Famous Recipes*, 1960
公共食堂烹饪　*Cooking for Commune Canteens*, 1959
食療本草　*Dietetic Pharmacopeia*, 孟詵　Meng Shen, 8世紀初頭
東京夢華錄　*Dream of Splendour in the Eastern Capital*, 孟元老　Meng Yuanlao, 1127
齊民要術　*Essential Techniques for the Common People*, 贾思勰　Jia Sixie, 6世紀初頭
家庭菜谱　*Family Cookbook*, 1956
調鼎集　*Flavouring the Pot*, 1868
雲林堂飲食制度集　*Food and Drink of the Cloud Forest Hall*, 倪瓚　Ni Zan, 14世紀
海要本草　*Foreign Pharmacopoeia*, 李珣　Li Xun, 10世紀
醒園錄　*Garden of Enlightenment*, 李化楠　Li Huanan, 1785
宋氏養生部　*Mr Song's Book of Longevity*, 宋詡　Song Xu, 1504
浦江吳氏中饋錄　*Mrs Wu's Records from the Kitchen, twelfth century* (中饋錄 Not to be confused with other books also called *Records from the Kitchen* from the late Qing)
大众菜谱　*People's Cookbook*, 1966
揚州畫舫錄　*Pleasure Boats of Yangzhou*, 李斗　Li Dou, 1795
居家必用事類全集　*Practical Collection of Vital Home Skills*, Yuan dynasty
光祿寺則例　*Protocols of the Imperial Kitchen*, 1839
飲膳正要　*Principles of Eating and Drinking*, 忽思慧　Hu Sihui, 1330
隨園食單　*Recipes from the Garden of Contentment*, 袁枚　Yuan Mei, 1792
食憲鴻秘　*Secrets of the Table*, 朱彝尊　Zhu Yizun, 1731
西餐烹飪秘訣　*Secrets of Western Cooking*, 1925
四川菜谱　*Sichuan Cuisine*, 1977
素食說略　*Thoughts on a Vegetarian Diet*, 薛寶辰　Xue Baochen, 19世紀後半～20世紀初頭
易牙遺意　*Yi Ya's Recorded Thoughts*, 韓奕　Han Yi, 14世紀

一般書

Anderson, Eugene, *The Food of China* (New Haven, ct, 1988). The classic.
Chang, Kwang-chih, *Food in Chinese Culture: Anthropological and Historical Perspectives* (New Haven, ct, 1977)

図版出典

著者および出版社は、図版の提供および転載の許可をいただいた以下の情報源に感謝の意を表す。また、簡潔にするため、作品の所在地の一部を以下に記す。

Art Institute of Chicago: pp. 45, 70, 71; chineseposters.net (Landsberger collection): pp. 215 (BG E15/829), 227 (BG E13/933); collection of the author: pp. 189, 219; Thomas David DuBois: pp. 8, 35 (after Chris J. Stevens and Dorian Q. Fuller, 'The spread of agriculture in eastern Asia: Archaeological bases for hypothetical farmer/language dispersals', Language Dynamics and Change, VII/2 (2017)), 77 (Liaoshangjing Museum, Inner Mongolia), 170, 242, 249, 259, 265; courtesy Historical Photographs of China, University of Bristol/ www.hpcbristol.net: pp. 79 (photo Malcolm Rosholt, © 2012 Mei-Fei Elrick and Tess Johnston), 147 (photo Charles Wheeler, © 2014 Alison Brooke), 195 (photo Malcolm Rosholt, © 2012 Mei-Fei Elrick and Tess Johnston); Harvard-Yenching Library, Harvard University, Cambridge, MA (Hedda Morrison photograph collection), photos © 2024 Presidents and Fellows of Harvard College: pp. 80, 149, 255; The Metropolitan Museum of Art, New York: p. 153; National Diet Library, Tokyo: p. 73; National Library of China, Beijing, photos World Digital Library: p. 91; National Palace Museum, Taipei: pp. 36, 127; drawing after Ren Rixin, 'Shandong Zhucheng Han mu huaxiang shi', Wenwu, no. 10 (1981): p. 57 (original carving at Zhucheng Museum, Shandong); illustrations by Xiao Ke, Chengdu artist: pp. 66, 88, 170, 193, 237, 275, 291.

謝辞

最悪の時期にいたとき、愛する家族と Misa のおかげで、わたしはキャリアと自尊心を救われた。Emei、Huanghou、そして北京師範大学の素晴らしい同僚たちのおかげで、わたしは中国で新たな人間に生まれ変わることができた。成都の調理師専門学校では、Xiao Kunbing と Liu Maoli がわたしを応援してくれた。成都屈指の 2 軒のレストランは、わたしを温かく厨房に迎え入れてくれた。このレストランとは、1930年に Li Jieren が創業した Xiaoya（小雅）と、Zhang Yuanfu 率いるミシュラン掲載店の Song Yunze（松雲澤）である。Laura Kenney、Michael Leaman、そして Reaktion 社の優秀な製作チームは、わたしの不完全なアイデアを本にまとめてくれた。しかも、ただの本どころか、素晴らしい本になりそうだ。

最後に、この30年間にわたって何百ものキッチンで何千皿もの中華料理を味わったことを、その経験を通して友情や洞察に恵まれたことを、忘れないでいたいと思う。なお、挿絵は成都の芸術家、Xu Ke によるものである。

【レ・ロ】

【ワ】

【マ】

【ミ】

【ム・メ】

【モ】

【ヤ・ユ】

【ヨ】

【ラ・リ】

【ヒ】

【フ】

【ヘ】

【ホ】

【ナ・ニ】

【ネ】

【ハ】

【サ】

【キ】

【ク】

【ケ】

【コ】

索引

【ア】

【イ】

【ウ】

【エ】

【オ】

【カ】

【日本語版監修者】**川口幸大**（かわぐち ゆきひろ）
東北大学大学院文学研究科教授。文化人類学者。おもに中国を中心とする東アジアの家族、親族、宗教、移動について研究を続け、食の研究にも取り組む。著書に『世界の中華料理：World Chinese Dishes の文化人類学』、『ようこそ文化人類学へ：異文化をフィールドワークする君たちへ』など、編著に『中国の国内移動：内なる他者との邂逅』、共著に『世界ぐるぐる怪異紀行』などがある。

【訳者】**湊 麻里**（みなと まり）
翻訳者。訳書に、トラビス・エルボラフ他『世界から消えゆく場所：万里の長城からグレート・バリア・リーフまで』、キンドラ・ホール『心に刺さる「物語」の力：ストーリーテリングでビジネスを変える』、共訳に、DK社『ビジュアル大図鑑 中国の歴史』、ポール・ミッチェル『世界を知る新しい教科書：法の歴史大図鑑』ほか多数。

中華料理《ちゅうかりょうり》 5000年《ねん》の文化史《ぶんかし》

2025年3月20日　初版印刷
2025年3月30日　初版発行

著　者　トーマス・デイヴィッド・デュボワ
日本語版監修者　川口幸大
訳　者　湊麻里
装　幀　岩瀬聡
発行者　小野寺優
発行所　株式会社河出書房新社
〒162-8544 東京都新宿区東五軒町2-13
電話 03-3404-1201［営業］ 03-3404-8611［編集］
https://www.kawade.co.jp/

組　版　KAWADE DTP WORKS
印　刷　三松堂株式会社
製　本　小泉製本株式会社

Printed in Japan
ISBN978-4-309-22952-2